언제 할 것인가

쫓기지 않고 시간을 지배하는
타이밍의 과학적 비밀

WHEN
언제 할 것인가

다니엘 핑크 지음 | 이경남 옮김

알키

이 책에
쏟아진
찬사

■ 동기부여와 창의성 분야의 베스트셀러 작가로 잘 알려진 핑크는 시간을 체계적으로 조정하고 판에 박힌 하루 일과를 효과적으로 재배치하는 방법을 과학적 원리를 통해 설명한다.
–워싱턴포스트Washington Post 선정 리더들의 필독서 11권

■ 핑크가 전해주는 나쁜 소식 하나. 타이밍은 여러 가지 문제를 일으킨다. 그리고 좋은 소식. 그런 문제를 극복할 확실한 방법이 있다. 다행스럽게도 그가 귀띔해주는 조언에는 페이스를 조금 늦추고 휴식을 취하고 잠깐 즐기는 낮잠까지 들어있다. 이 모든 조언을 따라 해도 달아나는 시간을 붙들어 맬 수는 없다. 하지만 적어도 그 시간을 좀 더 충실하게 채울 방법은 찾아낼 수 있다. –월스트리트저널The Wall Street Journal

■ 유려한 필치로 풀어내는 매혹적인 타이밍의 패턴…. 핑크는 그가 밝혀 낸 놀라운 비밀을 실생활에 적용할 수 있도록 아주 간편한 '타임 해킹' 요령을 첨부해놓았다. –네이처Nature

■ 다니엘 핑크는 과학적 지성이 쌓은 수많은 업적을 자신만의 휴먼 스토리로 걸러내어 지면에 풀어놓을 줄 아는, 현존하는 몇 안 되는 논픽션 저자이다. 그는 집요할 정도로 학구적이지만 그가 실제로 보여주는 사례는 무척이나 평이하여 이해하기 쉽다. 녹음 우거진 공원에서 마음씨 좋고 재미있고 똑똑한 친구와 한나절 산책할 때처럼, 이 책을 붙들고 있으면 시간이 어떻게 지나가는지 모른다. –하퍼스바자Harper's Bazaar

■ 무엇보다도 인상적인 것은 이 책이 다루는 영역의 폭이다. 핑크는 각 장 끝에 독자들이 실생활에 직접 응용할 수 있도록 타이밍을 다루는데 필요한 핵심 요령을 덧붙여놓았다. 이 책은 작가의 유려한 입담과 세심한 편집 덕분에 술술 읽히지만 실제 그 내용은 심오하고 또 의미심장하다.

—AP통신Associated Press

■ 감탄이 절로 나오는 실용적 정보와 예리한 통찰력이 가득하다.

—필라델피아인콰이어러Philadelphia Inquirer

■ 유용한 정보와 정곡을 찌르는 해법. —포브스Forbes

■ 이 책은 시간에 대한 사람들의 인식을 바꿔놓는다. 핑크는 잘 알려지지 않은 과학적 자료를 분석하여 터득한 그만의 비법을 흥미로운 이야기로 녹여내어 쉽게 설명해준다. 책을 덮을 때쯤이면 독자들은 하루의 일정을 조정하고 일상적 업무를 다루는 방법에 대해 조금 더 신중해질 것이다.

—퍼블리셔스위클리Publishers Weekly

■ 1분 1초가 소중한 순간이지만 우리는 그 아까운 시간들을 너무 쉽게 흘려보낸다. 심오 있지만 결코 지루하지 않은 다니엘 핑크의 과학적 탐구는 하나의 터닝포인트가 될 수 있다. 대학생이든 기업을 경영하는 사람이든 시간 속에 '감추어진 패턴'을 이용하면 스케줄을 조정하고 어려운 결정을 쉽게 내릴 수 있는 새로운 방법을 찾을 수 있을 것이다.

—월스트리트저널The Wall Street Journal

■ 이 책이 제시하는 원리와 그것의 응용은 사람들의 삶과 사회에 극적인 영향을 미칠 수 있다. -워싱턴포스트Washington Post

■ 합리적인 행동 지침이 뒷받침된 견고한 과학. -커커스Kirkus

■ 실용적인 그리고 의욕을 불러일으키는 사려 깊은 충고. -북리스트Booklist

■ 이 책의 모든 내용은 '타이밍이 전부'라는 한 마디로 요약된다. 연구 자료와 사례로 든 스토리와 실질적인 응용 방법이야말로 핑크를 남다르게 만들어주는 탁월한 요인이다. 핑크는 과학을 통해 우리의 일상을 개선하도록 유도한다. -북페이지BookPage

■ 핑크의 최신작은 심리학, 생물학, 경제학의 연구 성과에 힘입어 타이밍이 우리 삶의 모든 부분에 영향을 미치는 방식을 천착한다.
-에드서지EdSurge

■ 이 놀라우리만치 실용적이고 흡입력 있는 책을 통해 다니엘 핑크는 타이밍에 관한 문제를 낱낱이 파헤친다. -링크드인LinkedIn

"시간은 중요하다는 표현으로는 부족하다.
시간은 우리 삶에서 어쩌면 유일한 것이다."
_마일스 데이비스

·
·

터너 선장의 결정

1915년 5월 1일 토요일, 정오를 30분 지난 시각에 호화유람선 한 척이 허드슨 강 맨해튼 54번 부두를 떠나 잉글랜드의 리버풀로 향했다. 이 거대한 영국 유람선에 탄 1,959명의 승객과 승무원 중에는 분명 뭔가 불안한 느낌을 지우지 못한 채 배에 오른 사람도 있었을 것이다. 아마도 그것은 조수潮水 때문이 아니라 수상한 시절 때문일 것이다.

당시 영국은 독일과 전쟁을 치르고 있었다. 한 해 전 여름에 제1차 세계대전이 발발했기 때문이었다. 그리고 얼마 전 독일은 영국 인근의 해역을 전쟁 구역으로 선포했다. 이 배는 그 구역을 통과해야 했다. 배가 출발하기 며칠 전에 미국 주재 독일대사관은 미국 일간지에 광고를 내 "영국이나 그 동맹국의 국기를 게양한 선박을 타고 이 해역으로 들어오는 승객들은 위험을 각오해야 할 것"이라고 경고했다.

그러나 여행을 취소한 승객은 많지 않았다. 이 여객선은 대서양을 200

회 넘도록 횡단했지만 사고를 낸 적은 한 번도 없었다. 세계에서 가장 크고 가장 빠른 여객선이었던 그 배는 무선장비와 구명보트를 완비하고 있었다. 3년 전에 바다 속으로 가라앉은 타이타닉 호에서 배운 것도 많았다. 무엇보다 믿음직스러운 것은 그 배를 책임지고 있는 선장이 윌리엄 토머스 터너라는 사실이었다. 58세의 터너 선장은 이쪽 분야에서 가장 경험이 많은 베테랑이었고, 화려한 표창 경력과 '은행 금고 같은 체격'을 지닌 다부진 인상의 사나이였다.

유람선은 닷새 동안 아무 일 없이 대서양을 순항했다. 그러나 5월 6일에 아일랜드 해안을 향해 항진하던 터너는 독일 잠수함 U-보트들이 인근을 배회하고 있다는 전갈을 받았다. 그는 곧 선장실을 나와 함교에 서서 수평선을 살폈다. 신속히 결정을 내려야 할 순간이었다.

5월 7일 금요일 아침, 배는 해안에서 불과 150킬로미터 정도 떨어진 지점을 지나고 있었다. 하지만 안개가 짙어 터너는 배의 속도를 21노트에서 15노트로 줄였다. 정오가 되자 안개는 걷혔고 그래서 터너는 멀리 떨어진 해안까지 살필 수 있었다. 하늘은 쾌청했고 바다도 조용했다.

그러나 오후 1시, 유람선은 독일 U-보트 함장 발터 슈비거의 레이더에 잡혔다. 선장과 승무원이 그런 사실을 알 리는 없지만 잠수함의 잠복 가능성은 이미 예정된 터였다. 그리고 한 시간 뒤 터너는 이해할 수 없는 결정을 내렸다. 첫째, 그는 전속력을 내지 않았다. 배의 속도를 18노트로 높였지만 최대 속도인 21노트는 아니었다. 시계도 양호했고 바다도 잠잠했기 때문에 속도를 못 올릴 이유는 없었다. 게다가 잠수함들이 언제 어디서 접근할지도 모르는 상황이었다. 더구나 그에 앞서 터너는 최고 속도를 내면 어떤 잠수함의 추격도 쉽게 뿌리칠 수 있다며 승객들을 안심시킨 터였다. 둘째, 오후 1시 45분경에 터너는 현 위치를 계산하겠다며 소위 '4점 방위'를 실시했다. 단순한 방위 측정은 5분이면 되지만 4점 방위는 40분이 걸리는 복잡한 측정법이었다. 그리고 4점 방위 때문에 터너는 U-보트를 따돌리고 어뢰를 피할 수 있는 가장 좋은 방법인 지그재그 식 항해를 포기하고 일직선으로 항진하고 있었다.

평화로운 항해도 잠시, 오후 2시 10분에 U-보트에서 어뢰가 발사되었다. 어뢰는 배의 우현에 명중했다. 커다랗게 뚫린 구멍을 통해 솟구쳐 오른 바닷물은 산산조각난 장비와 배의 파편을 갑판 위에 비처럼 뿌렸다. 몇 분 뒤 보일러실 하나가 침수됐고 곧이어 다른 보일러실도 침수되었다. 배가 파손되면서 2차 폭발이 일어났다. 갑판 위에 있던 터너 선장은 바다로 떨어졌다. 승객들은 비명을 지르며 구명보트를 타기 위해 물속으로 뛰어들었다. 어뢰를 맞은 지 불과 18분 만에 배는 비스듬히 누우며 가라앉기 시작했다.

자신이 해낸 파멸의 결말을 확인한 잠수함 함장 슈비거는 잠망경을 내리고 먼 바다로 방향을 틀었다. 루시타니아 호는 그렇게 격침되었다.

이 공격으로 1,200명에 가까운 사람들이 바다 속으로 수장되었다. 탑승객 중 미국인은 모두 141명이었는데 그 중 123명이 사망했다. 이 사건으로 제1차 세계대전은 한층 양상이 격해졌고 해군 교전수칙이 다시 작성되었으며 미국은 참전을 서둘렀다. 그러나 1세기 전 5월 어느 날 오후 그 바다에서 정확이 무슨 일이 있었는지는 지금까지도 여전히 수수께끼로 남아있다. 공격이 있은 직후 두 차례의 조사가 이루어졌지만 발표 내용은 모두 석연치 않았다. 영국 관리들은 군사기밀이 누설된다는 이유로 1차 조사를 중단했다. 2차 조사는 영국의 법률가 존 찰스 비검의 지휘로 행해졌다. 타이타닉 호 사건을 조사한 바 있던 비검은 터너 선장과 선박회사에 아무런 잘못이 없다며 무혐의 결론을 내렸다. 그러나 청문회가 끝난 뒤 며칠 지나 머시 경은 조사 수임료를 받지 않고 사건에서 손을 떼겠다며 말했다. "루시타니아 사건에는 터무니없고 추잡한 일이 개입되어 있다!" 지난 100년 동안 기자들은 당시 기사와 승객 일지들을 찾을 수 있는 만큼 모두 찾아내 꼼꼼히 조사했고, 잠수사들은 조그만 실마리라도 잡기 위해 가라앉은 배를 뒤졌다. 정확한 단서가 없기에 소설가와 영화제작자들은 책과 기록영화를 통해 지금까지도 계속 억측을 만들어내고 있다.

영국이 미국을 전쟁에 끌어들이기 위해 고의로 루시타니아 호를 겨냥, U보트의 도발을 유도한 것일까? 그 배는 여객선을 가장한 무기 수송선이었을까? 그 배에 탄약 정도가 아닌 더 크고 더 강력한 영국의 무기가 실려 있었다는 소문이 사실일까? 윈스턴 처칠이라는 40세의 해군 고위 관료는 이 사건과 무슨 관계가 있을까? 어뢰 공격에서 살아남은 터너 선장은 어떤 승객의 지적대로 더 큰 영향력을 가진 누군가의 하수인 노릇을 하다 재앙을 불러들인 얼간이였을까? 아니면 다른 사람들의 주장대로 가벼운 발작 증세로 인해 판단력이 흐려졌던 것일까? 지금까지도 당시 기록이 완전히 공개되지 않고 있는 점으로 미루어볼 때, 조사와 탐색 결과에 뭔가 큰 비밀이 숨겨져 있는 것은 아닐까?

우리로서는 확실한 내막을 알 방법이 없다. 100년이 넘도록 수많은 조사보고서와 역사적 분석과 근거 없는 억측이 이어졌지만 시원한 답은 나오지 않았다. 하지만 어쩌면 아무도 생각하지 못했던 단순한 곳에 해답의 실마리가 있을지도 모른다. 21세기 행동과학과 생물학이라는 신선한 렌즈를 통해 이 사건을 본다면, 해양 역사에서 가장 필연적일 수밖에 없었던 이 참극에 대한 설명은 그다지 어렵지도 않을 것 같다. 어쩌면 터너 선장의 잘못된 몇 가지 결정이 사고의 직접적인 원인일지 모른다. 그리고 결정을 내린 시점이 하필이면 오후였기 때문에 잘못된 선택을 한 것인지도 모를 일이다.

이 책은 타이밍에 관한 책이다. 타이밍이 중요하다는 것은 누구나 안다. 문제는 우리가 타이밍에 대해 아는 것이 별로 없다는 점이다. 우리의 삶은 '언제when'라는 결정의 끊임없는 연속이다. 언제 직장을 바꿀지, 언제 안 좋은 소식을 전할지, 언제 수업 일정을 정할지, 언제 결혼생활을 청산할지, 언제 마라톤을 할지, 언제 일을 본격적으로 시작할지 등등…. 그러나 이런 결정들은 직관과 억측들로 난무하기 십상이다.

나는 책을 통해 타이밍이 과학이라는 사실을 입증해보일 것이다. 타이밍의 과학은 인간의 조건을 새로운 시각으로 꿰뚫어보고 더 영리하게 일하고 더 잘 살 수 있도록 안내해주는 다면적이고 다방면에 걸친 최신의 학문이다. 서점이나 도서관에 가면 이러저러한 것들을 하는 '방법how'에 관한 책들이 서가에 가득하다. 친구를 사귀고 사람들에게 영향력을 미치는 일에서부터 한 달 안에 필리핀 원주민 타갈로그족의 말을 배울 수 있는 법까지 그 방법을 설명하는 책이 꽂힌 서가는 10개가 넘을 수도 있다. 쏟아져 나온 책이 너무 많아 아예 '어떻게 할 것인가how-to'라는 항목으로 따로 분류해야 할 지경이다. 하지만 이제 우리는 전혀 새로운 항목의 장르를 생각해볼 때다. 즉 '언제 할 것인지when to'에 관한 책 말이다.

지난 2년 동안 나와 두 명의 용감무쌍한 연구원들은 보이지 않는 타이밍의 과학을 파헤치기 위해 경제학, 마취학, 인류학, 내분비학, 시간생물학, 사회심리학 등 여러 분야에 걸친 연구 결과들을 700편 넘게 읽고 분석했다. 앞으로 이 책을 통해 나는 이런 연구 결과들을 토대로 분명 우리 인간의 경험에 포함되어있지만 시야에 쉽게 잡히지 않는 시간의 문제들을 검토할 것이다. 빠른 출발이든 잘못된 출발이든 시작은 왜 그렇게 중요한 것일까? 출발선을 박차고 나가다 넘어지면 어떻게 다시 출발할 것인가? 왜 어떨 때는 기운이 빠지고 또 어떨 때는 의욕이 넘치는가? 왜 어느 순간에는 속도를 늦추고 그 의미를 되새겨보게 될까? 왜 결승점이 보이는 마지막 순간에 이르면 더욱 속도를 높이는가? 소프트웨어를 설계하거나 합창을 할 때 우리는 어떤 방식으로 다른 사람들과 타이밍을 맞추는가? 왜 어떤 교과 과정은 학습을 방해하고 어떤 휴식은 성적을 올리는가? 왜 옛날 생각을 하면 이렇게 하게 되고 앞날을 생각하면 저렇게 하게 되는가? 그리고 마지막으로 우리는 어떻게 보이지 않는 타이밍의 힘을 중요시할 수 있을지, 마일스 데이비스의 말을 빌려 다시 말하자면 어떻게 타이밍이 중요함을 넘어 유일한 것이라는 사실을 아는 조직과 학교와 삶을 만들 수 있을 것인가?

이 책은 많은 분야의 과학을 섭렵한다. 여러분은 이제 그 많은 연구 결과들을 읽을 테지만, 더 깊이 알고 싶은 독자들을 위해 각주 형태로 부가 설명을 실어두었다. 그리고 이 책은 실용서다. 각 장의 끝에는 '시간 해커를 위한 안내서'가 붙어있다. 터득한 지혜를 실천에 옮기도록 해주는 도구와 실습과 조언을 모아둔 곳이다.

그럼 어디부터 시작할까? 우선 시간 그 자체를 우리의 출발점으로 삼자. 고대 이집트의 해시계부터 16세기 유럽의 기계식 시계를 거쳐 19세기에 나온 표준시간대에 이르기까지 시간의 역사를 더듬다보면 우리가 '당연히' 여기는 시간 단위가 대부분 실제로는 우리 조상들이 시간을 가두기 위해 세운 울타리였다는 사실을 깨닫게 된다. 초, 분, 시, 일 등은 모두 인간의 발명품이다.

우리는 축을 중심으로 일정한 형식에 따라 일징한 속도로 도는 행성에 살고 있기 때문에 정해진 만큼 빛에 노출되고 정해진 만큼 어둠에 갇힌다. 지구가 한 바퀴 자전하는 것을 하루라고 한다. 그 하루는 아마 시간을 나누고 배열하고 평가하는 가장 중요한 단위일 것이다. 그래서 이 책의 파트1은 하루의 타이밍을 탐구하는 것으로 시작한다. 과학자들은 하루의 리듬에서 무엇을 알아냈을까? 그 과학적 지식을 어떻게 사용하면 실적을 향상시키고 건강을 증진시키고 만족도를 높일 수 있을까? 그리고 터너 선장의 경우에서 보았듯이 왜 오후에는 중요한 결정을 내리면 안 되는 것일까?

이제 이 질문들에 대한 해답을 찾기 위해 당신을 타이밍의 세계로 초대한다.

PART
1

하루 속 숨어있는
시간 패턴

생체시계의 비밀:
최적의 시간을 찾아서

"사람들은 매일 무언가를 하지만
무얼 하는지는 모른다!"
윌리엄 셰익스피어, 《헛소동》 중에서

    세상 사람들의 정서 상태를 헤아리고 지구 전체를 둘러싸는 어떤 분위기의 띠를 찾고 싶다면, 트위터만 한 것이 없을 것이다. 10억 명에 가까운 인구가 트위터 계정을 갖고 초당 6,000개 정도의 트위터를 올린다. 그들이 말하는 내용과 말하는 방법은 그만두고 순전히 데이터의 양만 놓고 본다 해도 그 크기는 대양과 같아서, 혹시나 어떤 사회학자가 인간의 행동 양식을 알기 위해 그 바다에 뛰어든다면 수영으로는 어림없을 것 같다.

    몇 해 전 코넬대학교의 사회학자 마이클 메이시와 스코트 골더는 2년 동안 84개국에서 240만 명의 유저들이 올린 5억 만 개가 넘는 트윗을 연구했다. 그들은 이 자료를 통해 트위터를 하는 사람들의 정서를 분석했다. 특히 시간에 따라 열정, 자신감, 경계심 같은 '긍정적 감정'과 분노, 무기력, 죄책감 같은 '부정적 감정'이 어떻게 달라지는지 알아보았다. 물론 5억 개의 트윗을 일일이 다 읽을 수는 없었다. 그들은 널리 활용되는

'LIWC Linguistic Inquiry and Word Count'라는 강력한 텍스트 분석 프로그램에 포스팅한 내용을 넣어 그것이 전달하려는 정서를 담은 단어들을 평가했다.

메이시와 골더는 그 결과를 권위 있는 잡지 〈사이언스 Science〉에 발표했다. 그들이 알아낸 것은 사람들이 깨어있는 시간에 하는 행동에서 두드러지게 일관된 패턴이 포착된다는 사실이었다. 긍정적 감정(트위터 사용자들이 적극적이고 바쁘게 움직이며 기대에 부풀어있다는 사실을 드러내는 언어 등)은 대체로 오전에 올라갔다가 오후에 내려가고 초저녁에 다시 서서히 올라갔다. 북아메리카인이든 아시아인이든, 무슬림이든 무신론자든, 흑인이든 백인이든 황인종이든 그런 것은 상관없었다. 시간에 따른 이런 감정 패턴은 문화적, 지리적 다양성과 관계없이 비슷하게 형성된다. 월요일에 트윗을 하든 화요일에 하든 그것도 상관이 없었다. 일하는 요일에는 패턴이 대체로 같았다. 주말도 약간 다를 뿐 큰 차이는 없었다. 토요일과 일요일에는 긍정적인 감정이 약간 높았지만 전반적으로는 크게 다

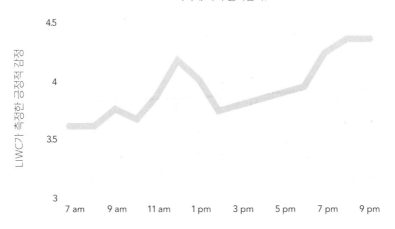

긍정적 기분은 오전에 올라갔다가 오후에 떨어지고
저녁에 다시 올라간다.

르지 않았다. 구성원이 많고 다양한 미국이든 단일성격의 민족으로 구성된 아랍에미리트연합이든, 하루의 패턴은 이상하리만치 비슷했다. 앞페이지에 있는 그래프 패턴 같은 식이었다.

어느 대륙이든 어느 표준시간대이든 하루의 진폭, 즉 '최고점-최저점-반등'의 주기는 늘 같아서 바다의 조수처럼 예측이 가능하다. 그러나 우리 일상의 수면 아래에는 보이지 않는 패턴이 있다. 그리고 그것은 중요하고 예외적이며 보이지 않던 것을 드러낸다.

그 패턴이 어디에서 비롯되었고 그 의미가 무엇인지 알기 위해서는 18세기 프랑스의 어느 사무실의 창문틀에 놓인 화분에 담겼던 '미모사 푸디카Mimosa pudica'라는 학명을 가진 식물을 만나보아야 한다. 사무실도 미모사도 모두 당대의 유명 천문학자였던 장 자크 도르투 드 메랑의 것이었

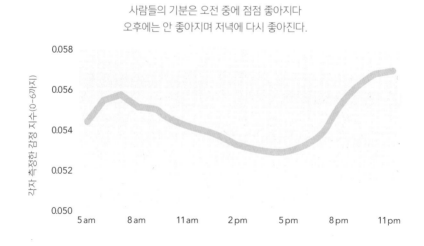

사람들의 기분은 오전 중에 점점 좋아지다
오후에는 안 좋아지며 저녁에 다시 좋아진다.

다. 1729년 어느 여름날 초저녁에 드 메랑은 책상 앞에 앉아 뭔가 중요한 일을 마무리하고 있었다. 그는 잠시 손을 놓고 머리를 식힐 겸 창문 밖을 내다보았다. 땅거미가 지고 있었다. 그때 창문틀에 놓았던 식물의 잎이 드 메랑의 눈에 들어왔다. 잎이 닫혀 있었다. 이른 아침 창을 통해 햇살이 환하게 들어왔을 때 활짝 열려있었던 잎이었다. 해가 떠있는 오전에 열렸다가 어둠이 깔리면 닫히는 잎은 그의 호기심을 자극했다. 식물이 어떻게 주변의 변화를 감지했을까? 빛과 어둠의 패턴을 교란시키면 어떻게 될까?

생각이 거기에 미친 드 메랑은 미모사를 캐비닛 속에 넣고 문을 닫아 빛을 차단해보기로 했다. 그리고 다음날 아침 잎의 상태를 확인하기 위해 캐비닛 문을 열었을 때 칠흑 같은 어둠 속에서도 잎은 활짝 열려있었다. 그는 이후 몇 주 동안 커튼을 쳐 창문으로 빛이 들어오지 못하게 해놓고 조사를 계속했다. 잎이 열고 닫히는 패턴은 여전했다. 미모사는 아침에 잎을 열고 저녁에 닫았다. 미모사는 외부의 빛에 반응하는 것이 아니었다. 그것은 미모사 자체의 내부 시계의 역할이었다.

드 메랑이 약 3세기 전에 이 같은 사실을 알아낸 뒤로 과학자들은 거의 모든 생물에게 생체시계가 있다는 사실을 확인했다. 늪 속의 보이지 않는 단세포생물부터 미니밴을 운전하는 고등동물까지 예외는 없었다. 이런 내부의 시계는 생물이 적절한 기능을 유지하는데 중요한 역할을 한다. 생체시계는 모든 살아있는 생물의 하루 일상의 패턴을 정하는 소위 24시간 주기 생체리듬은 생체주기를 관리한다(실제로 드 메랑의 화분에 담겼던 식물은 '시간생물학'이라는 생체리듬을 연구하는 전혀 새로운 학문의 꽃을 피웠다).

　여러분이나 나의 몸 안에 자리 잡은 생물학적 빅벤Big Ben은 시교차 상핵이라는 뇌의 아래쪽 중앙 시상하부에 있는 쌀알만 한 크기의 세포 약 2만 개가 모인 신경핵이다. 이 시교차 상핵은 우리의 체온이 오르고 내리는 것을 통제하고 호르몬을 조절하며 밤에 자고 아침에 일어나도록 해준다. 시교차 상핵의 타이머로 하루는 지구가 한 바퀴 자전하는 시간보다 조금 더 길어 약 24시간 11분이다. 그래서 우리에게 내장된 시계는 업무 일정이나 버스 시간표 같은 사회적 단서와 일출이나 일몰 같은 환경적 신호 등을 사용하여 내부와 외부의 주기를 조금씩 조정해가며 서로 맞춘다. 이를 '동조며,啊, entrainment'라고 한다.

　그 결과 인간의 생체 기능은 드 메랑의 창틀에 앉은 식물처럼 매일 일정한 시간에 열리고 또 닫힌다. 물론 그 패턴은 사람마다 조금씩 다르다. 마치 혈압과 맥박이 다르고 같은 사람이라도 20년 전과 20년 후가 다르듯 다른 것이다. 그러나 전체 윤곽은 놀라울 정도로 비슷하다. 설사 비슷하지 않더라도 그 차이는 예상할 수 있는 범위 안쪽이다.

　시간생물학자를 비롯한 과학자들은 멜라토닌 분비와 대사적 반응 같은 생리학적 기능을 검토하는 것으로 시작했지만 이제 이 작업은 감정과 행동까지 포함할 정도로 그 범위가 넓어졌다. 이들의 연구는 우리가 느끼고 일을 수행하는 방법에 감추어진 시간의 놀라운 비밀을 조금씩 밝혀내고 있다. 그리고 그 연구들은 우리가 우리 자신의 일상생활을 구성하는 방법에 관해 매우 유용한 지침을 제시한다.

널뛰는 주식처럼 널뛰는 기분

수억 개의 트윗은 그 분량은 방대하지만, 일상의 영혼을 들여다보는 완벽한 창으로서는 어딘가 부족해 보인다. 트위터를 통해 기분을 측정한 사람들은 메이시와 골더가 알아낸 것과 같은 패턴을 적지 않게 찾아냈지만, 그 매체와 방법론은 한계가 있다. 사람들은 세상 사람들에게 이상적인 표정을 보여주기 위해 종종 소셜미디어를 활용하지만, 그런 표정은 실제의 감정을 감추고 있는 경우가 많고 또 생각만큼 이상적이지도 않다. 게다가 그렇게 많은 자료를 해석하기 위해 강력한 분석 도구를 동원해보지만, 그마저도 반어법이나 풍자 등의 미묘한 속임수는 제대로 간파하지 못한다.

다행히 행동과학자들은 우리의 생각과 느낌을 이해할 수 있는 다른 방법을 가지고 있다. 시간의 경과에 따라 기분의 변화를 도표로 작성하는 것도 그 중 하나다. 대표적인 것으로 '하루의 재구성법Day Reconstruction Method, DRM'이라는 것이 있는데 노벨 경제학상 수상자인 대니얼 카너먼과 오바마 정부 백악관 경제자문위원회 위원장을 지냈던 앨런 크루거 등 다섯 명의 연구진이 만든 작품이다. DRM을 이용해 실험참가자들은 전날 했던 일을 모두 시간 순서에 따라 재구성하고 그 일을 하는 동안 기분이 어땠는지 기록한다. DRM 연구에 따르면 하루 중 기분이 가장 좋지 않을 때는 통근시간이고 기분이 가장 좋을 때는 사랑을 나눌 때였다.

2006년에 카너먼과 크루거 팀이 DRM을 작성한 것은 사람들이 흔히 놓치기 쉬운 감정의 질, 즉 하루 동안 감정의 기복을 측정하기 위해서였다. 그들은 인종과 나이와 수입과 교육정도가 제각각인 미국 여성 900여 명에게 전날의 생활을 15분이나 두 시간 단위의 단편이 계속 이어지는 영화의 장면이나 에피소드로 나누어 생각하라고 당부했다. 그런 다음 그 여성들에게 각 시간에 무엇을 했으며 기분이 어땠는지를 목록에 있는 12개의 형용사(행복했다, 실망했다, 즐거웠다, 화가 났다 등등)로 나타내보라고 했다.

그렇게 수집한 자료를 분석한 연구진들은 '일관성 있고 강력한 이중 패턴'을 발견했다. 즉 하루 동안에 최고점이 두 번 나타난 것이다. 그 여성들의 긍정적 감정은 오전에 서서히 올라가 정오쯤에 정서적으로 최적점에 도달했다. 그 후 좋았던 기분은 급격하게 떨어져 오후 내내 낮게 이어지다 초저녁부터 다시 올라갔다.

여기 긍정적 감정을 세 가지(기분이 좋다, 마음이 따뜻해진다, 즐겁다)로 나타낸 도표가 있다(세로축은 참가자가 직접 측정한 기분으로, 수치가 높을수록 긍정적이다. 가로축은 오전 7시부터 오후 9시까지 시간의 경과를 나타낸다).

다음의 세 도표는 조금씩 다르지만 기본적인 형태는 비슷하다. 더욱이 그래프가 나타내는 하루의 주기는 22쪽에 실린 그래프와 너무 흡사하여, 빠르게 올라갔다가 크게 떨어지고 다시 회복해가는 모형이다.

사람의 감정을 포착한다는 것이 쉽지 않기 때문에 어떤 방법론이나 연구도 결정적이라고 단정할 수는 없다. 게다가 이 DRM은 여성만을 대상으로 작성했다는 단점이 있다. 또한 이 도표는 '언제'만 다루었을 뿐, '무

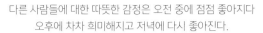

다른 사람들에 대한 따뜻한 감정은 오전 중에 점점 좋아지다
오후에 차차 희미해지고 저녁에 다시 좋아진다.

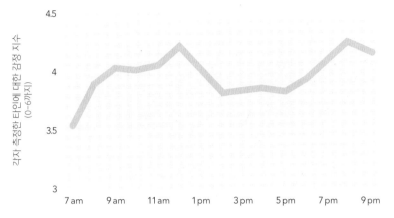

사람들의 즐거운 감정은 오전 중에 갈수록 높아지다
오후에는 시들해지고 다시 저녁 때 높아진다.

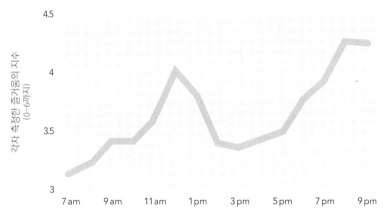

엇'은 언급하지 않았다. '무엇'과 '언제'는 떼어놓고 생각할 수 없다. '즐거
움'이 정오에 높고 오후 5시 경에 즐거움의 정도가 낮은 이유는 사람들이
점심시간에 사람들을 만나 이야기하고 초저녁에는 붐비는 교통과 씨름
해야 하기 때문일지 모른다. 그렇다 해도 이런 패턴은 아주 규칙적이고

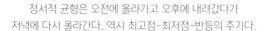

정서적 균형은 오전에 올라가고 오후에 내려갔다가
저녁에 다시 올라간다. 역시 최고점-최저점-반등의 주기다.

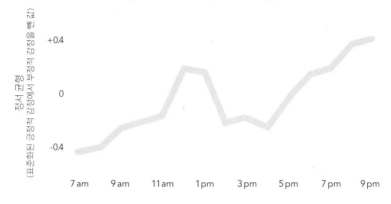

계속 반복되는 것이어서 무시하기가 어렵다.

여기까지는 긍정적인 감정에 대한 조사 결과다. 좌절, 걱정, 짜증 같은 '부정적' 감정의 기복은 그 정도로 두드러지지는 않았지만 그래도 보통 반대 방향으로 움직여 오후에 올라가고 하루가 끝나가면서 가라앉는 패턴을 보여주었다. 그러나 두 감정을 결합하면 그 결과를 확실히 구분할 수 있다. 위의 도표는 '순 좋은 기분net good mood'의 정도를 보여준다. 도표의 수치는 시간당 행복 지수에서 좌절 지수를 뺀 값이다.

기분은 내면의 상태지만 외부에 영향을 미친다. 그래서 아무리 감정을 숨기려 해도 드러나게 마련이다. 그리고 그런 상태에서 우리가 하는 말과 행동에 따라 다른 사람들의 반응도 달라진다.

여기서 어쩔 수 없이 통조림 수프를 들먹일 수밖에 없다.

점심에 토마토 크림수프 한 그릇을 준비했다면, 더그 코넌트 때문이었는지도 모르겠다. 코넌트는 2001년부터 2011년까지 캠벨수프사Campbell Soup Company의 CEO였다. 캠벨수프는 통조림을 대표하는 브랜드이다. 코넌트는 재임기간 중 타성에 젖은 회사에 활력을 불어넣고 다시 꾸준한 성장의 기반을 다지기 위해 몇 가지 조치를 취했다. CEO들이 다 그렇지만 코넌트도 여러 가지 문제를 한꺼번에 처리했다. 그러나 그가 특별히 티를 내지 않고 조용히 처리한 것이 한 가지 있다. 분기별 실적 발표로 알려진 일종의 의식 같은 절차였다.

3개월마다 코넌트와 고위 임원 두세 명(보통은 최고재무책임자, 감사, 투자관계책임자 등)은 뉴저지 캠던에 있는 본사 중역회의실에서 회합을 갖는다. 세 사람은 긴 장방형 테이블의 한 쪽에 나란히 자리한다. 테이블 중앙에는 스피커폰이 하나 놓여있는데 한 시간 정도 진행되는 전화회의는 이 스피커폰을 통해 이루어진다. 스피커폰의 다른 한 쪽에는 100명 안팎의 투자자, 저널리스트, 주식분석가들이 나와 있다. 누구보다 중요한 사람들은 주식분석가들로, 그들은 회사의 강점과 약점을 평가하는 일을 맡고 있다. 처음 30분 동안 코넌트는 캠벨의 이전 분기 영업 수익, 지출, 순이익을 보고한다. 나머지 30분은 분석가들이 제기한 질문에 임원들이 답하는 시간이다. 분석가들은 회사의 실적을 꼼꼼히 살펴본 뒤 문제가 되는 부분을 찾아내 질문한다.

캠벨뿐 아니라 상장사들은 실적 발표에 따라 이해관계가 첨예하게 엇갈린다. CEO의 논평을 들은 분석가들이 회사의 전망을 어떻게 보느냐에 따라 주식은 치솟을 수도 있고 급락할 수도 있다. "바늘에 실을 꿰어야 합니다." 코넌트는 내게 그렇게 말했다. "책임감을 가지고 치우치지 않은 상태에서 사실을 그대로 보고해야 합니다. 그러나 회사를 대표해서 싸워야 할 때도 있고 문제를 바로 잡아야 할 때도 있습니다." 코넌트의 목표는 언제나 한 가지다. "불확실한 시장에서 불확실성을 제거하는 것입니다. 이런 회의는 나와 투자자들과의 관계에 어떤 역동적인 확신을 가져다줍니다."

물론 CEO도 인간이다. 그래서 그들도 우리처럼 하루 동안 기분의 변화를 겪을 것이다. 그러나 CEO는 또한 강인한 정신력의 소유자들이다. 그들은 심지가 굳고 또 매우 전략적이다. 그들은 전화회의에서 그들이 하는 말 한 마디에 따라 수백 만 달러가 들어오기도 나가기도 한다는 사실을 잘 안다. 그래서 그들은 마음을 단단히 먹고 만반의 준비를 하고 회의실에 들어간다. 그런데 이런 회의는 '언제' 열리는가? 그리고 그것이 CEO의 실적이나 회사의 운명에 어떤 영향을 미치는가?

미국의 경영대학원 교수 세 사람이 이 문제를 밝혀보기로 했다. 첫 단계로 그들은 트위터 연구에서 사용했던 것과 비슷한 언어 알고리즘을 가지고 6년 반 동안 2,100개 이상의 상장회사에서 시행한 2만 6,000건이 넘는 전화회의를 분석했다. 그들은 하루 중 특정 시간대가 이런 중요한 대화를 진행하는 동안 정서 상태에 어떤 영향을 미치는지, 그리고 그 결과에 따라 회사의 주가가 어떻게 달라지는지 연구했다.

회의가 다른 어떤 아침 일정보다 앞서 첫 번째로 열리면 매우 활기차고 긍정적인 분위기가 조성되었다. 그러나 회의를 여는 시간이 늦어질수록 말투들이 부정적으로 변하고 결의도 부족해졌다. 점심시간 앞뒤로는 기분이 다시 조금 좋아졌다. 아마도 참가자들이 정신적, 정서적 배터리를 다시 충전했기 때문일 것이다. 하지만 오후에는 부정적 기분이 다시 심해졌고 이런 상태는 폐장을 알리는 종소리가 울리고 나서야 다시 회복되었다. 더구나 이런 패턴은 '산업 규범, 재정적 스트레스, 성장 기회 그리고 기업들이 내놓는 소식' 등의 요인을 감안해도 크게 달라지지 않았다. 다시 말해 조사자들이 중국의 경기 부진으로 특정 기업의 수출이 저조하다는 뉴스나 기업이 분기소득이 급락했다고 보고한 확실한 기본 요인 등을 고려하더라도, 오후 회의에서는 아침 회의에 비해 부정적이고 짜증이 섞인 시비조의 말이 많이 나왔다.

특히 투자자들이 눈여겨봐야 할 것은 회의를 여는 시간과 그로 인한 기분이 회사의 주가에 영향을 미친다는 사실이다. 좋은 소식과 나쁜 소식을 다 걸러 조율을 한 뒤에도 주식은 부정적인 어조에 대한 반응으로 떨어졌다. 또한 오후 늦게 실적 발표 회의를 주재하는 회사 때문에 일시적으로 주가가 잘못 정해지는 일이 자주 발생했다.

시간이 지나면 주가는 다시 정상 궤도로 돌아가겠지만 그래도 이런 결과를 소홀히 할 수는 없다. 조사자들도 지적하는 부분이지만, 전화회의에 참석하는 사람들을 '호모 이코노미쿠스homo economicus의 화신'이라고 해도 지나친 말은 아닐 것이다. 분석가도 임원들도 회사 수익에 관한 그들의 관심사가 얼마나 민감한지 잘 안다. 회의에 참가하고 있는 사람들이 그저 듣기만 하는 것은 아니다. 그것은 자체로 하나의 완전한 시장이다. 잘못 고른 단어, 어정쩡한 답변, 확신이 없는 반응은 주가를 곤두박질치게 만들어 회사의 전망과 임원들의 연봉을 위태롭게 한다. 이들 냉정한 사업가들에게는 합리적으로 행동해야 할 분명한 동기가 있다. 그리고 그들은 분명 자신들이 합리적으로 행동한다고 생각할 것이다. 그러나 경제적 합리성은 수백 만 년 동안 진화하면서 서서히 형성되어 온 생물학적 시계와 톱니바퀴가 잘 맞지 않는다. 심지어 매우 현실적이고 동기가 분명한 조건에서 빠른 두뇌회전으로 행동하는 경제 주체조차 자신의 직업적 과제를 수행하는 과정에서 하루 리듬의 영향을 벗어나지 못한다.

이 같은 사실은 많은 의미를 함축하고 있다. 그 결과는 기업 소통과 의사결정과 모든 직위에 있는 구성원들의 실적 그리고 경제 곳곳에서 활동하는 기업들에게 영향을 미치는 하루의 리듬이 생각보다 훨씬 더 널리 체질화된 현상이라는 사실을 암시한다. 결과가 너무도 분명하기 때문에 조사자들은 학술 논문에서 좀처럼 안하는 것, 즉 구체적이고 실용적인 조언까지 한다.

"기업 임원들을 대상으로 한 우리의 연구에서 드러난 중요한 사실은 투자자와의 의사교환 그리고 경영과 관련된 여러 중요한 결정과 협상을 할 때는 하루 중 가장 이른 시간에 해야 한다는 사실이다."

그렇다면 우리들도 이런 조언을 귀담아 들어야 할까?(우연이겠지만 캠벨은 실적 발표 회의를 보통 오전에 연다.) 우리의 기분은 일정한 패턴을 가지고 반복된다. 그리고 그것은 잘 드러나지 않을 뿐 기업 임원들이 일을 처리하는 방법에도 영향을 미친다. 그렇다면 고위경영진이 아닌 우리도 일정을 앞당겨 중요한 일을 아침에 먼저 처리해야 할까?

기분과 성취도의 상관관계

린다의 경우를 보자. 린다는 31세이고 독신이고 직설적이며 머리가 아주 좋다. 린다는 대학교에서 철학을 전공했다. 학생 때 그녀는 차별과 사회 정의 문제에 남다른 관심을 가졌고 반핵 시위에 참여했다.

먼저 한 가지를 물어보겠다. 그녀는 어느 쪽일까?

a. 린다는 은행 직원이다.
b. 린다는 은행 직원이고 페미니스트 운동에 적극적이다.

이런 질문을 받으면 대부분 (b)라고 답한다. 직관이 그렇게 시킨다. 그녀는 정의를 추구하고 핵을 반대하는 철학 전공자인가? 그렇다면 적극적인 페미니스트일 것이다. 그러나 (a)가 맞는 대답이다. 아니, (a)가 맞아야 한다. 이 질문에 대한 답은 사실을 따지는 것이 아니다. 린다는 실재 인물도 아니다. 또 이것은 의견을 묻는 문제도 아니다. 이것은 순전히 논리의 문제다. 요들송을 부르거나 고수(음식에 넣는 향신용 풀)라면 질색하는 은행직원과 마찬가지로 페미니스트인 은행직원은 모든 은행직원의 부분집합이고 부분집합은 전체집합보다 클 수 없다.* 노벨상 수상과 DRM으로 유명한 대니얼 카너먼과 그의 동료 아모스 트버스키는 1983년에 린다의 문제를 '결합 오류 conjunction fallacy'라는 이론으로 설명했다. 결합 오류는 많이 범하는 논리적 오류 중 하나다.

---

*이 문제는 간단한 수학으로도 설명할 수 있다. 린다가 은행직원일 확률이 2퍼센트(0.02)라고 하자. 그녀가 페미니스트일 확률이 크게 잡아 99퍼센트(0.99)라고 해도, 그녀가 은행직원이면서 동시에 페미니스트일 확률은 1.98퍼센트(0.02×0.99=0.0198)밖에 되지 않는다. 2퍼센트도 안 되는 것이다.

조사팀이 린다 문제를 푸는 시간을 여러 시간으로 나누었을 때(가령 제일 유명한 실험은 오전 9시와 오후 8시에 문제를 풀게 했다), 참가자들은 시간에 따라 정답을 맞히기도 하고 실수로 바나나 껍질을 밟기도 하는 등 극명한 차이를 보였다. 사람들은 늦은 시간보다 이른 시간에 정답을 많이 맞혔다. 예외가 한 가지 있는데 아주 흥미롭고도 중요한 부분이다(이 문제는 잠시 후에 설명하겠다). 결과적으로 정답을 맞히는 비율은 실적을 보고하는 기업 임원들의 경우처럼 하루 일과가 시작되는 시점에 좋았고 시간이 가면서 내려갔다.

스테레오타입도 마찬가지 패턴을 보였다. 조사팀은 다른 참가자들에게 가상의 형사피고인의 죄를 평가해달라고 요구했다. 그들은 모든 '배심원들'에게 같은 종류의 혐의 사실이 적힌 종이를 주었다. 그러나 그들 중 절반에게는 피고의 이름이 로버트 가너라고 일러주었고, 다른 절반에게는 로베르토 가르시아라고 말해주었다. 오전에 결정을 내렸을 때에는 두 피고에 대한 평결의 차이가 전혀 없었다. 그러나 그날 늦은 시간에 평결을 내려달라고 했을 때 주류 백인의 이름을 가진 가너는 무죄이고 히스패닉 이름을 가진 가르시아는 유죄라는 사람들이 많았다. 실험참가자들의 판단력은 이른 시간일수록 더 예리했지만, 시간이 갈수록 그들의 판단은 스테레오타입에 휘둘려 흐려졌다.

과학자들은 100여 년 전부터 지력이 하루 동안 어떻게 변화하는지에 관심을 갖고 이를 측정하기 시작했다. 독일의 심리학자 헤르만 에빙하우스는 무의미하게 나열된 단어를 외우고 기억하게 하는 실험을 통해 사람들의 기억력이 밤보다 아침에 더 좋다는 사실을 밝혀냄으로써 이 분야에서 선구적 업적을 세웠다. 이후로도 여러 사람들이 여러 분야에서 두뇌 활동을 탐구해서 세 가지 핵심적 결론을 이끌어냈다.

첫째, 우리의 인식 능력은 하루라는 시간 단위 속에서 일정하게 유지되지 않는다. 우리는 보통 16시간 정도 깨어있지만 그 시간에도 인식 능력은 계속 변하는데 그 기복은 규칙적이어서 어느 정도 예측이 가능하다. 다시 말해 우리는 이 시간보다 저 시간에 더 똑똑해지고 더 두뇌회전이 빠르고 더 창의적이 된다.

둘째, 이런 하루의 기복은 우리가 느끼는 것보다 더 심하다. 옥스퍼드 대학교의 신경과학자이자 시간생물학자인 러셀 포스터에 따르면 하루 중 최고점과 최저점 사이에서 일어나는 성과의 변화는 음주운전에 해당하는 혈중 알코올 농도 이상의 술을 마셨을 때 운전 기능의 변화에 비교할 수 있다. 그 밖에도 시간대에 따른 효과는 인식적 업무에 대한 실적에서 20퍼센트의 차이를 만들어낼 수 있다는 연구 결과도 있다.

셋째, 일하는 방식은 하는 일의 성격에 따라 달라진다. 영국의 심리학자 사이먼 포카드는 이렇게 말한다. "아마도 시간에 따른 성과의 차이를 밝히는 연구들이 제시하는 중요한 결론은 특정 과제를 수행하기에 가장 좋은 시간이 그 과제의 성격에 따라 달라진다는 사실일 것이다."

린다 문제는 분석의 문제다. 그리고 분명 까다롭다. 그렇다고 무슨 특별한 창의력이나 날카로운 통찰력이 필요한 문제는 아니다. 정답은 하나이고 논리만 제대로 적용하면 얼마든지 찾아낼 수 있다. 그리고 사람들은 오전 중에 이런 종류의 사고를 가장 잘 수행한다. 잠에서 깨면 우리의 체온은 서서히 올라간다. 체온이 오르면 에너지 수위와 각성 수준도 따라서 올라간다. 그렇게 되면 실행 능력과 집중력과 추론 능력이 향상된다. 일반적으로 이런 예리한 분석 능력은 늦은 오전이나 정오쯤에 최고조에 이른다.

그 한 가지 이유는 하루 중 이른 시간에 우리의 지력이 더 기민해지기 때문이다. 린다 문제에서 린다가 대학생일 때 드러낸 정치적 성향은 초점을 흐리는 교란 장치로, 문제와는 아무런 관련이 없는 단서다. 우리의 지력은 보통 오전에 더 신중하고 총명한데 그런 상태에서는 그런 교란 장치가 두뇌를 비집고 들어올 틈이 없다.

그러나 기민성도 한계가 있다. 쉬지 않고 몇 시간씩 경계 상태를 유지하면 두뇌의 보초도 피곤을 느끼기 시작한다. 그래서 담배를 한 대 피거나 화장실을 가기 위해 슬그머니 자리를 비운다. 그리고 그 틈을 타 침입자가 들어온다. 엉성한 논리, 위험한 스테레오타입, 문제와 무관한 정보 등이 그런 침입자들이다. 오전에 서서히 올라 정오쯤에 최고조에 이르렀던 각성도와 에너지 수준은 오후 들어 급격히 떨어진다. 그리고 동시에 계속 집중하고 억제하도록 만드는 능력도 같이 떨어진다. 미모사의 잎처럼 분석 능력도 닫힌다.

이런 결과는 많은 것들을 암시하지만 그래도 우리는 아직 이를 제대로 이해하지 못하고 있다. 덴마크의 학생들은 다른 나라 학생들과 마찬가지로 학습 정도를 측정하는 표준화검사standardized test라는 연례 설차를 꼼짝없이 거쳐야 한다. 덴마크 아이들은 이 검사를 컴퓨터로 치른다. 그러나 어느 학교든 학생 수에 비해 컴퓨터가 적기 때문에 전교생이 동시에 시험을 치를 수는 없다. 따라서 시험시간 배정은 학급 일정과 데스크톱 컴퓨터의 이용 여부에 따라 달라진다. 그래서 어떤 학생은 시험을 오전에 보고 또 어떤 학생은 오후에 봐야 한다.

하버드대학교 비즈니스 스쿨 교수인 프란체스카 지노는 덴마크 전문가 두 명과 함께 덴마크 학생 200만 명을 대상으로 4년 동안 그들의 시험결과와 시험시간을 대조해보았다. 그리고 그들은 조금 산만하기는 해도 흥미로운 상관관계를 찾아냈다. 오전에 시험을 본 아이들의 성적이 오후에 본 아이들 성적보다 더 높았던 것이다. 시험 시간이 늦을수록 성적은 조금씩 떨어졌다. 시험을 늦게 봤을 때의 결과는 부모의 수입과 교육수준이 조금 떨어지거나 아니면 한 학년도에 2주 결석했을 경우와 비슷하게 나왔다. 시간대가 전부는 아니지만 그래도 상당한 문제임에는 틀림이 없다.

미국도 크게 다르지 않은 것 같다. 시카고대학교의 경제학 교수 놀란 폽은 로스앤젤레스의 200만 명 가까운 학생들을 대상으로 그들의 표준화검사 결과와 학교 성적을 조사했다. 수업 시작시간과 관계없이 수학 시험이 마지막 2교시가 아닌 아침 2교시 중 한 곳에 배정되었을 때 캘리포니아 주 통합시험은 물론이고 교내 수학 평균 평점도 올라갔다. 이유를 정확히 짚어낼 수는 없지만 이른 시간에 시험을 본 학생들은 성적이 좀 더 좋았다. 수학에서는 이런 경향이 특히 두드러졌다. 따라서 학교들이 시험 시간만 조정해도 학생들의 성적을 올릴 수 있을 것이라고 폽은 주장한다.

이런 연구결과를 바탕으로 중요한 일을 점심시간 이전으로 죄다 몰아넣기 전에 한 가지 알아두어야 할 것이 있다. 사람들의 두뇌작용 방식이

전부 같지는 않다는 사실이다. 돌발 퀴즈로 이를 설명해보자.

어네스토는 옛날 주화를 사고파는 사람이다. 어느 날 어떤 사람이 멋진 동전을 하나 들고 왔다. 앞면에는 어떤 황제의 두상이 새겨져있고 다른 쪽에는 44 BC라는 글씨가 찍혀있는 동전이었다. 동전을 살펴보던 어네스토는 그 동전을 사지 않고 경찰에 신고했다. 왜 그랬을까?

이것은 함정을 찾아내는 '통찰력 문제'다. 체계적인 알고리즘으로는 정답을 추리해낼 수 없다. 통찰력을 필요로 하는 문제를 풀 때 사람들은 보통 체계적으로 단계를 밟아 해결하려 한다. 하지만 그렇게 해봐야 벽에 부딪힐 뿐이다. 그러다 벽의 크기를 가늠할 수도 벽을 뚫을 수도 없다며 두 손을 들고 돌아선다. 그런가 하면 몇 번이고 포기하려다 어느 순간 머릿속에서 뭔가 번쩍하며 '아하!' 하고 무릎을 치게 된다. 그러면 사실을 전혀 다른 시각에서 바라볼 수 있게 된다. 그들은 문제를 아예 다른 각도에서 들여다보고 빠르게 해답을 찾아낸다.

(아직도 동전에 무슨 문제가 있는지 감이 안 잡히는가? 동전에 적힌 연도는 44 BC 즉 그리스도가 태어나기 전 44년이다. 그때는 BC라는 표기를 사용하지 않았다. 그리고 물론 40여 년 뒤에 그리스도가 태어나리라는 사실을 주화를 만든 사람이 알 리도 없었다. 그 동전은 볼 것도 없는 가짜다.)

미국의 심리학자 머레이크 위스와 로즈 잭스는 스스로 아침형 인간이라고 생각하는 집단에게 이 동전 문제를 포함하여 몇 가지 통찰력 문제를 냈다. 그 중 몇몇 사람들에게는 아침 8시 30분부터 9시 30분까지 풀게

했고, 다른 사람들에게는 오후 4시 30분부터 5시 30분 사이에 풀게 했다. 이들 아침형 인간들은 동전 문제를 아침보다 오후에 더 잘 풀었다. 컨디션이 좋지 않을 시간에 통찰력이 필요한 문제를 푼 사람들은 컨디션이 좋은 시간에 푼 사람들보다 답을 잘 맞혔다.

어떻게 된 일일까? 그 답은 인식의 성을 지키는 초병에게서 찾을 수 있다. 오전은 초병들의 경계심이 매우 예리한 상태여서 조금이라도 수상한 사람이 접근하면 당장 쫓아낸다. '억제 조절 능력inhibitory control'이라고도 하는 이런 기민성은 방심 상태를 몰아냄으로써 두뇌가 분석을 요하는 문제를 제대로 풀 수 있도록 돕는다. 그러나 통찰력을 시험하는 문제는 다르다. 이런 문제에는 기민성이나 억제력도 별 소용이 없다. 머릿속에서 뭔가 번쩍하는 순간은 초병들이 없을 때 더 잘 다가온다. 긴장이 해이해지고 방심한 순간에는 여과장치가 촘촘히 작동해서 놓쳤던 연결회로를 찾아내는 기능이 활성화된다. 분석을 요하는 문제에서 억제 조절 능력의 결함은 곧 컴퓨터의 버그와 같은 것이다. 그러나 통찰력 문제에서는 그런 결함도 하나의 기능이다.

혁신과 창의력은 컨디션이 최적의 상태가 아닐 때 가장 커지고 24시간 주기 생체리듬과 관련될 때 가장 작아지기 때문에 일부 학자들은 이런 현상을 '영감의 역설inspiration paradox'이라 부른다. 그리고 덴마크와 로스앤젤레스의 학생들을 대상으로 실시한 학업 성적 연구를 통해 수학 같은 분석적인 과목은 아침에 수업 듣는 것이 더 좋다는 사실을 밝혀낸 것처럼, 위스와 잭스는 '수업시간을 선택하는 학생들이 예술이나 창의적 글쓰기 같은 수업을 최적의 시간이 아닌 다른 시간에 듣는다면 더 좋은 성과를 낼 수 있을 것'이라고 주장한다.

간단히 말해 기분과 성취도는 시간에 따라 달라진다. 기분은 최고점-최저점-반등이라는 공통된 패턴을 따른다. 그리고 이것은 이원적 실적 패턴을 형성한다. 상승 구간인 오전에 사람들은 린다 문제처럼 예리함, 기민성, 집중력을 필요로 하는 분석적 작업을 능숙하게 처리한다. 반등 구간인 저녁 시간에는 동전 문제처럼 억제력이나 분석력이 별로 필요하지 않은 통찰력 문제를 잘 푼다. '대부분의 인간'은 걸어 다니는 드 메랑의 미모사다. 우리의 역량은 우리가 어쩌지 못하는 시계에 따라 열리고 닫힌다.

그러나 내 결론에서 약간의 빠져나갈 구멍을 찾아낸 독자도 있을 것이다. 내가 '대부분의 인간'이라고 한 말을 유념하기 바란다. 특히 성취력과 관련된 패턴에는 예외가 있다. 그리고 이는 매우 중요한 예외다.

종달새 형 인간 VS 올빼미 형 인간

1879년 어느 날 동트기 몇 시간 전부터 토마스 에디슨은 뉴저지 주 멘로파크에 있는 그의 실험실에 앉아 어떤 문제를 놓고 골똘히 생각에 잠겨 있었다. 전구의 기본 원리는 알아냈지만 비용이 적게 들고 오래 가는 필라멘트 소재는 여전히 쉽게 나타나지 않았다. 에디슨보다는 생각이 조금 합리적인 동료들이 모두 각자의 집에서 단잠에 빠진 그 시간에 그는 실험실에 홀로 앉아 아무 생각 없이 검게 그을린 탄소로 된 물질을 손가락으로 집어 들었다. 다른 실험에 쓰려고 남겨두었던 검댕이었다. 그는 엄지와 검지로 그것을 돌돌 말기 시작했다. 볼펜을 돌리거나 종이에 끼우는 클립을 컵에 끼우는 것 같은 무의식적인 행위였다.

그 순간 에디슨의 뇌에 "아하!"하고 전깃불이 반짝 켜졌다.

무심코 두 손가락 끝에서 꼬아져 나온 가느다란 탄소 실을 보던 에디슨의 머리에서 우연히 탄소 실과 필라멘트가 연결된 것이다. 그는 곧바로 실험에 착수했다. 탄소 필라멘트는 밝았고 오래 탔다. 그렇게 해서 에디슨의 전구는 세상의 빛을 보게 되었다. 에디슨의 머릿속에서 섬광이 반짝하지 않았다면 나는 지금도 어두컴컴한 방에서 이 문장을 쓰고 독자들역시 어두컴컴한 곳에서 이 문장을 읽을지도 모를 일이다.

토머스 에디슨은 올빼미들이 잠을 안자고 활동할 수 있도록 해준 올빼미 형 인간이었다. "그가 실험실에서 열심히 일하고 있었다면 그것은 한낮이 아니라 한밤중이었을 가능성이 크다." 한 전기 작가는 그렇게 썼다.

하루는 누구에게나 24시간이지만 모두가 그 시간을 정확히 같은 방식으로 경험하는 것은 아니다. 우리는 각자 자신의 '크로노타입chronotype'을 갖고 있다. 그것은 생리적·심리적 영향을 주는 24시간 주기 생체리듬의 패턴이다. 에디슨은 늦은 크로노타입이었다. 이런 부류들은 해가 중천에 뜬 뒤에야 잠자리에서 일어난다. 이들은 아침을 싫어하고 늦은 오후나 초저녁이 되어서야 두뇌가 제 기량을 발휘한다. 이른 크로노타입도 있다. 이들은 잠자리에서 벌떡 쉽게 일어나고 낮 시간에 에너지가 넘치지만 저녁이면 빨리 피곤을 느낀다. 세상에는 올빼미 형도 있고 종달새 형도 있다.

우리는 깃털 없는 동물이지만 그래도 종달새나 올빼미 같은 용어를 사용하면 인간이라는 종의 특성과 성향을 조금 더 쉽게 설명할 수 있다. 그러나 실상이라는 것이 원래 그렇듯, 크로노타입의 실상은 더 미묘한 차이가 있다.

인간의 내면에 자리한 시계들의 차이를 처음 체계적으로 연구하기 시작한 것은 1976년이었다. 스웨덴과 영국의 과학자 두 사람은 19개 문항으로 된 크로노타입 설문지로 조사한 결과를 발표했다. 몇 해 뒤에 역시 두 사람의 시간생물학자가 '근무일(정해진 시간에 일어나야 하는 날)'과 '휴일(일어나고 싶을 때 일어날 수 있는 날)'에 사람들의 수면 패턴의 차이를 분석했다. 미국의 마사 메로우와 독일의 틸 뢰네베르크가 개발한 뮌헨 크로노타입 설문지Munich Chrono Type Questionnaire, MCTQ는 다른 도구보다 훨씬 더 널리 사용된다. 사람들은 주어진 질문에 대답하고 수치로 된 점수를 받는다. 나도 MCTQ를 작성해봤다. 그랬더니 가장 흔한 범주인 '약간 아침형'이었다.

가장 대표적인 시간생물학자인 뢰네베르크는 각자의 크로노타입을 판단할 수 있는 훨씬 쉬운 방법을 제시했다. 지금이라도 당장 판별할 수 있다.

각자 휴일에 어떤 식으로 행동하는지 생각해보라. 휴일에는 보통 정해진 시간에 일어날 필요가 없다. 이제 다음 세 가지 질문에 답해보라.

1. 보통 몇 시에 자는가?
2. 보통 몇 시에 일어나는가?

3. 위의 두 시각의 중간은 몇 시인가? 즉 잠자는 시간의 중간 시점은 몇 시인가? (예를 들어 약 11시 30분에 잠자리에 들어 아침 7시 30분에 일어난다면 중간 시점은 오전 3시 30분이다.)

이제 다음 도표에서 당신의 위치를 찾아보라. 뢰네베르크의 도표를 내가 조금 다른 목적으로 사용하는 것뿐이다.

대부분의 사람들은 완벽한 종달새나 완전한 올빼미가 아닌 그 중간 어딘가에 속한다. 이들을 '제3의 새'라고 하자. 뢰네베르크 팀은 '잠자리에 들고 잠에서 깨는 시각은 가우스(정규) 분포에 가까운 모양'을 띤다는 사실을 알아냈다. 즉 사람들의 크로노타입을 도표로 작성한다면 그 모양은 종형으로 나온다. 위의 도표에서 알 수 있듯이 한 가지 다른 점이 있다면 완전한 올빼미가 완전한 종달새보다 많다는 점이다. 생리학적으로는 아니지만 통계적으로 올빼미는 꼬리가 길게 만들어진다. 그러나 대부분의 사람들은 종달새도 올빼미도 아니다. 수십 년 동안 세계 여러 지역에서 이루어진 연구 결과에 의하면, 사람들 중 약 60퍼센트에서 80퍼센트는 제3의 새로 밝혀졌다. 크로노타입은 발과 같다. 누구는 태어날 때부터 발이 크고 누구는 발이 작다. 그러나 대부분은 그 중간에 속한다.

크로노타입은 또 다른 면에서도 역시 발과 같은 특징을 갖는다. 우리

훨씬 더 간단한 방법이 있다. 주말(또는 휴일)에 몇 시에 일어나는가? 일어나는 시간이 주중과 같다면, 아마도 종달새일 것이다. 주중보다 조금 더 늦게 일어난다면, 제3의 새일 확률이 크다. 주중에 비해 한참(90분 이상) 늦게 일어난다면 올빼미로 보아야 한다.

우리들은 대부분 제3의 새다.

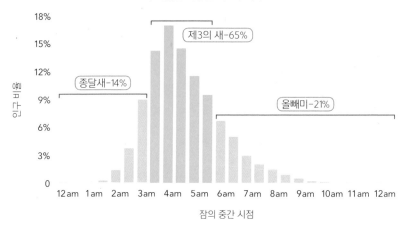

제3의 새-65%

종달새-14%

올빼미-21%

잠의 중간 시점

는 발의 크기와 모양을 어떻게 할 수 없다. 크로노타입이 저마다 다른 이유 중 절반은 유전적인 요인으로 설명이 가능하다. 다시 말해 종달새와 올빼미는 만들어지는 것이 아니라 태어날 때부터 정해지는 것이다. 놀랍지만 실제로 여기서는 태어나는 '때'가 큰 역할을 한다. 가을과 겨울에 태어난 사람들은 종달새가 될 가능성이 많다. 봄이나 여름에 태어난 사람들은 올빼미가 되기 쉽다.

유전학에 따르면 크로노타입에서 가장 중요한 요소는 나이이다. 부모들이야 다 알고 그래서 애석한 일이지만, 어린 아이들은 대체로 종달새다. 아이들은 일찍 일어나고 낮에 활기차게 뛰어다니지만 초저녁만 되면 그 많던 기운이 다 어디로 갔는지 비실거린다. 사춘기가 되면 이런 종달새들은 올빼미로 탈바꿈하기 시작한다. 그들은 늦게 일어난다. 물론 휴일에 말이다. 사춘기 아이들은 늦은 오후부터 저녁때에 에너지가 올라가고 부모들보다 한참 뒤에 잠이 든다. 10대의 취침 중간 시점이 오전 6시,

심지어 7시라는 보고서도 있다. 이러니 고등학교 수업 시작 시간과 맞을 수가 없다. 사춘기 아이들은 20세 정도가 되었을 때 올빼미 성향이 극도에 달하고 그 뒤로는 평생에 걸쳐 서서히 종달새로 돌아간다. 남성과 여성은 크로노타입도 역시 다른데, 평생 중 특히 전반기가 크게 다르다. 남성들은 저녁형을 지향하고 여성은 아침형을 지향하는 성향이 있다. 그러나 50세쯤이 되면 남녀의 차이는 사라지기 시작한다. 뢰네베르크의 지적대로 평균 60세가 넘은 사람들은 유년기보다 훨씬 이른 크로노타입으로 변한다.

간단히 말해 고등학교와 대학교를 다닐 때면 지독한 올빼미가 되고, 60세가 넘은 사람이나 12세 미만의 아이들은 완벽한 종달새가 된다. 남성은 대체로 여성에 비해 올빼미 성향이 강하다. 그러나 나이나 성별에 관계없이 사람들은 종달새나 올빼미 성향이 그렇게 뚜렷하게 나타나지 않고 그 중간인 제3의 새쪽에 가깝다. 그러나 전체 인구의 약 20~25퍼센트는 확고부동한 저녁형 인간이다. 그리고 24시간에 감추어진 패턴을 이해하려면 반드시 이들이 드러내는 성격과 행동을 유심히 살펴야 한다.

먼저 성격부터 알아보자. 여기에는 사회학자들이 '5대 특성Big Five'이라고 분류한 개방성openness, 성실성conscientiousness, 외향성extraversion, 친화성agreeableness, 신경성neuroticism 등이 포함된다. 여러 연구 결과에 따르면 아침형 인간은 명랑하고 생산적인 유형으로, 내성적이고 성실하고 친화력이 강하고 꾸준하고 정서적으로 안정적인 유형인데, 이들 남녀들은 솔선수범하고 좋지 않은 충동을 잘 억누르며 앞날에 대한 계획을 잘 세우는 편이다. 아침형인간들은 또한 긍정적 정서가 강해 대부분 종달새만큼이나 즐겁게 지낸다.

반면에 올빼미들은 조금 더 모호한 성향을 보인다. 그들은 종달새보다 더 개방적이고 외향적이지만 신경질적인 편이고 충동적이고 감각적인 것을 좇으며 순간에만 집착하는 쾌락주의적 성향을 자주 드러낸다. 올빼미들은 또한 종달새보다 담배나 술이나 카페인을 좋아하며, 심지어 마리화나나 코카인에까지 손을 댄다. 그들은 중독성향이 강하고 섭식장애나 당뇨나 우울증을 앓는 경우가 많고 종교를 갖지 않는 편이다. 낮에 거의 활동하지 않는 것도 그들에게는 이상한 일이 아니다. 대부분의 직장 상사들은 일찍 출근하는 부하직원을 헌신적이고 유능하다고 생각하고, 지각하는 직원들에게는 좋은 점수를 주지 않는다. 일찍 자고 일찍 일어나면 건강에도 좋고 돈도 많이 벌고 현명해진다는 벤저민 프랭클린의 말은 백번 옳다.

그런데 꼭 그런 것은 아니다. 학자들은 프랭클린의 말이 맞는지 알기 위해 여러 가지로 실험했지만 일찍 일어나는 사람들이 도덕적으로 우월하다는 어떤 정당한 근거도 그들은 찾지 못했다. 사람들의 손가락질을 받는 올빼미들은 사실 창의력이 남다르고 작업 기억력working memory이 탁월하며 경영대학원 입학시험GMAT 같은 지력 검사에서 높은 점수를 기록한다. 올빼미들은 유머 감각도 뛰어나다.

문제는 우리의 기업과 정부와 교육 문화를 구성하는 사람들의 75~80퍼센트가 종달새나 제3의 새라는 사실이다. 올빼미는 오른손잡이 세상에 던져진 왼손잡이어서, 어쩔 수 없이 오른손잡이가 사용하도록 만들어진 가위나 책상이나 포수 미트를 사용해야 한다. 그들이 이에 대처하는

법은 하루의 리듬을 나누는 퍼즐의 마지막 조각이다.

싱크로니와 하루의 3단계

다시 린다 문제로 돌아가자. 린다는 여전히 은행원인 동시에 페미니스트일 확률보다는 그저 은행원일 뿐인 확률이 더 크다. 대부분의 사람들은 오후 8시보다는 아침 8시에 린다 문제를 더 쉽게 푼다. 그러나 그 반대의 성향을 보이는 사람들도 있다. 이들이 결합오류를 피하고 정답을 맞힐 가능성은 아침 8시보다 저녁 8시에 더 높다. 이 별종들은 누구인가? 당연히 올빼미다. 이들은 저녁 크로노타입을 가진 사람들이다. 모의재판에서 배심원 역할을 맡아도 마찬가지다. 아침형과 중간형은 똑같은 사실을 가지고 스테레오타입에 의존하여 가르시아를 유죄로 가너를 무죄로 선고한다. 하지만 올빼미들은 그 반대다. 그들은 이른 시간에는 스테레오타입에 의존하지만 시간이 갈수록 조심스러워지고 더 공평해지고 논리적이 된다.

44 BC라는 연도가 찍힌 동전에 함정이 있는 것처럼 통찰력 문제를 푸는 능력에도 예외가 있다. 종달새와 제3의 새는 하루 중 늦은 시간에 머릿속의 번갯불이 번쩍였다. 그때는 최적의 회복단계가 아니기 때문에 억제력이 떨어지는 시간이다. 에디슨 같은 올빼미들은 역시 최적의 시간이 아닌 이른 아침에 이런 함정을 쉽게 찾아냈다.

그렇다면 결국 중요한 것은 유형과 과제와 시간 조절이다. 사회학자들은 이것을 '싱크로니 효과synchrony effect'라고 한다. 예를 들어 보통사람들은 밤에 운전하는 것이 더 위험하지만 올빼미들은 이른 시간에 하는 운전이 더 서툴다. 아침에는 그들의 조심성 주기와 각성도의 주기가 일치되지 않기 때문이다. 젊은 사람들은 나이든 사람들보다 기억력이 뛰어나다. 그러나 이런 나이를 기반으로 하는 인지력도 싱크로니를 고려하면 그 차이가 크게 줄거나 아예 사라진다. 실제로 기억력 테스트를 아침에 하면 나이든 성인도 젊은 성인과 두뇌의 같은 영역을 사용하기 때문에 결과에서 큰 차이를 보이지 않는다. 그들이 저녁 테스트에서 젊은 성인만큼 성적을 내지 못하는 이유는 늦은 시간에 다른 영역을 사용하기 때문이다.

싱크로니는 심지어 윤리적 행동에도 영향을 미친다. 2014년에 두 명의 학자가 이 같은 사실을 확인하고 이런 현상에 '아침의 도덕성 효과morning morality effect'라는 명칭을 붙였다. 이들의 주장에 따르면 사람들은 늦은 시간에 비해 아침에 업무와 관련하여 거짓말이나 속임수를 잘 쓰지 않는다고 한다. 그러나 그런 결과가 나오는 이유는 대부분의 사람들이 아침형이거나 중간형이기 때문이다. 하지만 올빼미의 경우는 조금 다르다. 그렇다. 일찍 일어나는 사람들은 아침의 도덕성 효과를 보여주지만 올빼미는 아침보다 밤에 더 도덕적이다. 한 사람의 크로노타입과 하루 중 시간대를 맞춰보면 시간만 따질 때보다 그 사람의 윤리 성향을 좀 더 완벽하게 예측할 수 있다.

간단히 말해 우리는 모두 하루를 '최고점-최저점-반등'의 세 단계로 경험한다. 그리고 우리 중 약 4분의 3(종달새와 제3의 새)은 하루를 이런 순서로 경험한다. 그러나 4명 중 1명 즉 유전적인 요인이나 나이 탓에 올빼미 형이 된 사람들은 하루를 거의 역순으로 경험하여 반등-최저점-최고점 순으로 겪는다.

이 문제를 알아보기 위해 나는 내 동료인 캐머런 프렌치에게 예술가와 작가와 발명가들의 하루 리듬을 분석해달라고 부탁했다. 그의 원 자료는 메이슨 커리가 편집한 《리추얼 Daily Rituals: How Artists Work》이라는 특이한 책이었다. 이 책은 제인 오스틴부터 잭슨 폴락, 앤서니 트롤롭, 토니 모리슨에 이르기까지 창작을 하는 161명의 예술가들이 일하고 휴식하는 일상의 패턴을 순서대로 서술한 책이었다. 프렌치는 그들의 일상적 작업 일정을 읽은 다음 열심히 일에 몰두하는 태도와 쉬엄쉬엄 하는 태도와 일을 전혀 하지 않는 태도 세 가지로 구분하고 이를 각각 기호화하여 최고점-최저점-반등에 가깝게 만들었다.

예를 들면 작곡가 차이콥스키는 보통 아침 7시와 8시 사이에 일어나 책을 읽고 차를 마신 다음 산책을 했다. 9시 30분에 그는 피아노 앞에 앉아 몇 시간 정도 작곡을 했다. 그런 다음 점심을 먹고 오후에 다시 산책을 했다. 5시에 그는 다시 자리를 잡고 앉아 몇 시간 더 작곡을 한 다음 오후 8시에 저녁을 먹었다. 150년 뒤의 작가 조이스 캐롤 오츠의 일상도 비슷한 리듬이었다. 그녀는 보통 아침 8시부터 8시 30분 사이에 글을 쓰기 시작하여 오후 1시까지 일을 했다. 그런 다음 점심을 먹고 오후 휴식을 즐기다 4시부터 다시 일을 시작하여 7시쯤 저녁을 먹을 때까지 계속했다. 차이콥스키도 오츠도 '최고점-최저점-반등'의 리듬을 탔다.

다른 창작가들은 다른 리듬을 탔다. 성인이 되어서도 거의 평생을 어머니의 집에서 살았던 소설가 플로베르는 보통 오전 10시나 되어야 일어났고, 일어나서도 목욕을 하고 몸치장을 하고 파이프 담배를 뻐끔거리는

데 한 시간 정도를 보냈다. 11시쯤에 그는 식탁에서 가족과 함께 아침 겸 점심을 먹었다. 그런 다음 잠깐 조카딸의 공부를 봐주고 오후 시간은 대부분 쉬거나 독서를 했다. 오후 7시에 그는 저녁 식사를 한 뒤 앉아서 어머니와 이야기를 나누다 오후 9시 경에 어머니가 잠자리에 들면 그때부터 글을 썼다. 올빼미 플로베르의 낮 시간은 반대방향으로 움직여 반등에서 최저점으로 그리고 다시 최고점으로 이동했다.

이들 창작자들의 하루 일과를 기호화해서 누가 무엇을 언제 했는지 표로 작성한 프렌치는 우리가 알고 있는 예측가능한 분포도를 찾아냈다. 창작자들의 약 62퍼센트는 최고점-최저점-반등 패턴을 따랐다. 그들은 오전에 작업에 몰두했고 그 다음에는 적당히 빈둥거리다 다시 큰 부담이 없는 작업에 잠깐 열중했다. 하지만 창작자들 중 약 20퍼센트는 패턴이 정반대여서 플로베르처럼 아침에 반등하고 훨씬 늦은 시간에 본격적으로 일을 했다. 특이한 성향을 띠거나 자료가 많지 않아 어떤 패턴도 보여주지 않은 사람은 18퍼센트였다. 이들 세 번째 집단을 떼어놓으면 크로노타입의 비율은 안정적으로 유지되어 최고점-최저점-반등 패턴이 세 번 나타날 때 반등-최저점-최고점 패턴이 한 번 나왔다.

이것은 무엇을 의미하는가?

이 징 끝에 어섯 개의 '시간 해커를 위한 안내서' 중 첫 번째를 실어놓았다. 타이밍의 과학을 일상에 적용할 수 있는 전략과 습관과 늘 하는 일과를 소개한 것이다. 그 핵심은 간단하다. 각자 자신의 유형을 알아내고, 해야 할 과제를 파악한 다음, 적절한 시간을 고르면 된다. 여러분의 보이지 않는 일상의 패턴은 최고점-최저점-반등인가 아니면 반등-최저점-최고점인가? 그런 다음 싱크로니를 찾아라. 일정을 조절할 수 있다면 맑은 정신으로 집중력이 필요한 중요한 일을 최고점에 배당하고 두 번째로 중요한 일, 즉 탈억제로 혜택을 받는 일은 반등 시간에 넣어라. 어찌 됐든 대수롭지 않은 일을 최고점 시간에 넣는 일은 없어야 한다.

당신이 상사라면 이 두 가지 패턴을 이해하고 직원들이 각자의 최고점을 지킬 수 있도록 도와야 한다. 예를 들어 틸 뢰네베르크는 독일의 자동차 공장과 제철소의 근로자들을 대상으로 실험을 벌여 근무일과 근로자들의 크로노타입이 일치하도록 일정을 조정했다. 그 결과 생산성과 일에 대한 만족도는 높아지고 스트레스는 줄었다. 교육자라면 학습효과가 모든 시간에서 다 동일하게 적용되지 않는다는 사실을 알아야 한다. 그래서 오전에는 어떤 과목과 어떤 유형의 수업을 해야 하고 오후에는 어떻게 시간표를 짜야 하는지 세심하게 재고해봐야 한다.

자동차를 만들든 아이들을 가르치든 역시 마찬가지로 중요한 것은 중간 시간을 조심해야 한다는 점이다. 이제 곧 알게 되겠지만 최저점은 우리들이 생각하는 것 이상으로 위험하다.

자신에게 맞는 시간대를 찾아내는 3단계 방법

이번 장은 하루의 패턴 뒤에 숨어있는 과학을 탐구했다. 여기에 그 과학의 힘을 빌려 하루의 타이밍을 정하는데 도움이 되는 간단한 3단계 기법을 소개하겠다. 소위 유형-과제-시간법type-task-time method이라는 것이다.

첫째, 44쪽에 실린 세 가지 질문 방법이나 온라인(www.danpink.com/MCTQ)에서 MCTQ 설문지를 활용, 각자의 크로노타입을 확인해보라.

둘째, 해야 할 일을 확인하라. 집중력을 발휘하여 분석해야 하는 일인가? 아니면 번득이는 통찰력이 필요한 일인가? (물론 모든 과제가 분석과 통찰이라는 두 축으로 깔끔하게 나뉘지는 않을 것이다. 그래도 어느 쪽에 가까운지 결정을 해야 한다.) 취업할 때 면접관에게 좋은 인상을 남기고 싶은가? 그렇다면 오전에 면접관의 기분이 대체로 좋다는 사실을 알고 있는가? 아니면 제안을 받은 직종을 받아들이든 거절하든 결정을 내려야 하는가? 그러면 어떤 경우에 당신의 크로노타입을 적용해야 하는가?

셋째, 이 도표를 보고 하루 중 최적의 시간을 확인하라.

과제에 따른 시간대 도표

	종달새	제3의 새	올빼미
분석적 업무	이른 아침	조금 이른 아침나절	늦은 오후와 저녁
통찰력 과제	늦은 오후/초저녁	늦은 오후/초저녁	아침
깊은 인상을 남기기	아침	아침	아침 (올빼미에겐 안 됐지만)
결정 시점	이른 아침	조금 이른 아침나절	늦은 오후와 저녁

예를 들어 종달새형 변호사가 변론취지서를 작성해야 한다면 아주 이른 아침에 하는 것이 좋다. 올빼미형 소프트웨어 엔지니어라면 그리 중요하지 않은 일은 아침에 해치우고 중요한 일은 늦은 오후부터 시작해서 저녁때까지 하는 것이 좋다. 브레인스토밍 회의를 소집한다면 늦은 오후 시간이 좋다. 대부분은 제3의 새일 확률이 높기 때문이다. 자신의 유형과 과제의 성격을 알면 시간대를 찾아내는 일은 어렵지 않다.

자신에게 맞는 시간대를 찾아내는 법: 고급 단계

과제와 시간대에 관해 좀 더 세밀한 자료가 필요하면 1주일 동안의 행동을 꼼꼼하게 체계적인 방법으로 추적해야 한다. 휴대폰 알람을 90분마다 울리게 한 뒤, 알람이 울릴 때마다 다음 세 가지 질문에 답하라.

1. 지금 무엇을 하고 있는가?
2. 지금 정신적 각성도가 어느 정도라고 느끼는가? 1부터 10까지 수치로 나타내라.
3. 지금 신체적 에너지가 어느 정도라고 느끼는가? 1부터 10까지 수치로 나타내라.

이 세 가지를 1주일 동안 점검하여 그 결과를 표로 작성하라. 하다보면 전반적인 패턴을 벗어나는 부분이 눈에 띌 것이다. 예를 들어 오후의 최저점이 다른 사람들에 비해 일찍 오거나 반등이 더 늦게 시작될 수도 있다. 자신의 반응을 추적하려면 이 지면을 복사해서 적극 활용해볼 것을 권한다(이 책의 마지막 부분 《언제 할 것인가》 실천편 참고).

	지금 내가 하고 있는 것	정신적 각성도	신체적 에너지
오전 7시		1 2 3 4 5 6 7 8 9 10	1 2 3 4 5 6 7 8 9 10
오전 8시 30분		1 2 3 4 5 6 7 8 9 10	1 2 3 4 5 6 7 8 9 10
오전 10시		1 2 3 4 5 6 7 8 9 10	1 2 3 4 5 6 7 8 9 10
오전 11시 30분		1 2 3 4 5 6 7 8 9 10	1 2 3 4 5 6 7 8 9 10
오후 1시		1 2 3 4 5 6 7 8 9 10	1 2 3 4 5 6 7 8 9 10
오후 2시 30분		1 2 3 4 5 6 7 8 9 10	1 2 3 4 5 6 7 8 9 10
오후 4시		1 2 3 4 5 6 7 8 9 10	1 2 3 4 5 6 7 8 9 10
오후 5시 30분		1 2 3 4 5 6 7 8 9 10	1 2 3 4 5 6 7 8 9 10
오후 7시		1 2 3 4 5 6 7 8 9 10	1 2 3 4 5 6 7 8 9 10
오후 8시 30분		1 2 3 4 5 6 7 8 9 10	1 2 3 4 5 6 7 8 9 10
오후 10시		1 2 3 4 5 6 7 8 9 10	1 2 3 4 5 6 7 8 9 10
오후 11시 30분		1 2 3 4 5 6 7 8 9 10	1 2 3 4 5 6 7 8 9 10

하루 일정을 통제하지 못한다면 어떻게 해야 할까

어떤 직책을 가지고 무슨 일을 하든, 시간을 완벽하게 통제할 수 있는 경우는 많지 않다. 하루 패턴의 리듬이 하루의 일정과 일치되지 않을 경우에는 어떻게 해야 할까? 마법의 묘책은 없지만 피해를 최소화할 수 있는 전략 두 가지를 여기 제시한다.

1. 정신을 바짝 차릴 것

최적의 시간이 아니라는 것만 알아도 도움이 된다. 간단하지만 확실한 방법으로 우리의 크로노타입에 맞게 상황을 바로 잡을 수 있기 때문이다.

올빼미형이 이른 아침 회의에 참석해야 한다고 생각해보자. 그렇다면 몇 가지 사전 조치를 취해야 한다. 먼저 전날 밤에 회의에 필요한 내용을 빠짐없이 목록으로 작성하라. 회의실 탁자에 앉기 전에, 잠깐 밖으로 나가 10분 정도 산책을 하라. 아니면 동료에게 작은 선행을 베풀라. 커피를 사다주어도 좋고 상자 나르는 일을 도와줘도 좋다. 이런 작은 선행으로도 기분은 한결 좋아질 것이다. 그리고 회의 중에는 특별히 정신을 바짝 차려야 한다. 예를 들어 누가 어떤 질문을 하면, 대답하기 전에 속으로 먼저 답을 해서 그 적합성을 확인하라.

2. 여유 시간을 활용하라

큰 문제는 마음대로 못해도 사소한 문제는 어떻게 해볼 수 있을 것이다. 종달새형이나 제3의 새가 오전에 한 시간 정도 한가한 시간이 생겼다면, 그 시간을 이메일로 낭비하지 말라. 그 60분을 가장 중요한 일을 하는데 사용하라. 사람들과의 관계도 돈독히 해보라. 상사에게 "저는 해야 할 일은 대부분 오전 중에 해놓습니다. 그러니 오전에는 가능한 한 회의에 참석하지 않았으면 합니다"라는 식으로 자신의 최적 시간대를 알리는 것이 좋다. 물론 그것이 조직 전체에도 유익하다는 사실을 강조해야 한다. 그리고 작은 일부터 시작하라. '캐주얼 프라이데이Casual Fridays'라는 말이 있으니 '크로노타입 프라이데이Chronotype Fridays'도 한 번 생각해보라. 한 달에 한 번 금요일을 하루 정하여 각자 원하는 일정에 따라 하고 싶은 작업을 하는 방식이다. 아니면 각자 자신만의 크로노타입 프라이데이를 선언해도 좋다. 마지막으로 자신의 재량에 따라 일정을 조절할 수 있는 시간을 이용하라. 주말이나 휴일에 싱크로니 효과를 극대화할 수 있도록 일정을 짜보라. 예를 들어 종달새형이 소설을 쓴다면 일찍 일어나 오후 1시까지 글을 쓰고, 식료품 가게에 가거나 세탁소에 들러 옷을 찾아오는 일은 오후로 미루는 편이 낫다.

운동은 언제 해야 하는가

지금까지는 일상의 정서적인 면과 인식적인 면에 초점을 맞추었다. 신체적인 면은 어떨까? 특히 운동하기 가장 좋은 시간은 언제인가? 이 역시 우리의 목표와 어느 정도 연관이 있다. 여기 운동에 관한 간단한 지침을 소개하겠다.

아침에 운동하면

몸무게를 줄일 수 있다 잠자리에서 일어난 순간은 적어도 8시간째 아무 것도 먹지 않은 상태여서 혈당이 떨어져있다. 조깅을 하려면 연소해야 할 혈당이 있어야 하는데, 공복에 우리의 몸은 필요한 에너지를 공급하기 위해 섬유질에 저장되어 있는 지방을 사용하게 된다(식사를 한 후 운동을 하면, 우리의 몸은 우리가 방금 소비한 음식에서 나오는 에너지를 사용한다). 대개의 경우 식전의 아침 운동은 식사 후에 하는 운동보다 지방을 20퍼센트 더 태운다.

기분이 좋아진다 수영이나 조깅 같은 심장 강화 운동을 하거나 심지어 개를 산책시켜도 기분이 올라간다. 아침에 운동을 하면 하루 종일 이런 효과의 혜택을 누릴 수 있다. 저녁때를 기다렸다가 운동을 하면, 기분 좋게 잠을 즐길 수 있다.

규칙적인 일과를 유지할 수 있다 아침에 운동을 하면 운동을 좀 더 규칙적으로 하게 된다는 연구 결과가 있다. 그러니 계획적인 생활을 원한다면, 특히 함께 운동할 파트너의 도움을 받는다면 아침 운동을 하나의 습관으로 만들 수 있다.

힘이 생긴다 생리기능은 하루 동안에도 계속 변한다. 예를 들어 테스토스테론 수치는 아침에 최고조에 도달한다. 테스토스테론은 근육 생성에 도움을 주기 때문에 근육 운동은 이른 아침에 하는 것이 좋다.

늦은 오후나 저녁에 운동을 하면

부상 위험을 줄일 수 있다 근육이 따뜻하면 탄력이 생겨 부상 위험이 줄어든다. 운동을 시작할 때 워밍업을 하는 것도 그 때문이다. 아침에 눈을 떴을 때는 체온이 떨어져있지만, 시간이 가면서 서서히 올라 늦은 오후나 초저녁에 최고점에 이른다. 그래서 늦은 시간에 운동하면 근육이 따뜻해지고 부상이 줄어든다.

최고의 결과를 얻을 수 있다 오후에 운동을 하면 부상 위험을 줄일 수 있을 뿐 아니라 무거운 것을 드는데도 유리하다. 오후에는 폐기능이 최고조에 달해, 산소와 영양분이 더 많이 공급되기 때문이다. 따라서 이 시간에는 힘도 세지고 반응시간도 빨라지고 눈과 손의 협응 능력이 예리해지며 심장박동수와 혈압은 내려가 운동 효과가 극대화된다. 실제로 육상, 수영 등의 분야에서 세운 놀라운 올림픽 기록들은 대부분 늦은 오후나 초저녁에 만들어졌다.

운동을 좀 더 즐길 수 있다 똑같은 운동을 해도 오후에 하면 아침에 하는 것만큼 힘이 많이 들어가지 않는다고 느낀다. 다시 말해 오후에 운동을 하게 되면 그만큼 심적으로 부담이 덜 하다.

더 좋은 아침을 위한 네 가지 조언

1. 아침에 일어나면 물을 한 잔 마시자

아무 것도 마시지 않은 채 8시간 이상 지낸 적이 얼마나 자주 있는가? 실제로 우리는 매일 밤을 그렇게 보낸다. 피부를 통해서도 몸의 수분이 증발하기 때문에, 잠자리에서 일어났을 때 우리는 대부분 탈수 상태다. 눈을 뜨자마자 물 한 잔부터 마시면 이른 아침에 공복감을 줄이고 정신을 차리는데 도움이 된다.

2. 아침에 눈 뜨자마자 커피를 마시는 것은 좋지 않은 습관이다

잠자리에서 눈을 뜨는 순간 우리 몸은 코르티솔을 분비하기 시작한다.

코르티솔은 탁한 정신을 빠르게 수습해주는 스트레스 호르몬이다. 그러나 카페인은 코르티솔 분비를 방해한다. 그래서 아침 커피는 각성도를 높이는데 별로 도움이 못된다. 이른 아침에 커피를 마시게 되면 카페인에 대한 내성만 높아지기 때문에 커피를 더 많이 더 진하게 마시게 된다. 가장 좋은 방법은 잠에서 깬 후 1시간이나 1시간 반쯤 뒤에 커피를 마시는 것이다. 이때는 코르티솔 분비가 최고조에 이르기 때문에 카페인이 마법의 위력을 발휘할 수 있다. 오후에 능률을 높이려면, 코르티솔 수치가 다시 떨어지는 오후 2시와 4시 사이에 커피숍을 찾는 것이 좋다.

3. 아침 햇살을 온몸으로 느껴라

아침에 정신이 빨리 들지 않고 몸이 둔하다면 햇볕을 많이 쬐는 것이 좋다. 전구와 달리 태양빛에는 다양한 색깔의 광선이 담겨있다. 파장이 아주 높거나 낮은 광선은 우리 눈에 닿는 순간 뇌에 신호를 보내 수면 호르몬의 분비를 멈추고 각성도를 높이는 호르몬을 분비하도록 명령한다.

4. 상담치료 예약은 오전 시간으로 잡는 것이 좋다

새로운 학문인 정신신경내분비학에 따르면 대화를 통한 치료는 아침에 가장 효과적이다. 그 이유 역시 코르티솔 때문이다. 물론 코르티솔은 스트레스 호르몬이다. 그러나 코르티솔은 학습 효과도 높인다. 코르티솔 수치가 최고점에 이르는 아침에 상담치료를 하면 환자는 집중력이 높아져 조언을 더욱 가슴에 새기게 된다.

타이밍의 과학 : 휴식의 놀라운 위력

"오후는 아침이 전혀
눈치 채지 못한 것을 안다."
-로버트 프로스트

잠깐 '운명의 병원Hospital of Doom'으로 들어가 보자. 이 병원의 환자들은 다른 병원의 환자보다 치사량에 가까운 마취제를 세 배 더 맞고 48시간 내에 수술 후유증으로 죽을 확률이 아주 높다. 이곳의 위장병 전문의는 다른 병원의 전문의만큼 꼼꼼하지 못하기 때문에 대장내시경을 해도 폴립(대장에 솟아난 작은 종양)을 잘 찾아내지 못해서 암세포가 계속 퍼지도록 방치한다. 내과전문의는 바이러스성 감염 환자에게 불필요한 항생제를 처방할 확률이 26퍼센트 더 높아 약에 내성을 가진 슈퍼박테리아를 만들게 된다. 그리고 이 병원의 간호사와 간병인들 중 환자를 상대하기 전에 손을 씻는 사람은 10퍼센트도 안 되기 때문에 이 병원에 잘못 들어 갔다가는 새로운 균에 감염될 가능성이 매우 높다.

내가 의료과실 전문 변호사라면(다행스럽게도 아니지만) 나는 이 병원 맞은편에 간판을 내걸 것이다. 내가 누군가의 남편이고 누군가의 아버지라면(고맙게도 그렇지만) 나는 내 가족 누구도 이 병원 근처를 얼씬거리지 못하게 막을 것이다.

'운명의 병원'은 실제 이름이 아니다. 그러나 그것은 실제 장소다. 지금까지 설명한 것은 전부 오전이 아닌 오후의 여느 의료센터들에서 흔히 벌어지고 있는 일이다. 물론 종합병원과 의료전문가들의 활약은 가히 영웅적이라 할만하다. 의료 사고는 어디까지나 예외적인 현상이지만 그렇다고 오후가 환자들에게 위험하지 않은 것은 아니다.

사고는 보통 최저점 시간에 일어난다. 일반적으로 잠에서 깼지 약 7시간 지났을 때 사고가 발생하는 경우가 많기 때문에 이 시간대가 다른 시간보다 훨씬 더 위험하다. 이번 장에서는 많은 사람들이 왜 오후에 치명적인 실수를 범하는지 그 원인을 알아볼 것이다. 그런 다음 몇 가지 해결책을 제시하고자 한다. 특히 환자들을 안전하게 지켜주고 학생들의 성적을 올리고 심지어 사법 체제를 더욱 공정하게 만들 수 있는 간단한 해결책 두 가지를 설명하겠다. 아울러 왜 아침이 아니라 점심이 하루 중 가장 중요한 식사인지, 어떻게 하면 낮잠을 완벽하게 잘 수 있는지 그리고 왜 1,000년 묵은 관습을 되살리는 것이 개인의 생산성과 기업의 실적을 올리는데 꼭 필요한지를 알아보겠다. 그러나 우선은 연녹색으로 코팅된 카드에 운명이 휘둘리는 실제의 병원으로 들어 가보자.

실수를 줄여주는 기민성 브레이크

미시건 주 앤아버의 그날 오후는 흐렸다. 나는 난생 처음으로 초록색

가운을 입고 수술에 입회할 준비를 하고 있었다. 내 옆에는 미시건 의대 마취과 과장이자 교수인 케빈 트렘퍼 박사가 있었다.

"매년 우리는 9만 명의 사람을 잠재우고 깨웁니다." 그는 내게 이렇게 말했다. "그렇게 그들을 마비시킨 다음 신체 일부를 절개합니다." 그는 이런 마법을 휘두르는 150명의 의사와 150명의 레지던트들을 감독하는 지위에 있었다. 2010년 그는 그들의 일하는 방식을 바꿨다.

수술대 위에 길게 누운 사람은 턱이 심하게 으깨진 20세 안팎의 청년이었다. 가까운 벽에 붙은 대형 TV 화면에는 수술대에 모인 간호사, 의사, 기술자 다섯 명의 이름이 떠있었다. 화면 맨 위에 청색 바탕에 황색 글씨로 환자의 이름이 보였다. 강단 있어 보이는 30대의 의사는 긴장한 표정이 역력했지만 당장에라도 메스를 들고 달려들 기세였다. 하지만 그들은 3킬로미터 떨어진 이 대학의 크라이슬러센터에서 뛰는 대학농구선수들처럼 타임아웃을 외쳤다.

수술진은 거의 반사적으로 모두 한 걸음 뒤로 물러섰다. 그런 다음 대형 스크린이나 상대방 허리춤에 달려있는 지갑 크기의 플라스틱 카드를 보고 상대방의 이름을 부르며 자신을 소개한 뒤 '9단계 사전 확인' 절차를 진행했다. 환자의 신분이 맞는지, 환자의 상태와 환자의 알러지 반응의 특징을 파악하고 있는지, 사용할 약품을 마취사가 파악하고 있는지, 필요한 장비가 확보되어 있는지 등등을 체크했다. 서로 소개하고 질문에 답하는 질차가 모두 끝나자(보통 3분 정도 걸린다) 타임아웃 시간이 끝나고 젊은 마취 담당 레지던트는 봉인된 파우치를 찢어 지급 약품을 환자에게 투여해 진정제를 맞아 나른한 상태인 환자를 완전히 잠들게 만들었다. 결코 쉬운 일은 아니었다. 환자의 턱은 너무 끔찍한 상태여서 그 레지던트는 입을 포기하고 코로 튜브를 삽입해야 했다. 매우 까다로운 작업이었다. 피아니스트처럼 손가락이 길고 가느다란 트렘퍼 박사가 다가가 튜브 끝을 비강에 맞춘 다음 목구멍을 통해 밀어 넣도록 도와주었다. 환자는 완전히 의식을 잃었고 활력 징후는 안정적이었다. 이제 본격적으로 수술에 돌입할 차례였다.

그런데도 수술팀은 다시 한 번 수술대에서 한 발 물러섰다. 각자는 '사전 타임아웃' 카드에 적힌 단계를 검토해서 모두가 준비되었는지 확인했다. 개인과 팀은 다시 한 번 집중력을 발휘하여 할 일을 재차 확인했다. 그런 다음에야 그들은 다시 수술대로 다가가 턱 교정 수술을 시작했다.

나는 이런 타임아웃을 '기민성 브레이크vigilance breaks'라 부른다. 중요한 일을 앞두고 실수가 없도록 지시사항을 검토하기 위한 짧은 휴지기다. 미시건 메디컬센터는 그들의 병원이 오후 최저점 시간에 '운명의 병원'으로 바뀌는 일이 없도록 하기 위해 오래전부터 이런 기민성 절차를 밟아왔다. 그리고 이런 브레이크 타임을 가진 이후부터 치료의 질이 좋아지고 합병증이 줄어들어 의사도 환자도 한결 편해졌다고 트렘퍼는 말한다.

오후는 하루의 항해 도중 만나게 되는 버뮤다 삼각지대다. 바다 곳곳에 생산성과 윤리관과 건강에 적신호를 켜는 최저점이 도사리고 있다. 마취도 그 중 한 가지 예다. 듀크메디컬센터는 자신들이 행한 9만 건의 수술을 분석하여 그들이 '마취 유해 사례'라고 이름 붙인 사고를 조사했다. 사고는 마취사의 실수일 수도 있고 수술팀으로 인한 유해 사례일 수도 있고 그 둘 다일 수도 있었다. 최저점은 특히 불안했다. 유해 사례는 오후 3시와 4시 사이에 훨씬 더 자주 나타났다. 오전 9시에 문제가 발생하는 확률은 약 1퍼센트였던 반면, 오후 4시에는 4.2퍼센트였다. 다시 말해 약을 투여해서 환자를 마취시키는 동안 일이 어긋날 확률은 최저점 시간이 최고점에 비해 4배나 높았다. 뭔가를 빠뜨리는 실수뿐 아니라 환자에게 잘못된 조치를 취하는 등 실질적인 유해 사례가 일어나는 확률은 오전 8시의 경우 0.3퍼센트 정도였다. 그러나 오후 3시에 이 확률은 1퍼센트로 올라갔다. 즉 100명 중 1명꼴로 확률이 세 배 높아진 것이다. 24시간 주기 생체리듬이 낮아지는 오후에는 의사들의 각성도가 떨어져 '마취 단계에서 필요한 복잡한 임무를 수행하는데 이상이 생긴다'라고 조사자들은 결론 내렸다.

대장내시경 검사도 마찬가지다. 필자도 이제는 대장암의 존재 여부나 앞으로 발병 가능성을 확인하는 검사를 받을 나이가 되었다. 그러나 이 보고서를 읽은 이상 나는 정오 이전이 아니라면 어떤 예약도 거부할 것이다. 예를 들어 대장암 사례를 1,000건 넘게 연구한 유명한 보고서에 따르면 검사 시간이 늦을수록 폴립을 찾아낼 가능성은 눈에 띄게 줄어드는 것으로 나타났다. 1시간이 지날수록 폴립을 발견할 확률은 거의 5퍼센트씩 줄어들었다. 오전과 오후의 차이는 특히 뚜렷했다. 예를 들어 오전 11시에 의사들이 발견한 폴립의 수는 평균 1.1개였지만, 오후 2시에는 같은 수의 환자에서 찾아낸 폴립의 수가 거의 절반 이하로 줄어들었다.

이들 수치를 보면 대장내시경 검사를 언제 받아야 할지 분명해진다.

더구나 오후에 대장내시경 검사를 하면 검사를 제대로 끝낼 확률마저 보장이 안 된다는 연구 결과도 나와 있다.

기본적인 의료조치도 버뮤다 삼각지대로 들어서면 여러 가지 문제를 겪는다. 예를 들어 의사들이 심각한 호흡기 감염에 대한 약을 처방할 때 불필요한 항생제를 처방할 확률도 오전보다 오후가 훨씬 높다. 환자를 계속 상대하는 누적효과로 인해 의사들은 판단력이 흐려지기 때문에, 환자의 증세가 세균 감염을 의미하는 것인지(그렇다면 항생제 처방이 적절할 것이다) 아니면 바이러스 감염을 의미하는 것인지(이 경우에는 항생제가 아무런 효과도 내지 못한다) 정확히 판단하지 않고 처방전을 쓰게 된다.

우리는 경험이 있는 전문가를 만날 수 있느냐의 여부에 따라 '누가 병이 있고 무엇이 문제인지' 판가름 난다고 생각한다. 그러나 결과는 대부분 '언제' 병원 예약을 하느냐에 따라 크게 달라진다.

기민성과 경계심은 시간이 가면서 강도가 약해진다. 2015년 헹첸 다이와 캐서린 밀크맨과 데이비드 호프만과 브래들리 스타츠는 30곳이 넘는 미국의 종합병원을 대상으로 손을 씻는 문제에 관해 대대적인 조사를 벌였다. 무선인식RFID이 가능한 전자태그가 부착된 손 세정기기에 직원이 다가가면 직원 배지의 칩을 인식하여 세정제를 배출하는 기기가 있다. 이들 연구진은 이 기기의 자료를 분석하여 누가 손을 씻고 누가 씻지 않았는지 조사했다. 조사 대상이 된 의료종사자는 4,000명이 넘었는데 그 중 3분의 2는 간호사였다. 조사가 진행되는 기간 중 이들에게는 거의 1,400번의 손을 소독할 기회가 있었다. 그러나 실제 결과는 손을 씻을 기회가 있거나 직무상으로 꼭 씻어야 할 때 실제로 손을 씻은 직원은 절반도 채 되지 않았다. 더욱 심각한 문제는 직원들의 근무 시작 시간이 오전이었는데 오후에 들면서 손을 소독하는 경우가 더 줄어든다는 사실이었다. 오후에 손을 소독한 횟수는 오전에 비해 38퍼센트 떨어졌다. 다시 말해 오전에 10번 소독했다면 오후에는 6번 밖에 씻지 않은 것이다.

이런 결과는 심각한 의미를 갖는다. 사람들이 가장 많이 근무하는 시간에 손 소독 횟수가 줄어들었다는 것은 연구진이 대상으로 삼은 34개 종합병원에서 약 7,500건의 피할 수 있는 감염으로 인해 매년 약 1억 5,000만 달러가 허비된다는 것을 의미한다. 이 비율을 미국 전역의 종합병원 입원비에 확대 적용하면 최저점의 대가는 피할 수 있는 감염 60만 건과 그에 따른 불필요한 추가 비용 125억 달러에 피할 수 있는 사망자 3만 5,000명이라는 어이없는 결과가 나온다.

오후는 운전자들에게도 역시 치명적이다. 영국에서 졸음운전과 관련된 사고는 24시간 동안 두 번 최고점에 이른다. 한 번은 한밤중인 오전 2시와 6시 사이이고 또 한 번은 오후의 한복판인 오후 2시와 4시 사이다. 이 연구팀은 미국, 이스라엘, 핀란드, 프랑스와 그 밖에 다른 나라들도 비슷한 양상을 보인다는 사실을 확인했다.

영국에서 발표한 어떤 자료에서도 일반적으로 근로자들의 생산성이 가장 떨어지는 시간은 오후 2시 55분이라고 구체적인 시간을 언급했다. 하루 중 이 해역에 들어서면 사람들이 탄 배는 대부분 방향감각을 상실한다. 1장에서 우리는 '아침의 도덕성 효과'를 잠깐 다루었다. 사람들의 정직도는 오전에 조금 높아지는데 그 이유는 오전에는 거짓말을 하거나 남을 속이거나 물건을 훔치거나 떳떳하지 못한 행동을 할 기회가 있어도 이를 더 잘 억제하기 때문이다. 이런 현상은 크로노타입에도 일부 원인이 있어 올빼미들은 종달새나 제3의 새와 다른 유형을 보여준다. 그런데 이 연구에서 저녁형은 오후가 아니라 자정과 오전 1시 30분 사이에 도덕심이 강해지는 것으로 밝혀졌다. 결국 크로노타입과 관계없이 오후에는 직업적 판단이나 윤리적 판단이 흐려졌다.

그나마 다행인 것은 기민성 브레이크를 활용하면 우리의 행동에 미치는 최저점의 악영향을 줄일 수 있다는 사실이다. 미시건대학교 의사들의 사례에서 알 수 있듯이, 일할 때 기민성 브레이크를 적용한다면 오후에 까다로운 일을 해야 할 때도 집중력을 다시 높일 수 있다. 운명의 오판을 내렸던 전날 밤 잠을 자지 못한 터너 선장이 승무원들과 함께 짧게나마 기민성 브레이크를 취했다고 생각해보라. 그랬다면 루시타니아 호의 속도를 얼마나 올릴지, 배의 위치를 어떻게 잡아야 U-보트를 피할 수 있을지 좀 더 정확히 계산했을지도 모른다.

이런 간단한 개입이 효과가 있다는 사실을 뒷받침하는 증거가 있다. 미국에서 규모가 가장 큰 의료기관은 보훈보건청이다. 이 기관이 운영하는 종합병원만 전국에 170개가 넘는다. 보훈보건청의 의료팀은 끊이지 않는 의료사고(대부분 오후에 발생한다)를 최소화하기 위해, 전국 병원에서 종합적인 연수 과정을 실시한다(미시건 주는 이를 바탕으로 자체 모델을 개발했다). 이런 시스템의 기본 원칙은 좀 더 자주 의도적으로 타임아웃을 시행하는 것으로, '코팅 처리한 점검 카드, 화이트보드, 보고서 양식, 벽보' 같은 툴을 사용하고 있었다. 연수가 시작된 지 1년쯤 지났을 때, 수술 관련 사망률(수술 도중이나 수술 직후에 사망하는 확률)은 18퍼센트 이하로 떨어졌다.

하지만 보통사람들이 하는 일은 다른 사람을 마취시키고 절개를 하거나 27톤짜리 제트기를 공중에 띄우거나 수많은 대군을 전투에 몰아넣는 등의 생명이 걸린 책임과는 관계가 없다. 그런 대부분의 사람들에게도 최저점의 위험을 피해갈 수 있는 또 다른 종류의 간단한 휴식이 있다. 그 것을 '회복성 브레이크restorative break'라고 하자. 이런 휴식을 이해하기 위해 미국 중서부를 떠나 스칸디나비아와 중동 지역으로 가서 살펴보도록 한다.

피로를 덜어주는 회복성 브레이크

1장에서 우리는 덴마크 국가표준시험의 흥미로운 결과를 확인했다. 시험을 오후에 치른 덴마크 학생은 이른 시간에 치른 학생들보다 점수가 크게 낮았다. 이제 학교 교장이나 교육정책 입안자들이 취해야 할 대응책은 분명해 보인다. 이유 불문하고 모든 시험을 오전에 치르게 하는 것이다. 그러나 연구진들은 또다른 해법을 찾아냈다. 학교와 시험이 아닌 분야에도 적용할 수 있는 이 해법은 설득하기도 시행하기도 아주 쉽다.

덴마크 학생들의 경우, 시험보기 전에 20~30분 정도의 놀고 먹고 잡담할 휴식 시간을 주자 그들의 성적은 떨어지지 않고 올라갔다. 연구진이 지적한 대로 휴식은 시험시간이 뒤로 갈수록 성적이 떨어지는 정도보다 더 큰 폭으로 성적을 향상시켰다. 즉 정오가 지나고부터는 점수가 내려가지만 휴식을 취하고 난 뒤에는 더 큰 폭으로 점수가 올라갔다.

오후에 휴식시간 없이 시험을 치를 경우엔 법정 수업일수를 채우지 못하거나 부모의 소득과 교육 수준이 낮은 경우와 같은 결과가 나온다. 그러나 같은 시험이라도 20~30분 휴식 시간을 준 뒤에 치르면 수업을 3주 더 받거나 경제적으로 더 넉넉하고 교육 수준이 더 높은 부모를 둔 경우와 같은 결과가 나온다. 그리고 휴식시간의 혜택은 점수가 낮은 학생일수록 더 크게 나왔다.

안타깝게도 덴마크의 학교들은 다른 나라의 학교들과 마찬가지로 휴식 시간이 하루에 두 번밖에 없다. 더구나 학교들은 어처구니없게도 시험 점수를 높인다는 명분 아래 여러 가지 회복성 브레이크를 줄이고 있다. 그러나 이 연구팀 중 한 명인 하버드대학교 비즈니스 스쿨 교수의 프란체스카 지노는 '매시간 휴식 시간을 주면, 시험 점수는 오후에도 사실상 올라갈 것'이라고 주장한다.

최저점 시간에는 실력을 제대로 발휘하기 어렵다. 그런데도 학생들의 성적을 두고 고민하는 교사들은 시험을 언제 치를 것인가 결정해야 할 문제를 놔두고 '무엇을, 어떻게' 배울 것인가 하는 문제에만 매달린다. 덴마크 학생들을 조사한 연구팀들은 그렇게 말한다. "이런 결과는 정책적으로 두 가지 중요한 의미를 갖는다. 첫째, 학교에서 보내는 시간의 길이 그리고 쉬는 시간의 길이와 횟수를 결정할 때는 인지적 피로도를 고려해야한다. 우리가 조사한 결과에 따르면 쉬는 시간을 적절히 배치할 경우에는 하루 수업시간이 조금 길어져도 아무런 문제가 되지 않았다. 둘째, 교육책무성 시스템(성적을 기준으로 학교에 대한 지원과 징계를 정하는 시스템-옮긴이)을 적용할 때는 시험 성적에 대한 외적 요인의 영향을 고려해야 한다…. 가능한 쉬는 시간 직후에 시험을 치를 수 있도록 좀 더 간단한 방법론을 적용할 필요가 있다."

8살짜리에게는 공부하기 전후로 사과주스 한 잔을 마시거나 몇 분 정도 뛰어다니는 것만으로도 수학문제를 푸는데 큰 도움이 될 수 있을 것이다. 이런 회복성 브레이크는 보다 막중한 책임을 지고 있는 어른들에게도 비슷한 위력을 발휘한다.

이스라엘에서는 두 법사위원회가 가석방 신청의 약 40퍼센트를 담당한다. 그러나 정작 허가의 키를 쥔 사람은 판사 개인으로, 그는 소송 사건의 진상을 한 명씩 차례로 듣고 그들의 운명을 결정한다. 판사는 죄수가 형량을 어느 정도 채웠는지 또 사회로 복귀할 수 있다고 판단할 만한 행적을 보였는지 등을 고려해서 죄수의 가석방 여부를 결정한다. 또 가석방을 허락할 경우 추적 장치의 부착 여부를 결정하는 것도 판사의 몫이다.

판사는 사실과 법률에 근거해서 합리적이고 신중하고 현명한 판단을 내림으로써 정의를 구현하려고 애쓴다. 그러나 판사도 어쩔 수 없는 인간이어서 우리와 똑같이 하루 리듬의 지배를 벗어날 수 없다. 검은 법복조차도 최저점에서는 그들을 지켜주지 못한다. 2011년에 이스라엘인 두 사람과 미국인 한 사람 등 세 명의 사회학자가 이 두 가석방 심사위원회의 자료를 가지고 사법적 판단을 검토했다. 이들이 조사한 바에 따르면 판사들은 대체로 오후보다 오전에 가석방을 허락하거나 죄수에게 전자발찌를 제거하도록 허락하는 등 죄수에게 유리한 판결을 많이 내린 것으로 밝혀졌다. 그러나 판결의 유형은 단순히 오전과 오후로 나누는 것 이상으로 복잡하고 흥미로웠다.

다음 페이지의 도표가 그런 사실을 확인시켜준다. 오전에 판사들이 죄수에게 유리한 판결을 내린 시간은 오전 전체 시간 중 약 65퍼센트였다. 그러나 그 시간은 이른 시간에 몰려있었고 정오에 가까워질수록 그 비율은 감소했다. 늦은 오전에 유리한 판결이 내려지는 확률은 거의 제로에 가까웠다. 따라서 청문회 일정이 오전 9시로 잡힌 죄수는 가석방될 확률이 높은 반면, 오전 11시 45분에 심사를 받는 죄수는 사건의 진상과 관련 없이 가석방될 가망이 사실상 전혀 없었다. 일반적으로 위원회의 기본결정은 가석방을 불허하는 것인데, 판사는 몇 시간 동안은 관례를 깨고 또 몇 시간 동안은 꼬박 관례를 따랐다.

그러나 휴식을 취한 뒤 판사들은 어떤 판결을 내렸을까? 첫 번째 점심 휴식시간이 지난 직후 판사들은 좀 더 관대해져 관례를 아무렇지도 않게 깨지만 몇 시간 뒤에 그 확률은 푹 꺼져 다시 강경한 자세로 돌아섰다. 그러나 덴마크 학생들처럼 판사들도 한낮에 주스를 마시거나 법원의 정글짐에 잠깐 매달리는 등 회복성 브레이크를 취하고 난 뒤에는 이른 아침과

휴식을 취하고 난 뒤에 판사는 좀 더 관대해진다.

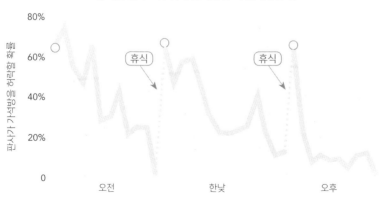

같은 비율로 돌아가 죄수들에게 유리한 판결을 내렸다.

이런 결과를 좀 더 생각해보자. 죄수가 휴식시간 전에 판사 앞에 선다면, 몇 년 더 감옥에 있어야 할지 모른다. 사건의 진상이 아니라 단지 심사위원회에 출두한 시간 때문에 말이다. 연구진들은 무엇이 이런 휴식 효과를 초래하는지 정확히 파악하지 못했다고 고백한다. 음식으로 인해 혈당치가 올라가 정신적 저수지가 다시 채워졌을 수 있다. 판사석에서 잠깐 나와 있었던 것이 그의 기분을 끌어올렸을 수도 있다. 피곤했던 참에 그 휴식이 원기를 살짝 회복시켜주었을 수도 있다(미연방법원을 대상으로 한 또 다른 연구에 따르면 서머타임제로 바뀐 이후 월요일은 평균적으로 잠자는 시간이 40분 정도 줄어들기 때문에 판사들의 언도 시간은 서머타임 이전의 월요일보다 5퍼센트 정도 더 길어지는 것으로 밝혀졌다).

어쨌든 누군가를 석방하느냐 아니면 창살 안에 남겨두느냐를 결정하는 중요한 사안은 사법적 결정과 아무런 관계도 없고 정의와도 무관한 요소, 즉 판사가 휴식을 취했는지 또는 언제 취했는지 여부에 따라 크게 영향을 받았다. 그리고 휴식을 통해 최저점을 끌어올릴 수 있다는 사실은 "법률적 판단 이외의 재정적 결정이나 대학교 입학 허가 여부 같은 중요한 결정이나 판단"에도 폭넓게 적용할 수 있다.

이처럼 최저점이 독이고 회복성 브레이크가 해독제라면, 휴식은 어떤 것이 되어야 할까? 과학자들은 그 답을 5가지로 제시한다.

1. 잠깐이라도 쉬는 편이 좋다

어떤 과제에 오래 매달릴 경우 정작 목표가 무엇인지 못 보게 되는 이른바 '타성화_{habituation}' 과정이 다름 아닌 오후의 문제다. 잠깐의 휴식은 이런 타성화를 막고 집중력을 유지하여 목표에 다시 전념할 수 있게 해준다. 휴식도 가끔 취하는 것보다 잠깐씩 자주 취하는 것이 더욱 효과적이다. 생산성 추적 소프트웨어를 제작하는 데스크타임은 이렇게 밝히고 있다. "우리의 어플리케이션을 사용하는 사람들 중 생산성이 가장 높은 10퍼센트들의 공통점은 효과적으로 휴식을 취할 줄 아는 능력을 갖추고 있다는 점이다." 특히 데스크타임은 자체 자료를 분석하여 그들이 말하는 일과 휴식의 황금비율을 찾아냈다. 즉 실적이 좋은 사람들은 평균 52분 일하고 17분 쉬었다고 그들은 말했다. 데스크타임은 자신들의 자료를 전문적인 학술지에 발표한 적이 없다. 따라서 개인에 따라 그 시간은 다를 수 있다. 그러나 짧은 휴식이 효과적이라는 사실과 잠깐 동안에도 상당한 기력을 회복할 수 있다는 증거는 부인하기 어렵다. 아주 극소량의 휴식조차 도움이 될 수 있다.

2. 가만히 있는 것보다는 움직이는 편이 낫다

다 아는 이야기지만 앉아만 있는 것은 흡연만큼이나 해로운 습성이다. 앉아있으면 최저점의 위험도가 더 높아진다. 따라서 1시간에 단 5분이라도 일어나 걸어야 한다. 1시간마다 5분씩 일어나 걸으면 에너지 수위와 집중력이 높아져 하루 종일 기분이 좋고 오후 늦은 시간의 피로감도 줄일 수 있다. 그들이 말하는 이런 '순간 돌풍의 활력'은 30분 걷기보다 더 효과적이다. 그래서 전문가들은 조직에 신체적 활동을 할 수 있는 휴식시간을 배정하도록 권한다. 직장에서 규칙적으로 잠깐씩 걷기만 해도 동기와 집중력을 높이고 창의력을 향상시킬 수 있다.

3. 혼자 쉬는 것보다는 사람들과 어울려 쉬는 쪽이 낫다

혼자 있어도 활기는 되찾을 수 있다. 내성적인 사람들에게는 특히 그렇다. 그러나 회복성 브레이크를 연구한 사람들은 다른 사람들과 함께 있는 효과의 위력을 강조한다. 함께 시간을 보내고 싶은 사람을 마음대로 고를 수 있다면 그 효과는 더욱 커진다. 간호사처럼 스트레스가 심한 직업에서 사교적인 집단 휴식은 신체의 긴장도를 최소화하고 의료 사고를 줄일뿐 아니라 이직률도 감소시킨다. 즉 이런 휴식을 일상적으로 취하는 간호사라면 직장에 오래 남을 가능성이 높다. 마찬가지로 한국의 직장인을 대상으로 한 연구 결과에 따르면 동료들과 일 이외의 화제를 놓고 이야기하는 사교적 휴식은 인식적인 휴식(이메일에 답하는 것)이나 영양적 휴식(간식을 먹는 것)보다 스트레스를 줄이고 기분을 좋게 만드는데 더 효과적인 것으로 나타났다.

4. 실내보다는 밖이 좋다

자연 속에서의 휴식은 원기 회복에 큰 도움이 된다. 나무나 꽃, 강, 냇가가 가까이 있으면 정신적 회복력이 강해진다. 우리가 그런 위력을 인식하지 못하고 있을 뿐이다. 가령 밖에 나가 잠깐 걷기만 해도 실내에서 걷는 것보다 기분이 한결 나아지고 기운이 난다. 밖에 나가면 기분이 좋아진다는 것은 누구나 잘 아는데도 막상 그 효과에 대해서는 대부분 과소평가하는 편이다. 단 몇 분이라도 자연을 가까이 하라. 그 편이 건물 안에 있는 것보다 백 배 더 낫다. 창을 통해 자연을 내다보기만 해도 벽이나 칸막이를 보는 것보다 더 좋다. 실내라도 식물에 둘러싸인 곳에서 휴식을 취하면 꽃나무가 하나도 없는 실내에서 쉬는 것보다 낫다.

5. 일은 깨끗이 잊어라

최근에야 밝혀진 사실이지만 멀티태스크가 가능한 사람은 1퍼센트도 안 된다. 그런데도 휴식을 취할 때 우리는 종종 머리를 써야 하는 까다로운 활동을 같이 하려 한다. 휴식 시간에도 문자를 확인하거나 동료들과 업무와 관련된 이야기를 나눈다. 두말할 필요 없이 잘못된 휴식이다. 앞서 언급한 한국 직장인들을 대상으로 실시한 연구에 따르면, 스트레칭을 하거나 멍하니 아무 것도 안 하는 이완 휴식을 하게 되면 스트레스가 줄어들고 기분이 나아진다고 한다. 멀티태스킹 휴식으로는 그런 효과를 얻지 못한다. 휴식시간만이라도 전자기기를 잠깐 멀리하면 활력이 생기고 정신적 피로는 줄어든다. 또 다른 연구에 의하면 일과 물리적으로 떨어지는 것도 중요하지만 심리적으로 떨어지는 것은 더 중요하다. 쉬는 중에도 일을 생각하면 스트레스만 더 쌓인다.

그러니 오후에 완벽한 회복성 브레이크를 취할 작정이라면 차가운 겨울바람을 겁내지 말고 모자를 눌러 쓰고 스카프를 두르고 장갑을 낀 다음 동료와 밖으로 나가 잠깐이라도 산책하며 일이 아닌 다른 이야기를 해볼 것을 권한다. 수술을 진행하든 광고 카피를 손질하든 기민성 브레이크와 회복성 브레이크는 재충전의 기회를 제공한다.

하루 중 가장 중요한 식사 시간은?

잠자리에서 일어나면 보고서를 제출하거나 배달을 하거나 아이들을 챙기기 전에 시간을 내어 아침부터 먹는다. 보나마나 차분하게 앉아 제대로 된 식사를 하는 경우는 많지 않을 것이다. 그저 밤사이에 비어두었던 공복이 불편해서 뭔가를 억지로 채우는, 조금은 번거로운 절차일 확률이 크다. 그것은 토스트 한 쪽일 수도 있고 작은 요구르트 병 하나일 수도 있고 잠들어있던 위를 깨우는 커피나 차 한 잔일 수도 있다. 무엇을 먹든 아침식사는 몸에 기운을 불어넣고 두뇌에 연료를 채우는 역할을 한다. 아침은 또한 신진대사를 위한 가드레일이기도 하다. 아침식사는 또한 나머지 하루 동안 걸신들린 듯이 먹는 불상사를 막아주는 예방책이다. 아침식사는 몸무게와 콜레스테롤 수치가 늘지 않도록 막아주는 안전장치다. 이런 진실은 너무 자명하고 그 혜택은 너무 분명해서 아침식사 원칙은 영양학의 금과옥조가 되었다. 그러니 따라해 보라. 하루 식사 중 가장 중요한 식사는 아침이다.

아침을 꼭 챙겨먹는 나는 이 원칙을 절대적으로 지지한다. 그러나 과학전문지에 실린 어떤 글을 본 뒤로 의구심이 들기 시작했다. 아침식사의 위대함과 그것을 거르는 죄악을 보여주는 연구들은 대부분 무작위로 통제된 실험이라기보다 관찰에 입각한 연구들이다. 연구진들은 사람들을 추적하고 그들의 행동을 지켜보지만, 그들을 통제집단과 비교하지는 않는다. 따라서 그들이 찾아낸 결과는 둘의 상관관계(아침을 먹는 사람은 당연히 건강할 것이다)를 보여주지만 그 둘이 꼭 인과관계(건강한 사람들은 아침을 대체로 챙겨 먹는 편일 것이다)에 있다고 볼 수는 없다. 보다 엄격한 과학적 방법을 적용한다면, 아침식사의 혜택을 알아내는 일은 생각보다 쉽지 않을 것이다.

혹자는 이렇게 말한다. "아침을 먹으라거나 먹지 말라는 권고는 흔히들 알고 있는 것과 달리…몸무게를 줄이는 것과 아무런 관계가 없다." 그런가 하면 이렇게 말하는 사람도 있다. "(아침식사에 대해서는)신념이…과학적 증거의 위력을 능가한다." 아침식사의 미덕을 보여주는 여러 연구들이 식품업체의 후원으로 행해진다는 사실을 알게 되면 의구심은 더욱 깊어지게 된다.

누구나 다 아침을 먹어야 하는가? 일반적인 견해는 소금 경솔하지만 경쾌하게 '그렇다'라고 말하는 편이다. 그러나 영국을 대표하는 영양사이자 통계학자는 이렇게 말한다. "현재까지 나와 있는 과학적 증거를 토대 삼아 말하라면 애석하게도 답은 간단하다. '잘 모르겠다'."

그러니 아침을 꼭 챙기고 싶으면 그렇게 하라. 거르고 싶으면 또 그렇게 하라. 그러나 오후의 위험이 걱정된다면, 너무 푸대접을 받고 툭하면 무시당하는 점심이라는 식사를 좀 더 진지하게 생각해보라. "점심은 멍청이들이나 먹는 거야." 1980년대에 만들어진 영화〈월스트리트Wall Street〉에 나오는 탐욕과 권력욕의 화신 고든 게코가 내뱉은 유명한 말이다. 한 통계에 의하면, 미국의 직장인 중 62퍼센트는 하루 종일 일하는 바로 그 장소에서 점심을 해치운다. 한 손에 스마트폰을 다른 한 손에 짓무른 샌드위치를 들고 칸막이에서 배어나오는 절망을 곱씹으며 음식을 입속에 우겨넣는 이런 우울한 장면에는 '서글픈 책상머리 점심sad desk lunch'이라는 이름까지 붙었다. 이름까지 생기자 온라인에서는 자신의 서글픈 낮 시간의 식사 장면을 찍어 올리는 작은 운동까지 벌어지기도 했다.

그러나 이제는 점심식사에 조금 더 관심을 가져야 할 때다. 점심식사는 우리가 생각하는 것보다 훨씬 더 우리의 실적에 큰 영향을 미치기 때문이다.

정보통신, 교육, 미디어 분야 등 서로 다른 11개 조직에서 일하는 직장인 800여 명을 대상으로 조사한 2016년의 보고서에 따르면, 자리를 뜨지 못한 채 점심을 대충 해치우는 사람이 생각보다 많은 것으로 조사되었다. 그러나 사무실을 나와 식사를 하는 직장인들은 나머지 하루뿐 아니라 1년 내내 일로 인한 스트레스에 더 잘 대처하고 쉽게 지치지 않고 일에 더욱 의욕적인 것으로 나타났다.

"점심시간은 건강과 복지를 증진시키는 중요한 회복 장치다." 조사팀은 그렇게 말한다. 특히 정신적, 정서적으로 부담이 큰 업무를 하는 직장인들에게 점심은 더욱 중요하다. 소방대원처럼 긴밀한 협력이 요구되는 직업의 경우 함께하는 점심은 팀워크를 높이는 효과를 갖는다.

그러나 점심이라고 다 같은 것은 아니다. 효과적인 점심시간을 가지려면 두 가지 핵심 요소가 갖춰져야 한다. 자율성과 분리다. 자율성은 자신이 하는 일과 그 일을 하는 방법과 시간 그리고 함께 일하는 사람에 대해 통제력이 확보되어 있는 것으로, 특히 복잡한 업무에서 실적을 높이는데 매우 중요한 요소다. 그러나 그에 못지않게 중요한 것이 있다. 복잡한 업무에서 잠깐 손을 떼는 시간이다. 직장인들이 점심시간을 어떻게 활용하느냐는 점심시간에 무엇을 하느냐 못지않게 중요하다.

또한 물리적인 면뿐 아니라 심리적으로도 일과 분리되어야 한다. 점심 도중에도 일을 생각하거나 심지어 사교적인 목적으로 휴대폰을 사용하는 행위는 오히려 피로도만 높일 따름이다. 하지만 머릿속에서 사무실 생각을 잠깐 지우면 그 반대의 효과가 나온다. 점심시간이 길고 식사 장소가 사무실에서 멀리 떨어질수록 오후의 위험에 대처할 수 있는 능력은 향상된다. 일과 관련이 없는 환경에서 시간을 보내거나 긴장을 해소시키는 활동을 할 수 있는 공간을 제공하는 등, 일과 분리될 수 있는 다양한 방법으로 점심시간을 보낼 선택권이 주어지면 점심의 회복력은 크게 올라간다. 조금 더디긴 하지만 조직들도 반응을 보이기 시작하고 있다. 예를 들어 토론토의 대형 상업용 부동산 회사는 직원들이 제대로 된 점심식사를 할 수 있도록 사무실에서 점심을 때우는 행위를 금지시켰다.

이런 사례들을 생각한다면 자주 든는 충고 몇 가지는 수정해야 할 것 같다. 이제 다시 따라해 보라. 하루 중 가장 중요한 식사는 점심이다.

우리가 몰랐던 낮잠의 역할

나는 웬만해서 낮잠을 자지 않는다. 아마 어렸을 때는 잤을 것이다. 하지만 다섯 살 때부터는 낮잠을 젖병을 무는 행위 정도로 생각했다. 아기들에게는 좋지만 어른들이 할 일은 아니다. 그렇다고 전혀 낮잠을 자지 않는 것은 아니다. 가끔 자기도 한다. 하지만 나도 모르는 사이에 잠드는 경우가 대부분이다. 그러나 자고 일어나면 늘 머리가 띵하고 몸도 무겁다. 낮잠을 잤다는 생각에 수치심마저 든다. 내게 낮잠은 자기를 관리하는 방법이 아니라 자기혐오만 일으키는 한심한 버릇이다. 낮잠은 내가 자기 관리에 실패하고 인격적으로 취약한 사람이라는 것을 드러내는 징표라고 생각했다.

그러나 나는 최근에 마음을 바꿨다. 그리고 그에 맞춰 내 방식도 바꿨다. 잘한 것이다. 낮잠은 최저점에 대한 영리한 대응으로 꼭 챙겨야 할 귀중한 휴식이다. 낮잠은 두 가지 중요한 혜택을 준다. 첫째, 인식적 성과를 향상시킨다. 둘째, 정신적 신체적 건강을 증진시킨다.

여러 면에서 낮잠은 우리 두뇌의 잠보니(Zamboni : 아이스링크의 표면을 고르게 하는 장비-옮긴이)이다. 낮잠은 하루를 보내면서 생긴 얼음판 위 흠 같은 정신적 상처를 말끔하게 없애준다. 잘 알려진 미 항공우주국NASA의 한 연구에 따르면 낮잠을 40분 정도 잔 우주인들은 반응시간이 34퍼센트 빨라지고 각성도가 두 배 증가하는 것으로 조사되었다. 항공관제사들에게도 같은 효과가 나타난다. 낮잠을 잠깐 자면 각성도가 예리해지고 근무실적도 올라간다. 이탈리아의 순찰차 근무경찰의 경우 오후 근무와 저녁 근무가 시작되기 직전에 낮잠을 잔 사람은 그렇지 않은 사람보다 교통사고를 낼 확률이 48퍼센트 낮은 것으로 조사되었다.

낮잠의 보상은 기민성으로 그치지 않는다. 캘리포니아대학교 버클리 캠퍼스의 연구에 따르면 오후의 낮잠은 두뇌의 학습 능력을 향상시킨다고 한다. 낮잠을 잔 사람은 그렇지 않은 사람보다 정보를 간직하는 시간이 더 길다. 낮잠을 자는 사람은 낮잠을 자지 않거나 그 시간에 다른 활동을 하는 사람보다 복잡한 문제를 풀 확률이 두 배 높다. 낮잠은 단기기억력뿐 아니라 얼굴을 보고 이름을 떠올리는 것 같은 연상기억력associative memory도 높여준다. 낮잠이 두뇌에 미치는 전반적인 혜택은 나이가 들수록 더욱 커진다. 낮잠에 관한 문헌을 개관한 어떤 학술 자료에 따르면 밤에 충분한 숙면을 취한 사람이라도 낮잠을 자면 기분이나 각성도나 인지수행능력이 크게 향상된다. 특히 덧셈, 논리적 추리, 반응시간, 기호인식 같은 부분에서 낮잠은 대단한 효과를 발휘한다. 낮잠은 심지어 '몰입flow'의 강도를 증가시킨다. 몰입은 창의력의 강력한 원천이다.

낮잠은 또한 건강 전반을 좋게 만들어준다. 6년에 걸쳐 2만 3,000명을 추적하여 조사한 대규모 연구에 따르면 낮잠을 자는 사람은 그렇지 않은 사람에 비해 심장병으로 사망하는 확률이 37퍼센트 낮아, 아스피린을 복용하거나 매일 운동하는 것과 같은 정도의 효과를 거두는 것으로 나타났다. 낮잠은 면역체계를 강화시킨다. 영국의 한 연구 결과에 따르면 낮잠을 잘 수 있다는 생각만 해도 혈압이 떨어지는 것으로 조사되었다.

이런 증빙자료들을 다 섭렵했지만 그래도 나는 여전히 낮잠에 대한 의구심을 버리지 못했다. 내가 낮잠을 좋게 여기지 못하는 이유는 낮잠을 깼을 때의 느낌 때문이다. 꼭 누군가가 내 혈관에 오트밀 죽을 주사기로 넣거나 내 머리를 기름 묻은 누더기로 바꿔 놓은 듯한 기분이 든다. 그때 나는 중요한 사실을 한 가지 알게 되었다. 나는 낮잠을 잘못 자고 있었던 것이다.

30~40분 정도 낮잠을 자면 장시간 혜택을 볼 수 있지만, 값비싼 대가를 치러야 한다. 결과도 좋고 효율성도 높은 이상적인 낮잠은 훨씬 더 짧은데, 보통 10분에서 20분 사이이다. 호주의 한 연구팀이 잡지 〈슬립Sleep〉에 발표한 자료에 따르면 5분 정도 낮잠으로는 피로를 줄이고 활력을 높

이고 사고력을 날카롭게 해주는데 별다른 효과를 거두지 못한다고 한다. 그러나 10분 동안 낮잠을 잘 경우 이런 긍정적 효과는 3시간 가까이 지속되었다. 그보다 조금 더 길게 잠을 자도 역시 효과가 있었다. 그러나 낮잠이 20분을 초과하면 우리의 몸과 두뇌는 대가를 치르기 시작한다. '수면무력증Sleep inertia'으로 알려진 이런 현상은 보통 낮잠에서 깬 후 느끼던 멍하고 무거운 기분이다. 이런 무력증을 떨쳐내기 위해 나는 매번 얼굴에 물을 끼얹거나 비에 흠뻑 젖은 골든리트리버처럼 상체를 부르르 떨거나 서랍을 뒤져 사탕을 입에 넣는다. 낮잠의 혜택을 줄이는 이런 증세는 다음 도표를 보면 분명해진다.

낮잠을 10분에서 20분 정도로 짧게 잘 경우 인지 기능에 미치는 효과는 깨는 그 순간부터 긍정적으로 나타나기 시작한다. 그러나 그보다 조금 더 길게 꾸벅 졸거나 잠자면, 부정적인 영역으로 들어가기 시작하여 수면무력증을 피할 수 없게 된다. 그리고 1시간 넘게 낮잠을 잘 경우 인지 기능은 더 떨어져 한참 지나야 잠자기 전의 상태를 회복할 수 있다. 약

20분 정도의 낮잠에서는 수면무력증이 나타나지 않는다.

20년 동안 낮잠을 연구한 분석 자료에 따르면 일반적으로 건강한 성인은 약 10분에서 20분 정도 자는 것이 이상적이다. 그런 짧은 낮잠은 깨자마자 일에 달려들어 성과를 내야 하는 직장에서 이상적이다.

그러나 나는 그래도 또 다른 실수를 저지르고 있었다. 나는 잘못된 종류의 낮잠을 잤을 뿐 아니라 짧은 낮잠의 혜택을 증진시킬 수 있는 강력하고 합법적인 약을 사용하지 못했다. T.S.엘리엇의 시구를 조금 바꾸면 우리는 낮잠을 커피 스푼으로 조금씩 덜어내어 나누어야 한다.

이를 증명한 연구가 있다. 실험진은 참가자들을 세 집단으로 나누어 그들에게 오후에 30분씩 휴식을 취하게 한 다음 운전 시뮬레이터에 앉도록 했다. 첫 번째 집단은 플라시보 알약을 받았다. 두 번째 집단은 200밀리그램의 카페인을 섭취했다. 세 번째 집단은 200밀리그램의 카페인을 섭취한 다음 잠깐 낮잠을 즐겼다. 그런 다음 운전 시뮬레이션을 시행한 결과 카페인만 섭취한 집단이 플라시보 집단보다 더 좋은 성적을 냈다. 그러나 가장 좋은 성적을 올린 쪽은 카페인을 섭취하고 낮잠을 즐긴 집단이었다. 카페인이 혈관에 골고루 퍼지는데 약 25분 정도 걸리기 때문에 낮잠이 끝날 때쯤에는 2차 증폭 효과를 거둘 수 있었다. 다른 연구진들도 같은 결과를 얻어, 주로 커피를 통해 카페인을 섭취하고 난 이후에 10~20분 정도의 낮잠을 즐기는 것은 졸음을 떨치고 실적을 올릴 수 있는 가장 이상적인 방법이라는 사실을 밝혀냈다.

나도 몇 달 동안 오후에 20분씩 낮잠을 자는 실험을 거듭한 후 개종을 결심했다. 낮잠 반대론자에서 낮잠 신봉자로, 낮잠을 부끄럽게 여겼던 사람에서 커피 한 잔을 즐긴 후 낮잠을 자는 '나푸치노' 신도가 된 것이다

(이번 장 '시간 해커를 위한 안내서'에 나푸치노 지침을 참고하라).

현대판 시에스타의 필요성

몇 년 전 스페인 정부는 전혀 스페인답지 않은 조치를 취했다. 시에스타를 공식적으로 폐지한 것이다. 수세기 동안 스페인 사람들은 이 오후의 꿀 같은 휴식을 즐겼고 어떨 때는 집으로 가서 가족들과 함께 식사를 한 후 낮잠까지 잠깐 자고 나왔다. 그러나 경제 불황이 깊어지자 스페인은 21세기의 현실을 직시하기로 했다. 맞벌이 부부가 많아지고 세계화로 인해 국제 경쟁력이 치열해지는 가운데 이 멋진 관습은 뜻하지 않게 스페인의 번영을 조이는 원인 중 하나로 지목받는 신세가 되었다. 미국인들은 그런 그들의 결정에 박수를 보냈다. 스페인은 마침내 아주 진지하게 그리고 아주 청교도적인 태도로 업무를 대하기 시작했다. 드디어 구 유럽이 현대화되기 시작했다.

그러나 이 퇴출당한 관습이 사실상 천재적인 신의 한 수였다면? 그래서 그들이 없앤 것이 방종한 유산이 아니라 그 동안 생산성을 높여주었던 혁신적 조치였다면?

우리는 휴식의 중요성을 이미 확인했다. 휴식 시간이 아무리 짧아도 그 효과는 결코 작지 않다. 기민성 브레이크는 치명적인 실수를 막아준다. 회복성 브레이크는 실적을 향상시킨다. 점심식사와 낮잠은 최저점을 피하고 오후에 일을 더 많이 더 잘 할 수 있도록 기운을 불어넣어 준다. 실험 과학의 발달과 함께 이 같은 사실은 더욱 분명해졌다. 휴식은 게으

름의 징표가 아니라 활력의 상징이다.

그러니 시에스타의 종언을 경축할 것이 아니라 그것을 되돌릴 궁리를 해야 한다. 물론 현대 직장 생활에 맞게 형태를 고쳐야겠지만. '시에스타 Siesta'의 어원은 라틴어 '호라 섹스타 hora sexta'로, '6번째 시간'을 이르는 말이다. 보통 동이 튼 뒤 6번째 시간에 이 휴식 시간이 시작되었기 때문이다. 고대 사람들은 대부분 밖에서 일을 했고 실내 에어컨은 몇천 년 뒤에나 나올 발명품이었기 때문에 한낮의 뜨거운 햇볕을 피하는 시에스타는 오후 일을 해야 할 신체에 반드시 필요한 절차였다. 요즘도 한낮의 최저점을 피하는 것은 심리적으로 꼭 필요한 일이다.

마찬가지로 코란은 이미 1,000년 전에 잠의 단계를 현대 과학과 같은 수준으로 밝혀냈다. 그리고 코란도 한낮의 휴식을 강조한다. 어떤 학자에 따르면 그것은 무슬림 문화에 깊이 뿌리 박힌 관습이고, 일부 무슬림에게 그것은 종교적 차원의 관례인 순나 Sunnah로 받아들여질 정도로 격상되었다.

그러나 휴식은 종교뿐 아니라 과학적이고 세속적인 차원에서도 얼마든지 조직의 관습에 적용할 수 있다. 요즘 같은 세상에 시에스타랍시고 모두가 한낮에 두세 시간씩 자리를 비울 수는 없는 노릇이다. 그런 시에스타는 현실성이 없다. 현대판 시에스타는 조직을 구성하는데 휴식을 중요한 요소로 취급하는 방편이 되어야 한다. 휴식을 관대한 특전이 아니라 냉철한 해결책으로 이해하라는 말이다. 그것은 서글픈 책상머리 점심을 그만두고 45분 동안 밖으로 나가도록 등을 떠미는 것을 의미한다. 그것은 학생들로부터 쉬는 시간을 빼앗는 것이 아니라 그 시간을 지켜주고 늘리는 것을 의미한다. 그것은 심지어 벤앤제리스, 우버, 나이키의 선구적 관행을 따르는 것을 의미할 수도 있다. 이들 기업은 직원들이 낮잠을 잘 수 있도록 사무실에 공간을 따로 마련했다. 그렇다고 해서 스웨덴의 어떤 마을에서 하는 것처럼 매주 1시간씩 집으로 가서 배우자와 사랑을 나누도록 법으로 규정하라는 의미는 아닐 것이다.

대부분의 경우 그것은 우리가 하는 일과 그 일을 효과적으로 할 수 있는 방법에 관해 생각하는 방식을 바꾸는 것을 의미한다. 대충 10년 전까지만 해도 우리는 4시간만 자고 버티거나 밤을 새워 일하는 강인한 체력을 가진 사람들을 감탄해마지 않았다. 그들은 영웅이었고 그들의 전투적인 헌신과 열정은 다른 사람들의 무기력하고 연약한 모습을 은근히 질타했다. 그러다 수면 과학이 주류에 편입되면서 우리의 시선은 달라지기 시작했다. 잠을 잘 줄 모르는 사람들은 영웅이 아니라 바보였다. 그런 사람들은 일을 제대로 처리하지 못하고 그로 인해 우리까지 피해를 입힐 가능성이 높은 사람들이었다.

이제 휴식은 잠을 동반하는 수준이 되었다. 점심을 거르는 것은 한때 명예의 상징이었고 낮잠을 자는 것은 수치스러운 일이었지만, 이제는 달라졌다. 타이밍의 과학은 이제 구세계가 진작 알고 있었던 것을 재차 확인하고 있다. 우리 자신에게 휴식을 되돌려주어야 한다는 사실 말이다.

휴식 목록을 작성하라

그동안 해야 할 일을 목록으로 작성했다면 이제는 '휴식 목록'을 작성할 때다. 휴식과 일을 똑같은 비중으로 여기고 똑같은 관심으로 대하라. 그날 해야 할 일, 참석해야 할 회의, 지켜야 할 마감 시간 등의 목록과 나란히 그날 취해야 할 휴식을 목록으로 작성하라.

우선 하루 세 번의 휴식으로 시작해보라. 휴식을 언제 취하고, 얼마나 오래 취하며 그 시간에 무엇을 할지 목록으로 작성하라. 휴대폰이나 컴퓨터 달력에 휴식 시간을 입력하라. 그래서 때가 되면 시끄러운 알람 소리로 휴식시간임을 알리게 하라. 다시 강조하지만 일정에 잡히면 하게 되어있다.

낮잠을 완벽하게 자는 법

설명한 대로 나는 낮잠을 잘못 자고 있다는 사실을 깨닫고 낮잠을 완벽하게 자는 비결을 탐구했다. 그 결과가 다음 5단계다.

1. 자신의 오후 최저점이 언제인지 찾아내라

메이오 클리닉Mayo Clinic은 낮잠 자기 가장 좋은 시간을 오후 2시에서 3시 사이로 본다. 더 정확히 알고 싶으면 54~61쪽에 나와 있는 대로 각자 1주일 동안 오후의 기분과 에너지 수위를 도표로 만들어보면 된다. 그러면 컨디션이 나빠지기 시작하는 일정한 시간대를 확인할 수 있을 것이다. 일반적으로 그런 순간은 잠에서 깬지 7시간 뒤에 온다. 이때가 낮잠 자기 가장 좋은 시간이다.

2. 평온한 분위기를 만들라

휴대폰 알림 기능을 꺼라. 문을 열어두었다면 닫아라. 소파가 있다면 그것을 활용하라. 귀마개나 헤드폰이나 눈가리개를 사용하여 소리나 빛을 차단하는 것도 좋다.

3. 반드시 커피를 한 잔 하라

가장 효율적인 낮잠은 나푸치노다. 혈관에서 카페인 효과가 나타나려면 25분 정도는 지나야 한다. 그러니 눕기 직전에 마시는 것이 좋다. 커피를 마시지 않는 사람은 카페인 200밀리그램을 섭취할 수 있는 다른 음료수를 검색해보라(카페인을 기피하는 사람은 이 단계를 건너뛰어도 좋다. 하지만 그런 선택을 했다면 재고해보기 바란다).

4. 25분 뒤에 알람이 울리도록 설정하라

30분 넘게 낮잠을 자면 수면무기력증이 엄습해서 회복하려면 따로 시간이 필요할 것이다. 잠자는 시간이 5분도 안 되면 낮잠의 효과를 거둘 수 없다. 그러나 10분에서 20분 정도 낮잠을 자면 각성도와 정신적 기능이 크게 올라가고 졸린 느낌이 많이 사라진다. 대부분의 경우 잠드는데 7분 정도 걸리기 때문에 알람을 25분 뒤로 맞추는 것이 가장 좋다. 잠을 깰

때면 당연히 카페인 효과가 나타나기 시작할 것이다.

5. 꾸준히 반복하라

낮잠을 습관적으로 즐기는 사람들이 가끔 자는 사람보다 낮잠에서 더 많은 혜택을 받는다. 그러니 오후에 낮잠을 규칙적으로 잘 수 있는 여유로운 직장이라면, 거르지 말고 아예 의식처럼 지켜라. 그럴 여유가 없다면 전날 밤 잠을 못 잤거나 평소보다 스트레스나 업무 부담이 많아 컨디션이 좋지 않은 날만이라도 낮잠을 자라. 훨씬 기분이 달라질 것이다.

다섯 가지 회복성 브레이크: 메뉴

이제 우리는 휴식의 과학을 알게 되었다. 그리고 최저점과 싸우며 기분과 성과를 끌어올리는데 휴식이 얼마나 효과적인지도 알게 되었다. 게다가 휴식 목록까지 작성해놓았다. 그렇다면 어떤 종류의 휴식을 취해야 하는가? 정답은 없다. 다음 메뉴에서 한 가지를 고르거나 몇 가지를 조합하면 된다. 그렇게 결과를 봐가면서 자신에게 가장 잘 맞는 휴식을 계획하면 된다.

1. 마이크로 휴식

원기를 회복하기 위한 휴식은 길 필요가 없다. 1~2분 정도의 휴식만으로도 효과가 있다. 이런 휴식을 전문가들은 '마이크로 휴식'이라고 한다. 예를 들면 이런 것들이다.

20-20-20 법칙: 업무를 시작하기 전에 타이머를 맞춰놓는다. 20분마다 20초씩 20미터 정도 떨어진 곳을 바라본다. 컴퓨터 앞에 앉아있을 때 이런 마이크로 휴식을 취하면 눈을 쉴 수 있고 자세를 고칠 수 있다. 이 두 가지만으로도 피로를 덜 수 있다.

수분: 책상머리에 이미 물병이 있을 수도 있겠다. 이제 그 물병을 치우고 훨씬 작은 병을 준비한다. 물이 떨어지면 정수기로 걸어가 다시 채운다. 병이 작으니까 자주 채워야 할 것이다. 이렇게 하면 3중의 효과가 있다. 수분도 섭취하고 몸을 움직일 수 있고 기운도 회복할 수 있다.

몸을 흔들어 머릿속을 리셋한다: 휴식 중에서도 가장 간단한 휴식이다. 60초 동안 일어서서 팔과 다리를 흔들고 근육을 움직이고 마음을 추스른 다음 다시 앉는다.

2. 움직이는 휴식

우리는 너무 오래 앉아있고 너무 움직이지 않는다. 그러니 휴식 중에는 몸을 좀 더 많이 움직여라.

선택할 수 있는 몇 가지 방법: 매시간 5분씩 걷는다. 이미 배웠듯이 5분만 걸어도 그 위력은 대단하다. 이것은 누구나 할 수 있는 일이다. 최저점 시간에 특히 쓸모가 있다.

사무실 요가: 의자에 앉아서도 요가 자세를 취할 수 있다. 의자를 놀리거나 팔목을 풀어주고 앞으로 몸을 구부리기만 해도 목과 허리의 긴장이 풀어지고 자판을 두드리는 손가락이 부드러워지며 어깨의 힘도 빠진다. 모든 사람이 할 수는 없겠지만 누구든 시도는 해볼 수 있다. 검색창에 '사무

실 요가office yoga'라고 입력해서 찾아보라.

팔굽혀펴기: 그렇다, 팔굽혀펴기다. 하루 2번씩 1주일을 해보라. 그 다음 주는 하루 4번, 그 뒤로는 하루 6번씩 팔굽혀펴기를 해보라. 이는 심장박동률을 높이고 인식의 거미줄을 걷어내고 조금 더 기운 나게 하는 효과가 있다.

3. 자연속의 휴식

나무를 껴안을 것까지는 없지만 실제로 자연이 주는 회복력을 입증하는 연구 자료는 얼마든지 찾을 수 있다. 우리는 우리를 기분 좋게 해주는 자연의 기능을 과소평가한다. 선택사항은 아래와 같다.

나가서 걷자: 잠깐 짬을 내어 근처 공원을 한 바퀴 돌아보라. 집에서 일을 하고 반려견이라도 있다면 함께 산책하라.

밖으로 나가라: 사무실 밖에 나무나 벤치가 있다면 무조건 나가보라.

밖에 있다고 생각하라: 밖에 나갈 수 없는 상황이라면 실내를 장식하는 식물이나 창문 밖의 나무라도 쳐다보라. 그것도 안 하는 것보다는 낫다.

4. 사교적 휴식

혼자 나가지 말자. 적어도 늘 혼자 나가지는 말자. 사교적 휴식은 언제 누구와 어떻게 나눌 것인지를 자신이 결정할 때 더욱 효과적이다. 그 방법 몇 가지를 소개한다.

손을 뻗어 접촉을 시도하자: 한동안 뜸했던 사람에게 전화를 걸어 5분이나 10분 정도 밀린 얘기를 나누어보자. 이런 '휴면 관계'를 다시 깨우는 행위는 네트워크를 탄탄히 다지는 아주 좋은 방법이다. 메모나 이메일을 보내거나 아니면 잠깐이라도 직접 찾아가 도움을 주었던 사람에게 고맙다고 말하라. 사회적 관계에 진심이 담긴 감사가 곁들여지면 매우 강력한 회복력이 발휘된다.

일정을 짜서 행하라: 좋아하는 동료들과 규칙적으로 산책하거나 같이 커피를 마시거나 1주일에 한 번씩 잡담을 나누는 시간을 일정표에 넣자. 내게 의지하는 사람이 있으면 나도 휴식을 취할 가능성이 높아진다. 그것이 사교적 휴식의 이점이다. 아니면 스웨덴 식으로 '피카Fika'라는 것을 해보자. 피카는 직원들의 만족도와 생산성을 높이는 정식 커피 타임이다.

일정에 없는 일을 하라: 일정이 너무 빠듯하여 뭔가 규칙적으로 하기가 어렵다면, 이번 주에 하루 정도 누군가에게 커피를 사보라. 커피를 들고 그 사람을 찾아가라. 그리고 5분 정도 앉아 일이 아닌 다른 이야기를 나눠보라.

5. 정신의 기어를 변속하는 휴식

뇌도 몸 못지않게 피로를 느낀다. 그것이 최저점으로 떨어지게 만드는 큰 요인이다. 뇌에 휴식을 주기 위해 아래와 같은 일들을 해보자.

명상: 명상은 가장 효과적인 휴식이다. 그 중에도 마이크로 휴식이 가장 효과가 좋다. UCLA에서 나온 자료를 확인해보라(http://marc.ucla.edu/mindful-meditations). 3분 정도 짧게 명상하는 법이 자세히 나와 있다.

호흡 조절: 45초만 여유를 내어 〈뉴욕타임스〉의 설명대로 해보자. "단전까지 숨을 깊게 들이마신다. 숨을 멈춘 다음, 다섯까지 세며 천천히 내뱉는다. 이를 네 번 반복한다." 이를 복식호흡이라고 하는데 이렇게 호흡하

면 스트레스 호르몬 분비가 억제되어 두뇌회전이 빨라지고 면역체계까지 좋아진다. 이 모든 것을 하는데 1분도 걸리지 않는다.

기운 내자: 유머러스한 팟캐스트를 들어라. 유머 책을 읽어라. 어느 정도 사적인 공간이 있으면, 헤드폰을 끼고 노래 한두 곡 정도를 들으며 고개를 흔들어보라. 개를 찍은 동영상만 봐도 기운이 난다는 것을 입증한 연구도 있다. (웬걸, 정말이다.)

자신만의 타임아웃과 최저점 점검표를 만들라

중요한 과제를 완전히 잊어버리기도 어렵고 회복성 브레이크를 계획하기도 힘든 때가 있다. 최저점에서도 속도를 늦추지 못하고 계속해서 일을 끝내야 한다면, 그때가 바로 타임아웃과 점검표를 결합하는 기민성 브레이크를 실천할 시간이다.

여기 그 방법이 있다. 최저점에서도 계속 기민성과 집중력을 발휘해야 할 일이 있다면, 일하는 도중에 타임아웃 일정을 잡을 단계를 찾아라.

예를 들어 당신의 팀이 오늘 오후 5시에 밖에서 중요한 제안을 받을 예정이라고 가정해보자. 이런 상황에서는 누구도 밖으로 나가 산책할 여유를 부릴 수 없다. 대신 모두 모이기 두 시간 전에 타임아웃 일정을 잡아라. 이런 점검표도 가능하다.

1. 모두 하던 일을 멈추고 뒤로 한 발 물러서서 심호흡을 한다.
2. 모든 팀원은 30초 동안 각자의 진행상황을 보고한다.

3. 모든 팀원은 30초 동안 다음 단계를 설명한다.

4. 모든 팀원은 다음 질문에 대답한다: "뭐가 빠졌지?"

5. 빠뜨린 것을 처리할 사람을 정한다.

6. 필요하다면 또 한 번의 타임아웃 일정을 잡는다.

프로처럼 멈추어라

앤더스 에릭슨은 '세계적인 전문가들을 다루는 세계적인 전문가'이다. 뛰어난 실적을 올리는 사람들을 연구하는 심리학자인 에릭슨은 이들에게서 공통된 특징을 찾아냈다. 정말로 휴식을 잘 취한다는 것.

음악가들과 운동선수들은 대부분 아침 9시쯤에 연습을 시작해서 오전 늦은 시간에 최고조에 이르고 오후에 휴식한 다음 저녁에 몇 시간 더 연습한다. 예를 들어 유명한 바이올리니스트들의 연습 패턴은 이렇다.

유명 바이올리니스트들은 오전에 연습을 많이 하고
오후에 휴식을 취하며 저녁에 조금 더 연습한다.

어떤 모양으로 보이는가?

다른 연구에 비해 에릭슨의 연구에서 가장 두드러지는 점은 이들이 오후에 '완전한' 휴식을 취한다는 점이다(아예 낮잠이 일상화된 사람도 있었다). 반면에 아마추어 음악가나 운동선수들은 전문가들만큼 휴식에 엄격하지 않았다. 슈퍼스타들은 하루에 몇 시간씩 한결 같은 파워를 낸다고 생각할지 모르지만, 실제로 그들은 45분에서 90분 정도 강도 높은 폭발력을 쏟아낸 다음 의미 있는 회복성 브레이크를 취한다.

우리도 그렇게 할 수 있다. 프로처럼 휴식해보라. 그러면 우리도 전문가가 될 수 있을 것이다.

아이들에게 휴식 시간을 주자: 완벽한 휴식의 사례

학교는 고달프다. 특히 미국의 학교들은 까다로운 시험, 엄격한 교사들의 평가, 성적에 대한 단호한 책임 추궁을 고스란히 감수해야한다. 이 중에는 의미가 있는 조치도 있지만, 허약한 체질로 전쟁을 치르다 피해만 초래한 조치도 있다. 바로 쉬는 시간에 관한 조치다.

미국 학교 중 약 40퍼센트(특히 저소득층 유색인종이 많은 학교)는 쉬는 시간을 없앴거나 점심시간과 묶어버렸다. 아이들의 미래가 불안하기 때문에 부질없이 노는 시간 따위를 줄이는 것이 상책이라고 그들은 생각한다. 예를 들어 2016년에 뉴저지 의회는 성적을 이유로 유치원에서 초등학교 5학년까지 공립학교에서 쉬는 시간을 하루 20분으로 줄이는 법안을 양당 합의로 통과시켰다. 그러나 크리스 크리스티 주지사는 이 법안에 단호히 거부권을 행사하며 "한심하기 짝이 없는 법안이다"라고 비난을 했다.

이런 발의는 잘못 돼도 한참 잘못되었다. 휴식과 쉬는 시간은 배우는 것과 분리된 것이 아니다. 그것은 배움의 일부이다.

오랜 기간에 걸친 연구 결과에 따르면 쉬는 시간은 학교생활 모든 부분에서 학생들에게 혜택을 준다. 쉬는 시간을 가진 아이들은 공부에 더 열의를 보이고 땡청을 부리는 일이 적으며 높은 집중력을 보여준다. 그들은 쉬는 시간이 적은 아이들보다 성적이 더 좋다. 그들은 교우관계가 더 좋고 공감능력이 뛰어나며 말썽을 덜 피운다. 그들은 심지어 건강에 좋은 음식을 더 많이 먹는다. 그러니 아이들이 잘되기를 바란다면, 교실 밖으로 내보내라.

학교는 쉬는 시간을 어떻게 활용할 수 있는가? 여기 여섯 가지 방법이 있다.

1. 점심시간 이전에 쉬는 시간을 배정하라

15분이면 된다. 그 정도가 아이들의 집중력을 유지하는데 가장 좋다. 쉬는 시간을 가지면 배도 고파져서 점심을 더 잘 먹을 것이다.

2. 미니멀리스트가 되어라

쉬는 시간을 짜임새 있게 운영하거나 전문적 장비를 동원할 필요도 없다. 아이들은 그들만의 규칙을 만들어 쉬는 시간을 유익하게 활용할 것이다.

3. 인색하지 말라

세계에서 가장 성적이 좋은 학교 체제를 갖춘 핀란드는 학생들에게 매시간 15분씩 쉬는 시간을 준다. 텍사스 주 포트워스의 이글마운틴 초등학교 등 일부 미국의 학교들도 핀란드를 따라 매일 4번의 쉬는 시간을 마련해서 학습 효과를 높인다.

4. 교사들에게도 휴식 시간을 배려하라

학생들을 감독하는 시간과 교사 자신들을 위한 휴식을 번갈아 가질 수 있도록 배려하라.

5. 체육시간을 다른 과목으로 대체하지 말라

정규 편성된 체육시간을 휴식의 대안이 아닌 독립적인 학습 과정으로 생각해서 충분히 체육시간의 강점을 활용할 것을 권한다.

6. 모두가 빠짐없이 쉴 수 있어야 한다

벌을 준다며 쉬는 시간을 빼앗는 일은 없어야 한다. 휴식은 성적이 좋은 아이에게 중요하지만 그렇지 못한 아이에게도 중요하다. 모든 학생이 쉬는 시간을 가질 수 있도록 해야 한다.

PART
2

시작과 결말
그리고 그 사이

스타트 포인트:
시작하는 타이밍의 중요성

"시작에는 무엇보다
운이 따라야 한다"
—미구엘 드 세르반테스의 《돈키호테》중에서

질병의 위협으로부터 미국 시민을 보호하는 미국 질병관리센터는 매
주 '이환율 및 사망률 주간보고서(Morbidity and Mortality Weekly Report, 이
하 사망률 주간보고서)'를 발간한다. 사망률 주간보고서는 건조한 산문체
의 공문서이지만, 그 내용만큼은 스티븐 킹의 소설 못지않게 간담이 서
늘해지는 부분이 많다. 이 보고서는 매번 새로운 종류의 위협을 내놓는
다. 에볼라, 간염, 웨스트나일West Nile 같은 바이러스뿐 아니라 폐렴, 흑사
병, 이집트에서 수입된 개들의 광견병, 실내 아이스링크의 높은 일산화
탄소 수치같이 잘 알려지지 않은 골칫거리들이 이 보고서에는 심심치 않
게 등장한다.

2015년 8월 첫 주의 사망률 주간보고서는 목차만 본다면 대수로울 것
이 없어보였다. 그러나 그 안에 실린 다섯 쪽에 걸친 톱기사는 미국 부모
들의 입장에서 보면 은근히 위협적인 내용을 담고 있었다. 질병관리센터

가 약 2,600만 미국 십대들을 위협하는 질병을 하나하나 열거한 것이다. 보고서에 의하면 이 병들은 쏟아지는 우박처럼 십대들을 타격 중이었다. 아래 그 예시가 있다.

몸무게 증가와 점점 커지는 과체중의 가능성

임상학적 우울 증세

떨어지는 학업 성적

음주, 흡연, 불법 의약품 등 건강을 해치는 행위에 몰두하는 성향

한편 예일대학교 연구팀은 이런 문제로 고생하는 10대들의 형이나 누나, 언니에게 가해지는 위협을 조사하고 있었다. 이런 위험은 그들의 신체나 정신 건강을 위협할 뿐 아니라 활기차야 할 젊은이들의 의욕마저 갉아먹고 있었다. 이들 20대 중후반의 청년들은 이런저런 위협에 꼼짝 못하고 갇힌 신세였다. 대학교를 졸업해도 졸업장에 어울리는 보수를 받지 못하고 불과 몇 년 전에 졸업한 사람들과 임금 차이도 컸다. 게다가 이것은 단기적인 문제가 아니었다. 그들은 10년, 아니 그보다 더 긴 세월 동안 얄팍한 임금을 고스란히 감수해야 한다. 이것은 비단 20대들만의 문제가 아니었다. 1980년대 초에 대학교를 졸업한 그들의 부모들 중에는 똑같은 병폐로 고생하며 그 잔해를 떨쳐버리려 애쓰는 사람들이 적지 않았다.

어디서부터 일이 틀어진 것일까? 이에 대한 답을 하려면 생물학과 심리학과 공공정책 등 모든 분야를 살펴봐야 한다. 하지만 문제의 핵심은 단순하다. 시작이 잘못된 것이다.

10대들의 경우는 학교 수업 시간이 너무 빨랐고 그래서 학습능력에 문제가 생겼다. 20대나 심지어 그들의 부모들 중 일부는 아무런 잘못도 없었다. 그저 경기 침체 기간에 직장생활을 시작했던 것이 불운일 뿐이었다. 그때문에 첫 번째 직장 이후로 임금이 계속 줄어드는 처우를 감수할 수밖에 없었다.

좋지 않은 10대의 성적이나 시원치 않은 임금 등의 골치 아픈 문제를 대할 때, 우리는 종종 '무엇what'의 영역에서 해결책을 찾으려 한다. 무엇이 잘못되었을까? 무엇을 잘 할 수 있을까? 무엇을 도울 수 있을까? 그러나 정작 중요한 해답은 '언제when'에 숨어있다. 특히 학교 수업이나 직장 일과를 언제 시작할 것인가 하는 문제는 개인이나 집단의 행운을 좌우하는 기로에서 특별히 중요한 역할을 한다. 아침 8시 30분 이전에 수업을 시작하면 건강에도 좋지 않고 성적도 불안해진다. 성적이 나쁘면 선택의 폭도 좁아지고 향후 삶의 궤도에도 좋지 못한 변화가 생길 수 있다. 경기가 어려울 때 사회에 첫발을 내디디면 좋은 직장을 얻기도 힘들고 돈을 버는 능력도 제대로 발휘하지 못한다. 시작의 영향력은 우리가 생각하는 것 이상이다. 실제로 시작은 마지막까지 영향력을 발휘한다.

시작하는 시간을 늘 마음대로 정할 수 있는 것은 아니지만, 그래도 우리는 시작에 어느 정도 영향을 미칠 수 있고 결코 바람직하지 않은 결과에는 적극 개입할 수도 있다. 처방은 간단하다. 먼저 어떤 분야를 다루든 시작의 위력을 분명히 이해하고 그 위력이 제 힘을 발휘할 수 있도록 시작의 기틀을 마련해야 한다. 그게 잘 안되면 아예 새로 시작해야 한다. 그리고 시작을 내 마음대로 할 수 없다면 다른 사람들에게 도움을 청해 집단적 차원에서 함께 시작해봐야 한다. 성공적인 시작은 세 가지 원칙으로 요약할 수 있다. 제대로 시작하는 것, 다시 시작하는 것, 함께 시작하는 것.

제대로 시작하기: 잘못된 시작을 피하라

고등학교 때 나는 4년 동안 불어를 배웠다. 대부분 잊긴 했지만, 그나마 기억에 남아있는 불어 수업의 어떤 특징을 생각하면 내 불어 실력이 시원치 않은 이유를 이해할 수 있을 것 같다. 잉글리스 선생님의 불어 수업은 1교시로, 아마 7시 55분쯤에 시작되었을 것이다. 17세기 유럽의 교실이든 1980년대 오하이오 중부에 자리 잡은 우리 학교 수업이든 불어 선생님들이 시작할 때 하는 인사말은 늘 똑같다. '고망탈레부?(Comment allez-vous? 여러분, 안녕?)'

선생님 질문에 대한 우리들의 답도 매일 아침 똑같았다. '즈 쉬 파티기(Je suis fatiguée: 피곤해요).' 불어를 아는 사람이 들으면 우리 반 27명은 죄다 집단 기면발작증 환자로 보였을 것이다. '켈르 호흐(Quelle horreur: 끔찍해요)! 툴레몽 데 파티그(Tout le monde est fatigué?: 우리 전부 다 피곤해요)!'

그러나 사실 이런 거창한 병명까지 들먹일 필요는 없다. 우리는 아침 8시 전에 두뇌를 가동하려 안간힘을 쓰는 죄 없는 10대였을 뿐이다. 1장에서 설명했지만, 어린 학생들은 사춘기 때 평생의 시간생물학에서 가장 중요한 변화를 겪기 시작한다. 아이들은 밤이 늦어서야 잠이 들고, 자신의 생물학적 명령에 따라 아침 늦게 일어난다. 올빼미 기질이 절정에 달하는 이 시기는 20대 초반까지 계속된다.

그러나 전 세계의 중등교육을 가르치는 학교들은 대부분 이런 극단적인 올빼미들을 활기찬 7살짜리 종달새에나 어울리는 일정에 억지로 밀어넣는다. 결국 10대들은 잠을 희생한 대가를 치른다. '필요한 만큼 잠을 충분히 자지 못하는 청소년들은 우울증, 자살, 약물오남용, 차량 사고의 위험에 더 쉽게 노출된다'라고 의학전문지 〈페디어트릭스Pediatrics〉는 강조한다. 조사한 바에 따르면 또한 수면 부족은 비만이나 면역체계의 약화로 이어진다. 초등학교 저학년 학생들은 표준화검사에서 아침에 더 좋은 성적을 내지만, 10대들은 시간이 늦을수록 점수가 좋다. 이른 시각에 첫 교시를 시작하는 방침은 나쁜 성적과 낮은 시험 점수에 직접적인 영향을 준다. 수학과 어학 수업에서는 이런 경향이 특히 두드러진다. 실제로 몬트리올에 있는 맥길대학교 부설 더글러스 정신건강 대학연구소에서 시행한 한 연구에 따르면 수면의 양과 질은 불어 수업을 듣는 학생들의 성적에서 엄청난 차이를 드러냈다.

부족한 잠이 유해한 결과를 초래한다는 증거가 쏟아지자, 2014년에 미국 소아과학회는 중고등학교에 권고성 지침을 내려 오전 8시 30분 이전에는 수업을 시작하지 말라고 조언했다. 몇 해 뒤 이 학회는 10대들의 학습능력과 복지를 끌어올리는데 '학교 수업시간을 늦추는 것만큼 효과적인 것이 없다'라고 결론 내렸다.

뉴욕 주의 답스페리부터 텍사스 주 휴스턴을 거쳐 심지어 호주 멜버른에 이르기까지 많은 학군들은 이런 결과를 받아들였고 그래서 인상적인 성과를 거두었다. 그리고 어떤 연구팀은 미네소타, 콜로라도, 와이오밍의 8개 고등학교 9,000명을 대상으로 3년 동안 관련 자료를 수집하여 검토했다. 전부가 수업 시작 시간을 오전 8시 35분 이후로 바꾼 학교들이었다. 이 학교들은 하나 같이 출석률이 올랐고 지각은 줄어들었다. 학생들은 '수학, 영어, 과학, 사회' 등 주요 과목에서 성적이 올라갔으며, 주와 국가에서 실시하는 표준화검사에서도 향상된 결과를 보여주었다. 심지어 수업 시작 시간을 오전 7시 35분에서 8시 55분으로 바꾼 이후 10대 운전자의 차량 사고가 70퍼센트 떨어진 학교도 있었다.

7개주 3만 명의 학생을 대상으로 실시한 또 다른 연구에 따르면, 수업 시간을 늦추고 나서 2년이 지났을 때 고등학교 졸업률은 11퍼센트 이상 증가한 것으로 조사되었다. 수업 시작 시간이 늦을수록 출석률은 늘고 지각은 줄고 성적은 더 좋아졌다. 이에 못지않게 중요한 사실은 수업 시작 시간이 늦을수록 학생들은 교실뿐 아니라 다른 분야에서도 훨씬 더 잘 지낸다는 점이었다. 수업 시작 시간을 늦출 경우 학습 동기가 향상되었고 학생들이 정서적으로 안정되었으며, 우울증이 줄어들고 충동이 순화되었다.

고등학생만 이런 혜택을 받는 것이 아니다. 미 해군사관학교 학생들은 수업 시작 시간을 15분 늦춘 뒤 성적이 향상되었다. 1교시 시작 시간이 늦을수록 성적은 올라갔다. 〈인간신경과학 프론티어스 Frontiers in Human Neuroscience〉가 미국과 영국의 대학생들을 대상으로 조사한 자료에 따르면 대학교 수업에 가장 적합한 시작 시간은 오전 11시 이후인 것으로 나타났다.

심지어 경제적인 효과도 있었다. 어떤 경제학자는 노스캐롤라이나 주 웨이크 카운티의 학제를 조사한 결과 1교시 시작 시간을 1시간 늦출 경우 수학과 독해 능력 표준화검사시험에서 학생들의 성적이 3퍼센트 정도 상승했으며 성적이 낮은 학생일수록 상승폭은 더욱 크게 나타났다고 발표했다. 그리고 그는 경제학자답게 수업일정을 바꿨을 경우 혜택 대비 비용의 비율까지 계산했다. 그 결과 수업 시작 시간을 늦추는 것이 교육비 측면에서도 다른 어떤 발의안보다 훨씬 더 좋은 효과를 거두는 것으로 조사되었다. 브루킹스연구소가 분석한 자료도 이 같은 사실을 확인해주었다.

그러나 전국의 소아과 의사들과 공중위생 관련 고위 공직자들의 청원과 현 실태를 문제 삼은 학교들의 이 같은 경험은 대체로 무시되었다. 현재 미국의 중고등학교들 중 중미 소아과학회의 권고에 따라 수업 시작 시간을 오전 8시 30분 이후로 미룬 학교는 5개 중 1곳도 채 되지 않는다. 미국 청소년들의 평균 수업 시작 시간은 여전히 오전 8시 3분이다. 그 말인 즉슨 오전 7시에 시작하는 학교도 아직 많다는 얘기다.

왜 이렇게 요지부동일까? 가장 큰 이유는 어른들이 불편하기 때문이다. 행정가들은 버스 일정을 재조정해야 한다. 부모들은 출근하는 길에 아이들을 학교에 데려다 줄 수 없다. 교사들은 오후 퇴근 시간이 늦어진다. 체육부 감독은 학생들을 연습시킬 시간이 줄어든다.

그러나 이런 핑계 뒤에는 더 깊고 고질적인 이유가 있다. '언제'의 문제를 '무엇'의 문제만큼 진지하게 다루지 않기 때문이다. 학교들이 이른 시작 시간을 고집하면서 학습 효과를 떨어뜨리고 학생들의 건강에 좋지 않은 영향을 미치고 있지만, 만약 문제의 원인이 교실에서 감염되는 대기 중 바이러스였다고 가정해보자. 부모들은 당장 학교로 달려가 조치를 취해달라고 요구하며 문제가 해결될 때까지 아이들을 학교에 보내지 않을 것이다. 모든 학군은 서둘러 조치를 취할 것이다. 이제 우리가 이미 알고 있고 가격도 적당한 백신을 확보하여 바이러스를 뿌리 뽑고 모든 학생들을 보호할 수 있다고 생각해보자. 그러면 당장 조치를 취해 학교를 정상화시켰을 것이다. 미국 학군 5개 중 4개 즉 1만 1,000개가 넘는 학군 중 그런 의학적 증거를 무시하거나 변명을 늘어놓으며 발뺌할 학교는 하나도 없을 것이다. 그런 식으로 대처한다면 도덕적인 지탄을 피할 수 없고 정치적으로도 궁지에 몰릴 것이다. 부모와 교사와 공동체 모두 그런 학교 당국의 무능한 대처를 용납하지 않을 테니 말이다.

수업 시작 시간의 문제는 어제오늘의 문제가 아니다. 하지만 그것은 바이러스나 테러 같은 '무엇'의 문제가 아니라 '언제'의 문제이기 때문에, 사람들은 무시해도 좋다고 생각한다. '한 시간 갖고 무엇이 달라지겠는가?' 40~50세 정도 되는 사람들은 그렇게 되묻는다. 하지만 일부 학생 당사자에게 그것은 고등학교를 마치느냐 못 마치느냐의 차이가 될 수 있다. 또 어떤 학생들에게 그것은 수학과 언어를 포기하느냐 쉽게 익히느냐의 차이가 될 수 있다. 이런 문제는 나중에 대학교에 진학하거나 좋은 직장을 구하는 능력에도 영향을 준다. 경우에 따라 이런 타이밍의 사소한 차이는 학업의 어려움을 덜어줄 뿐 아니라 한 사람의 인생을 구하는 문제가 될 수도 있다.

시작은 중요하다. 하지만 시작을 늘 마음대로 통제할 수 있는 것은 아니다. 그러나 결심한다면 생각대로 실행할 수 있는 영역이기도 하다.

다시 시작하기: 시간경계표와 새 출발 효과

새해에는 새해의 결심을 한다. 1월 1일에는 술을 덜 마시고 운동을 더 많이 하고 일요일마다 어머니한테 전화를 걸겠다고 결심한다. 그 결심을 실천에 옮겨 건강도 좋아지고 가족 관계도 원만하게 바로잡기도 한다. 아니면 2월쯤 소파에 딱 붙어 앉아 넷플릭스로 〈레전드 오브 쿵푸 래빗 Legend of Kung Fu a Rabbit〉을 보며 와인 잔을 기울이고 엄마의 영상 통화 요청을 모른 척할지도 모르겠다. 그러나 새해 결심의 운명이 어떻게 되든, 스스로에게 동기를 부여하기 위해 택했던 날짜는 또 다른 차원에서 시작의 위력을 드러낸다.

한 해의 첫날은 사회학자들이 말하는 '시간경계표'다. 공간을 헤쳐 나갈 때 "우리 집에 오려면 쉘 주유소에서 좌회전해야 돼"처럼 경계표에 의지하듯, 시간을 여행할 때도 경계표가 필요하다. 특정 날짜는 그렇게 쉘 주유소 같은 기능을 한다. 그런 날들은 부단하고 잊기 쉬운 다른 날들의 행렬에서 두드러지고, 그런 두드러짐 덕분에 우리는 갈 길을 찾는다.

2014년에 펜실베이니아 와튼스쿨 출신의 학자 세 명이 시간의 과학에서 획기적인 전기를 마련하는 논문을 발표했다. 그 논문은 시간경계표가 어떻게 작동하고 우리가 어떻게 그것을 활용하여 더 좋은 시작을 구성할 수 있는지에 대한 이해의 폭을 넓혀주었다.

헹첸 다이와 캐서린 밀크맨과 제이슨 리스는 8년 반 동안의 구글 검색어를 분석하는 것으로 시작했다. 그들은 1월 1일이면 예외 없이 '다이어트'라는 단어의 검색이 갑자기 폭발적으로 늘어난다는 사실을 확인했다. 평소보다 약 80퍼센트 더 많았다. 당연한 일인지도 모르겠다. 그러나 이 검색어의 횟수는 또한 매달 첫날과 매주 첫날 등 달력상 시작을 의미하는 날에서도 어김없이 치솟았다. 심지어 그 횟수는 연방공휴일 다음 첫날에도 10퍼센트 정도 올라갔다. '첫 번'을 의미하는 날과 관련된 어떤 느낌이 사람들의 욕구를 자극한 것이다.

이들은 체육관에서도 비슷한 패턴을 찾아냈다. 체육관에 들어갈 때 카드를 긁어야 하는 북동부의 어느 대학교에서, 이들 연구팀은 매일 체육관에 오는 사람들에 관한 자료를 1년 치를 넘게 확보했다. 구글의 검색어처럼 체육관을 찾는 사람들도 매주, 매달, 매해가 시작되는 첫날에 증가했다. 하지만 꼭 그런 날만 학생들이 기숙사를 나와 트레드밀에 올라가는 것은 아니다. 학생들은 새 학기 첫날과 방학이 끝난 이후 첫날 또한 운동시설을 많이 찾았다. 생일 직후에도 학생들은 체육관을 많이 찾았지만 한 가지 예외가 있었다. 21살이 되면 생일 이후에 체육관으로 향하는 학생들의 발길이 뜸해지기 시작한다.

인터넷을 검색하고 학교 체육관에서 운동을 하는 사람들에게 달력의

구글에서 '다이어트'라는 검색어가 시간경계표에서 증가한 비율

연방공휴일 이후	10%
새로운 주의 첫날	14%
새해 첫날	82%

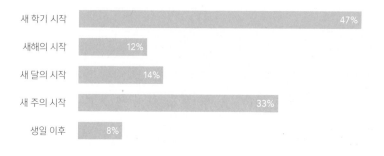

학생들이 체육관을 찾는 횟수는 시간경계표에서 올라간다.

새 학기 시작	47%
새해의 시작	12%
새 달의 시작	14%
새 주의 시작	33%
생일 이후	8%

어느 날은 다른 날보다 더 의미가 있었다. 사람들은 시간의 경계를 정하기 위해 그리고 한 시기를 끝내고 새 출발을 하기 위해 그런 날을 하나의 계기로 삼는다. 다이와 밀크맨과 리스는 이런 현상을 '새 출발 효과fresh start effect'라고 불렀다.

새 출발을 위해 사람들은 두 가지 형태의 시간경계표를 사용했다. 사회적 경계표와 개인적 경계표였다. 사회적 경계표는 월요일, 매월 1일, 국경일 등 모든 사람들이 공유하는 경계표다. 개인적 경계표는 생일, 기념일, 첫 출근일 등 각 개인에게만 의미 있는 날이다. 그러나 사회적이든 개인적이든 이런 시간의 표시는 두 가지 목적에 기여했다.

첫째 그런 경계표는 한 회계연도가 끝나 회계장부를 덮고 새해의 새로운 원장을 여는 것과 같은 방식으로 '새로운 정신적 구좌'를 개설해주었다. 이런 새로운 시기는 낡은 자아를 과거로 물림으로써 다시 시작할 기회를 준다. 그것은 과거의 내가 저지른 잘못과 결함을 끊어버리고 새롭고 더 나은 자아에 관해 자신감을 불어넣는 출발점이다. 이런 자신감으로 힘을 얻은 우리는 과거보다 더 나은 행동을 실천하고 바라던 바를 성취할 열의에 더욱 노력을 배가하게 된다. 1월에 나오는 광고에는 '새로운 한 해, 새로운 당신'이라는 식의 구절이 자주 등장한다. 시간경계표 앞에 서면 머릿속에는 새로운 계획이 떠오른다. '예전에는 치실을 한 적이 없었지. 하지만 여름방학이 끝났으니까 새로운 마음으로 치실을 써야겠어. 이제부터 나는 구강 위생을 철저히 관리할 거야.'

이런 타임마커time marker의 두 번째 목적은 나무에서 눈을 돌려 숲을 보도록 만드는 것이다. 시간경계표는 하루하루의 사소한 일에 매인 관심을 돌려 좀 더 큰 그림을 보게 하고 목표에 다시 집중할 수 있도록 해준다. 몇 킬로미터를 운전하고 나서도 주변에 무엇이 있었는지 잘 모르는 경우가 많다. 그러나 길 한 구석에서 반짝였던 쉘 주유소의 간판은 선명히 기억에 남는다. 새로운 출발로 삼은 날짜도 그와 같다. 대니얼 카너먼은 빠르게 생각하는 것(본능에 뿌리를 둔 상태에서 인식적 편견을 통해 내리는 왜곡된 결정)과 느리게 생각하는 것(이성에 기반을 두고 신중하게 숙고해서 내린 결정)을 구분한다. 시간경계표는 생각의 속도를 늦춰 한 단계 높은 차원에서 신중히 생각하고 더 나은 결정을 하게 만든다.

새 출발 효과의 의미는 그것을 추진하는 힘처럼 또한 개인적이고도 사회적이다. 새로운 직장, 중요한 프로젝트, 건강 관리법 등 새로 시작하기를 주저하는 사람은 시간경계표를 계기로 경로를 바꾸고 다시 시작할 수 있다. 와튼 연구진들의 분석처럼 사람들은 전략적으로 개인사의 전환점을 만들어낼 수 있다.

칠레 출신의 미국 소설가인 이사벨 아옌데의 경우를 보자. 1981년 1월 8일에 그녀는 할아버지가 위독하다는 소식을 듣고 할아버지에게 편지를 썼다. 그 편지는 그녀의 첫 소설 《영혼의 집The House of the Spirits》의 기초가되었다. 그 후로 아옌데는 1월 8일을 시간경계표로 삼아 새로운 소설을쓸 때마다 늘 같은 날에 새로운 프로젝트를 시작했다.

다이와 밀크먼과 리스는 나중에 조사한 한 연구에서 평범했을 뻔했던날에 개인적인 의미를 부여함으로써 사람들은 새로운 시작을 여는 힘을얻는다는 사실을 확인했다. 예를 들어 3월 20일을 3월 셋째 주 화요일이라고 여기지 않고 봄의 첫날로 잡으면 그날을 새로운 시작의 계기로 삼을 수 있다. 이들 연구에 참가한 유대인 실험대상자들의 경우도 10월 5일을 욤키푸르(Yom Kippur: 속죄일)로 잡으면 그날을 한 해의 278번째 날로여기는 것보다 훨씬 더 확실하게 동기를 부여할 수 있었다고 답했다. 아이의 생일이나 파트너와 첫 데이트를 한 기념일 등 개인적으로 의미 있는 날을 정해놓으면 잘못된 시작을 원점으로 되돌리고 새로 시작할 수있다.

이 같은 새로운 시작 효과는 조직에도 적용할 수 있다. 새로운 4분기를 어수선하게 시작했어도 다음 4분기가 시작되는 날까지 기다렸다가 분위기를 다잡는 쪽보다는 핵심 제품을 론칭하는 기념일 등 가까운 일정에서 의미 있는 순간을 찾으면 빠른 시일 내에 조직을 정상 궤도로 돌려놓을 수 있다. 일부 직원들이 퇴직계좌에 제 때 입금하지 않거나 중요한 연수 프로그램에 참석하지 않는 경우도 마찬가지다. 이런 직원들에게 수시로 입금이나 참석을 종용하기보다는 그들이 생일을 맞았을 때 축하메시지와 함께 그런 요청을 하는 것이 더 효과적이다. 소비자들 역시 각자 새로운 시작으로 정한 날에 메시지를 받으면 좀 더 열린 마음으로 받아들인 다는 사실을 리스는 확인했다. 사람들이 건강한 식생활을 유지하도록 하고 싶다면, '채식주의 목요일Vegan Thursdays' 보다는 '고기 없는 월요일Meatless Mondays' 같은 캠페인이 훨씬 더 효과가 있을 것이다.

새해 첫날은 오래전부터 우리의 행동에 특별한 영향력을 행사해 왔다. 우리는 다이어리를 넘기고 상큼한 사각형 빈 칸을 들여다본 다음 우리 삶의 출납부를 새로 작성해간다. 그러나 그때도 우리는 우리가 의지하고 있는 심리적 메커니즘이 무엇인지 모른 채 새로운 시도를 한다. 우리가 이런저런 날을 택해 의식적으로 그리고 의도적으로 같은 방식을 사용할 수 있는 것은 새로운 시작 효과 덕분이다. 사실 새해의 결심은 실패를 피하기가 어렵다. 한 연구 결과에 따르면 새해 들어 한 달이 지났을 때 그 결심을 계속 실천에 옮기고 있는 사람은 64퍼센트에 불과한 것으로 조사되었다. 하지만 자신만의 시간경계표를 세우고 특히 개인적으로 의미 있는 시간경계표를 세우면 허술하게 시작한 실수를 만회하고 다시 시작할 수 있다.

함께 시작하기 : 취업 시즌이 인생에 미치는 영향

나는 대학교를 1986년 6월에 졸업했다. 직장을 구하지 못한 상태에서 덜컥 졸업장을 받은 것이다. 안 되겠다 싶어 워싱턴 D.C.로 이사했다. 다행히 나는 7월에 일자리를 구했고 첫 직장에서 일을 시작했다. 대학교 강당에서 학위를 받고 나서 D.C. 도심에 직장을 구하기까지는 60일이 채 안 걸렸다(그 기간에도 일을 찾는 데만 전념하지는 않았다. 한동안은 짐을 꾸리고 이사를 하느라 시간을 보냈고, 직장을 구하는 동안 당장 먹고 살기 위해 어떤 책방에서 잠깐 일하기도 했다).

나야 물론 그렇게 빨리 직장을 구한 것이 신뢰할 만한 내 자격증과 매력적인 성품 때문이라고 믿고 싶지만, 사실 더 그럴 듯한 이유는 따로 있었다. 여러분도 짐작하실 바로 그것, 타이밍이다. 나는 마침 좋은 시기에 맞춰 졸업했다. 1986년에 미국은 깊은 불황의 늪을 힘차게 빠져나오고 있었다. 그 해 실업률은 7퍼센트였다. 7퍼센트라면 높게 보일지 모르지만 실업률이 거의 10퍼센트까지 올라갔던 1982년, 1983년에 비하면 많이 좋아진 편이었다. 몇 해 전에 취업 시장에 뛰어든 사람들에 비하면 그만큼 일자리를 구하기가 쉬웠다는 말이다. 복잡할 것이 없는 계산이다. 일자리를 찾는 일이 실업률이 10퍼센트일 때보다 7퍼센트일 때가 더 쉽다는 것을 이해하는 데 무슨 전문적인 지식이 필요하겠는가. 그러나 비교적 호황인 시절에 직장생활을 시작한 행운의 혜택이 내 첫 번째 직장에 그치지 않고 이후로도 오래 지속되었다는 사실을 이해하려면 아주 전문적인 지식이 필요하다.

리사 칸은 흔히 볼 수 있는 경제전문가가 아니다. 그는 나처럼 1980년대에 대학교를 졸업한 백인 남성들을 연구하여 경제 이론에 뚜렷한 족적을 남겼다. 예일대학교 경영대학원에서 강의를 하는 칸은 〈전국청소년추적조사National Longitudinal Survey of Youth〉를 기본 자료로 삼았다. 매해 미국 젊은이들의 대표 표본 집단을 대상으로 교육과 건강과 직업에 관한 질문을 하는 조사 자료다. 이 자료를 바탕으로 그녀는 1979년부터 1989년 사이에 대학교를 졸업한 백인 남성을 택해서 이후 20년 동안 그들에게 어떤 변화가 일어났는지 조사했다.

　그녀가 찾아낸 대단한 사실은 이것이다. 그들이 어디로 갔으며 얼마나 멀리 갈 수 있었는가를 결정하는데 가장 큰 영향을 미친 것은 그들이 '언제' 직장생활을 시작했는가 하는 것이었다. 경제상황이 좋지 않을 때 직업시장에 뛰어든 사람들은 경기가 좋을 때 시작한 사람들보다 돈을 많이 벌지 못했다. 놀랄 일도 아니다. 그러나 이런 초기의 불리함은 이후로도 만회되지 않았다. 그 여파는 20년 동안이나 지속되었다.

　'불황에 대학교를 졸업하는 것은 오랫동안 임금에 부정적인 영향을 미친다.' 그녀는 그렇게 썼다. 경제상황이 시원치 않을 때 사회생활을 시작한 불운한 졸업생들은 호황일 때 졸업한 나처럼 운이 좋은 사람들만큼 초기에 돈을 벌지 못했고, 우리 같은 사람들을 따라잡는 데에도 보통 '20년'이 걸렸다. 일반적으로 말해 직장생활을 한지 15년이 지난 뒤에도 실업률이 높을 때 졸업한 사람들은 실업률이 낮을 때 졸업한 사람들보다 수입이 여전히 2.5퍼센트 낮았다. 심한 경우에는 임금 차이가 20퍼센트까지 벌어지는 때도 있었다. 대학을 졸업한 직후의 이야기가 아니라 이들이 30대 후반이 되었을 때 그랬다는 말이다. 호황이 아닌 불황에 졸업했을 때의 총비용은 물가상승을 감안한 액수로 평균 약 10만 달러 정도였다. 타이밍이 전부는 아니지만 액수로 따졌을 때 이 여섯 자리 숫자는 외면할

칸이 백인 남성을 택한 것은 그들의 채용과 소득 전망이 인종차별과 성차별의 영향을 덜 받고, 아이를 갖는 것 때문에 경력이 흔들릴 가능성이 비교적 적기 때문이다. 그렇게 해서 그녀는 피부색, 인종, 성 같은 요소로부터 경제 조건을 분리할 수 있었다.

수 없는 대단한 현실이다.

다시 한 번 강조하지만 한 번 시작되면 그것은 물길을 제어하기 어려운 폭포로 변한다. 한 사람이 평생 직장생활을 하는 동안 발생하는 임금의 증가분은 대부분 직장생활을 시작한지 첫 10년 동안에 형성된다. 높은 초봉으로 시작하면 처음부터 높은 임금 궤적을 달리게 된다. 그러나 그것은 수많은 이득의 첫 번째일 뿐이다. 더 많이 버는 가장 좋은 방법은 고용주가 특별히 필요로 하는 부분에서 자신만의 특별한 기술을 발휘하는 것이다. 하지만 그런 일은 첫 번째 직장에서는 좀처럼 일어나지 않는다(내 첫 번째 직장도 그런 면에서는 한 마디로 재앙이었다). 그래서 사람들은 직장을 그만두고 자신에게 맞는 새 일자리를 찾는다. 몇 년에 한 번씩 직장을 옮기는 경우도 드물지 않다. 실제로 임금을 올리는 가장 빠른 방법 중 하나는 일자리를 자주 바꾸는 것이다. 그러나 경제상황이 좋지 않을 때는 직장을 바꾸기가 쉽지 않다. 채용 공고가 좀처럼 나오지 않는다. 그래서 경기가 침체상태일 때 노동시장에 들어온 사람은 자신의 능력에 어울리지 않는 직장에 장기간 묶이고 만다. 그들은 직장을 쉽게 바꾸지 못하기 때문에 자신에게 어울리는 직장을 찾아 더 높은 임금을 받기가 어렵고 설사 그런 직장을 찾는다고 해도 시간이 많이 걸린다. 칸은 카오스 이론과 복삽싱 이론의 원리가 취업 시장에도 그대로 적용된다는 사실을 확인했다. 즉 어떤 역동적 체제에서 초기 조건은 그 체제에 거주하는 사람에게 엄청난 영향을 미친다.

그 외의 여러 경제학자들도 한 사람의 일생에 강력하지만 보이지 않는 영향을 미치는 시작의 효과를 확인했다. 캐나다에서 실시한 어떤 연구에 따르면 새로운 졸업생들의 '침체비용cost of recessions'은 무시하기 힘든 수준이고 또 균등하지도 않다. 운이 없는 졸업생들은 소득이 계속 줄어드는 상황을 10년 정도 감수해야하는데, 능력이 부족한 사람일수록 그 고통은 더욱 크다. 결국 치유되겠지만 상처는 남는다. 2017년에 시행된 한 연구에 따르면 관리직을 맡았을 때의 경제상황은 그들이 CEO가 되기까지의 과정에 지속적인 영향을 미친다고 한다. 침체기에 졸업하면 첫 직장을 구하기가 어렵기 때문에, 경영자를 꿈꾸는 사람들은 대기업에 들어가기보다 중소기업의 문을 두드리게 된다. 다시 말해 긴 사다리가 아닌 짧은 사다리로 목표를 바꾸는 것이다. 작은 회사에서 직장생활을 시작해도 CEO는 될 수 있다. 그러나 그들은 중소기업의 CEO가 되고 그래서 호황일 때 졸업해서 대기업의 CEO가 된 사람들만큼 연봉을 받지 못한다. 이 연구 자료에 따르면 불황에 졸업한 사람은 이후 경영 방식이 좀 더 보수적인 것으로 조사되었는데 아마도 불확실한 시작의 영향이 아닌가 싶다.

스탠퍼드대학교 MBA과정 졸업생들을 대상으로 조사한 연구에 따르면 졸업할 당시의 주식시황도 이들의 평생 소득에 큰 영향을 미치는 것으로 나타났다. 이런 논리와 상황의 사슬은 세 가지 고리를 갖는다. 첫째, 경제 호황 시기에 졸업하는 사람들은 월스트리트에서 직장을 구할 확률이 높다. 반대로 경제 불황 시기에 졸업하는 사람들은 대부분 컨설팅이나 창업이나 비영리기구 등 대안을 찾는 편이다. 둘째, 월스트리트에 직장을 구하는 사람은 월스트리트에 남을 확률이 높다. 셋째, 투자은행을 비롯한 금융전문가들은 일반적으로 다른 분야보다 돈을 더 많이 번다.

그 결과 경제 호황때 졸업해서 투자은행에 들어가는 사람은 불황 시기에 졸업한 탓에 월스트리트의 직장을 넘보지 못한 사람들보다 150만 달러에서 500만 달러를 더 번다.

주식시장이 이상조짐을 보이는 까닭에 일부 엘리트 MBA 출신들이 골드만삭스나 모건 스탠리에 들어가지 못하고 매킨지나 베인앤컴퍼니 같은 유명 컨설팅 업체에서 일하는 바람에 엄청난 부자가 아닌 굉장한 부자에 그치는 사실을 알았다고 해서 내가 잠을 뒤척일 이유는 없다. 그러나 시작의 효과가 노동력에 적지 않은 영향을 미친다는 사실, 특히 2007년 ~2010년의 대침체기에 취업 시장에 들어간 사람들의 초기 자료가 아주 좋지 않았다는데 생각이 미치면 마음이 몹시 불편하다. 칸과 예일의 동료 두 명은 2010년부터 2011년까지 졸업한 학생들에게 미친 부정적 영향이 '과거의 패턴으로 예상할 수 있었던 수준의 두 배였다'라고 지적했다. 뉴욕연방준비은행은 이 초기 지표를 보고 '이처럼 노동시장의 회복이 더딜 때 직장생활을 시작하는 사람은 그들의 임금에 지속적으로 부정적인 영향을 받게 될 것'이라고 경고했다.

이것은 최저점의 문제다. 현재의 소득이 현재의 실업률보다 직장생활을 시작했을 때의 실업률의 영향을 더 많이 받는다면, 이 장 서두에서 말했던 두 전략, 즉 제대로 시작하는 것과 다시 시작하는 것으로는 충분하지 않다. 이런 문제는 학교 시작 시간처럼 일방적으로 해결할 수 없는데다 그렇다고 모든 사람들을 향해 경제 상황이 좋을 때 직장생활을 시작하라고 명령할 수도 없는 노릇이다. 또 생일 다음날 새 직장을 구하는 식으로 슬로 스타트에서 빠져나오라고 권할 수도 없다. 이런 종류의 문제라면 함께 시작해야 한다. 그리고 이 경우 앞선 두 현명한 해결책이 몇 가지 방법을 제시한다.

여러 해 동안 미국의 대학부속병원들은 소위 말하는 '7월 효과July effect'와 싸워왔다. 7월은 새로운 의과대학교 졸업생들이 의사로서의 경력을 시작하는 계절이다. 이 남녀 의사들은 교실 이상의 경험이 별로 없지만, 의과대학교 부속병원들은 그들에게 막중한 책임을 지우는 경우가 많다. 그래야 하루 빨리 요령을 터득할 수 있으니까. 이런 방식의 유일한 단점은 환자들이 모르모트가 된다는 사실이다. 그래서 7월은 잔인한 계절이다. 영국은 미국보다 한 달이 더 늦는데 이를 표현하는 말은 더욱 노골적이다. 영국 의사들은 새로운 의사들이 경력을 시작하는 이 시기를 '8월의 킬링 시즌August killing season'이라고 부른다. 25년 이상 미국의 사망진단서를 추적한 자료에 따르면 대학부속병원이 있는 카운티에서 치명적인 의료사고는 7월에 10퍼센트 정도 급증했다. 이와 달리 대학교부속병원이 없는 카운티에는 7월의 급증 현상이 나타나지 않았다. 또한 대학병원에서 7월과 8월에 수술 후유증으로 고생하는 환자들은 4월과 5월에 비해 18퍼센트 증가했고 수술 도중 사망할 확률은 41퍼센트 더 높았다.

그러나 지난 10년 동안 대학병원들은 이 문제를 바로 잡기 위해 여러 방면으로 애를 써왔다. 이들은 잘못된 시작을 개인적인 문제로 치부하지 않고 집단 차원에서 예방할 수 있는 문제로 다뤘다. 내가 찾았던 미시건 대학교 부속병원의 경우, 대학병원에서 갓 배출된 레지던트는 시작부터 경험이 많은 간호사와 의사와 그 밖의 전문가들과 한 팀을 이뤄 일한다. 함께 시작함으로써 이런 병원들은 7월 효과를 크게 떨어뜨렸다.

저소득층의 젊은 엄마가 낳은 아기를 예로 들어보자. 이런 환경에서 자라는 아이는 처음부터 어려운 경우에 처하는 것이 보통이다. 그러나 효과적인 해결책 한 가지는 엄마와 아기가 혼자 시작하지 않도록 조치하는 것이다. 1970년대에 시작된 '간호사–가족 파트너십 Nurse Family Partnership'이라는 전국적인 프로그램은 간호사가 엄마를 찾아가 아기를 시작부터 더 좋은 상황에서 키우도록 돕는다. 미국의 800개 시자치체에서 시행되고 있는 이 프로그램은 엄격한 자체 관리로 희망적인 결과를 내고 있다. 이들 간호사의 방문은 유아사망률을 줄이고, 행동 장애와 집중력 문제를 완화시켰으며, 푸드스탬프와 사회복지 프로그램에 대한 의존도를 크게 줄었다. 간호사 방문은 또한 어린이의 건강과 학습능력을 향상시키고, 모유 수유와 백신 접종률을 높였으며, 엄마가 직장을 구하고 꾸준히 다닐 기회를 증가시켰다. 유럽 국가들은 대부분 이런 제도를 정책적으로 지원한다. 이유가 도덕적인 것이든(이 프로그램은 목숨을 구한다) 아니면 재정적인 것이든(이 프로그램은 장기적인 관점에서 돈을 절약하게 해준다), 원칙은 마찬가지다. 힘이 없는 약자더러 혼자 힘으로 헤쳐 나가라고 방치하지 않고 함께 시작함으로써 모두에게 이로운 방법을 모색하는 것이다.

아무런 잘못도 없이 단지 불황에 사회생활을 시작했다는 이유로 불이익을 받는 사람들의 문제에도 같은 원리를 적용할 수 있다. "타이밍이 나빴을 뿐이다. 우리가 해줄 수 있는 방법은 없다." 이렇게 손을 놓을 수도 있다. 그러나 소득이 너무 적거나 자기 앞가림하기 벅찬 사람들의 문제가 우리 모두에게 영향을 미친다는 사실을 이제 인정해야 한다. 우리가 팔려는 물건을 사려는 고객이 줄고 기회가 고르게 돌아가지 않아 우리가 부담해야 할 세금이 많아지면 결국 피해는 모두에게 돌아온다. 한 가지 해결책은 정부와 대학교가 실업률에 맞춰 '학자금 탕감student-loan forgiveness' 프로그램을 운용하는 것이다. 예를 들어 실업률이 7.5퍼센트를 넘게 되면 새로 졸업하는 학생들의 학자금에서 일정 부분을 탕감해주는 것이다. 아니면 대학교 기금이나 연방기금을 동원해 직업 상담 전문가를 양성하여 졸업생들이 험로에서 올바른 길을 개척할 수 있도록 조언하는 방법도 있다. 연방정부가 홍수 피해지역에 육군공병단을 파견하고 모래 주머니를 지급하는 것과 비슷한 방식이다.

이런 문제는 사태의 심각성이 금방 나타나지 않는다. 그러나 '언제'의 문제는 당장 반응이 나타나는 '무엇'의 재앙에 못지않게 중대한 사안이며 따라서 이런 정책의 목표는 '무엇'의 문제가 발생했을 때와 똑같이 집단적으로 대응하도록 만드는 것이다.

시작이 중요하다는 것을 모르는 사람은 없다. 하지만 이제 타이밍의 과학 측면에서 보면 시작이 우리가 생각했던 것보다 훨씬 더 결과에 강력한 작용을 한다는 사실을 입증해보였다. 시작은 우리가 알고 있는 것보다 더 오래 우리 곁에 머문다. 그리고 그 영향력은 마지막 순간까지 우리 주변을 맴돈다.

몸무게를 몇 킬로그램 줄이는 문제이든 아이들의 공부를 돕는 문제이든 우리와 같은 시민들이 불황에 허덕이지 않도록 배려하는 문제이든, 우리가 살면서 해결해야 할 문제가 있을 때 대응해야 할 목록의 범위를 넓히고 '무엇'과 함께 '언제'의 문제까지 다루어야 하는 이유는 바로 그때문이다. 과학으로 무장하면, 학교를 다닐 때나 졸업 후에도 올바른 시작을 더 잘 해낼 수 있다. 우리의 마음이 시간을 어떻게 생각하는지를 알면 시간경계표를 활용하여 잘못된 시작을 만회하고 새롭게 시작할 수 있다. 그리고 대충 시작하는 것이 얼마나 심각한 불공평을 초래하는지를 알면 함께 시작해야겠다는 생각을 좀 더 자주 하게 될 것이다.

우리의 초점을 바꾸고 '언제'와 '무엇'을 같은 비중으로 다룬다고 해서 모든 문제가 다 해결되는 것은 아니다. 하지만 그것은 분명 좋은 시작점이 될 수 있을 것이다.

사전부검으로 잘못된 시작을 피하라

잘못된 시작을 만회하는 가장 좋은 방법은 처음부터 잘못된 시작을 범하지 않는 것이다. 그렇게 하는 가장 좋은 방법이 소위 '사전부검premortem'이다.

부검은 당연히 사후부검이다. 검시관과 의사는 시신을 검사하여 사망 원인을 밝혀낸다. 사전부검은 무엇인가? 사전부검은 심리학자인 게리 클라인이 고안해낸 용어로, 원리는 같지만 검사 시점을 사후에서 사전으로 옮긴 것이다. 가령 어떤 새로운 프로젝트에 착수한다고 하자. 프로젝트를 시작하기 전에 사전부검 회의를 소집하라. 지금부터 18개월 뒤에 이 프로젝트가 완전히 실패로 끝났다고 가정하자. 그리고 이렇게 팀원들에게 말하는 거다. "어디서 잘못되었지?" 팀은 예측할 수 있는 사후가정을 통해 몇 가지 대답을 내놓는다. 과제를 정확하게 정의하지 못했을 수 있다. 인원이 너무 적거나 너무 많았을 수도 있고, 적합하지 않은 사람들이 그 일을 맡았을 수도 있다. 이런 일을 할 만한 분명한 리더가 없었거나 현실성 있는 목표가 없었을 수도 있다. 이처럼 실패를 미리 가정하면 즉 잘못된 출발의 원인이 될지도 모르는 문제를 생각해보고 그때 일어날 수 있는 문제를 예상해보면, 실제로 프로젝트가 시작되었을 때 그런 문제를 피해갈 수 있다.

나 역시 이 책을 쓰기 전에 사전부검을 실시했다. 나는 첫날부터 2년 뒤를 내다보았고 내가 완전히 엉망인 책을 썼거나 아니면 아예 한 줄도 쓰지 못했다고 가정했다. 어디서 잘못되었지? 그 대답을 찾던 도중, 나는 매일 써야 하는 일정에 좀 더 민감해야 했고, 이 책과 직접적인 관련이 없는 사람에게 책 이야기를 해서 주의를 산만하게 만드는 일을 하지 말아야 했고, 일의 진행 상황(또는 제대로 진척되지 않고 있는 상황)을 편집자에게 섣불리 알리지 말아야 했으며, 어떤 개념적으로 까다로운 문제가 생겼을 때 서둘러 편집자의 도움을 받는 일에 신중해야 했다는 사실을 깨달았다. 그래서 나는 이런 문제점과 대조되는 긍정적인 요소들을 적었다. 예를 들어 '나는 아무런 방해도 받지 않고 어떤 예외적인 경우도 없이 한 주에 적어도 6일을 매일 아침 오전 내내 이 책에 매달렸다' 같은 문구를 카드로 작성하여 책상머리에 붙여놓았다.

이런 방법으로 나는 현실에서 프로젝트를 다루기 전에 머릿속에서 미리 실수를 범해볼 수 있었다. 이런 특정한 사전부검이 얼마나 효과가 있는지는 여러분의 판단에 맡기겠다. 그러나 나는 이런 방법을 통해 잘못된 출발을 피해보라고 권하고 싶다.

새로운 시작을 할 수 있는 86일

여러분은 시간경계표를 통해 새로운 시작을 계획하는 방법을 알았다. 여기에 소개하는 새로운 시작을 하기에 특히 효과적인 86일은 새로운 일을 시작하거나 마라톤 훈련을 시작하기 좋은 날을 찾는데 도움이 될 것이다.

매달 1일(1년 12회)

월요일(1년 52회)

봄, 여름, 가을, 겨울의 첫날(1년 4회)

각국의 독립기념일 또는 개국일(1년 1회)

종교적으로 중요한 휴일. 예를 들어 부활절, 로쉬 하샤나(유대인의 설날), 이드 알프트르(라마단이 끝났음을 기념하는 이슬람교의 축제일) 등(1년 1회)

생일(1년 1회)

사랑하는 사람의 생일(1년 1회)

한 학년 또는 한 학기의 첫날(1년 2회)

새 직장에 첫 출근하는 날(1회)

졸업 후 첫날(1회)

휴가에서 돌아온 첫날(1회)

결혼기념일, 첫 데이트 했던 날, 이혼한 날(3회)

첫 출근한 날, 사회인이 된 날, 개나 고양이를 입양한 날, 학교를 졸업한 날(4회)

이 책을 다 읽은 날(1회)

언제 치고 나가야 하는가?

늘 그렇지는 않지만 산다는 것은 사실 경생의 '연속'이다. 취업 면접시험을 보는 구직자이든, 새로운 사업을 벌이려는 기업이든, 전국 노래자랑에 나가는 후보이든, '언제' 경쟁을 벌이느냐는 '무엇'을 하느냐 못지않게 중요하다. 여기에 실린 것은 언제 처음 해야 하고 언제 하지 말아야 할지에 대한 지침서다.

앞자리에 서야 할 4가지 상황

1. 시장이나 군수, 프롬 퀸, 오스카 수상자 등의 후보 명단에 오른 사람이라면 1번이 유리하다. 교육위원회부터 시의회까지, 캘리포니아에서부터 텍사스까지 수많은 선출사례를 분석한 결과 투표하는 사람은 투표용지 맨 앞에 나오는 후보를 선호했다.

2. 당신이 디폴트 선택(기본적인 선택) 대상이 아니라면, 예를 들어 당신이 표적으로 삼은 고객을 이미 확보한 회사와 경쟁을 해야 한다면, 선두에 서는 것이 결정권자에게 신선한 느낌을 준다.

3. 경쟁상대가 많지 않을 경우 먼저 치고 나가면 '초두효과primacy effect'의 이득을 얻을 수 있다. 사람들은 첫 번째 것을 더 잘 기억하는 경향이 있기 때문에 맨 처음을 선호하는 편이다.

4. 면접을 보거나 강력한 후보들과 경합해야 한다면, 맨 처음에 하는 것이 유리하다. 유리 시몬손과 프란체스카 지노는 9,000명이 넘는 MBA 지원자들의 면접 사례를 조사한 결과 면접관들이 소위 '내로우 브래키팅(narrow bracketing : 근시안적 평준화)' 효과에 쉽게 빠진다는 사실을 알아냈다. 이는 일부 소수 후보들이 그 분야 전체를 대표한다고 착각하는 경향을 뜻한다. 그래서 초반에 매우 유능한 지원자를 몇 명 접한 면접관들은 나중에 지원하는 사람들에게서 좀 더 적극적으로 결점을 찾으려 하게 된다.

먼저 나서지 말아야 할 4가지 상황

1. 당신이 디폴트 선택이라면 먼저 나서지 말아야 한다. 앞장의 내용을 상기해보라. 판사는 하루 중 이른 시간이나 휴식 이후(기운을 회복했을 때)보다는 늦은 시간(피로감을 느낄 때)에 디폴트를 고수하는 경향이 강하다.

2. 경쟁자가 대단하지 않더라도 그 수가 많을 경우엔 나중에 설수록 유리하고 맨 마지막에 서면 아주 유리하다. 8개국의 아이돌 라이브 경연 1,500건 이상을 분석한 연구에 따르면 마지막에 무대에 서는 가수가 다음 라운드에 진출할 확률은 약 90퍼센트인 것으로 조사되었다. 최고 수준의 피겨 스케이팅과 와인 시음대회도 거의 같은 양상을 보인다. 시합이 시작된 순간 심판들은 탁월성의 표준을 높게 잡는다고 애덤 갤린스키와 모리스 슈바이처는 말한다. 시합이 계속되면서 기준은 좀 더 현실적으로 바뀌는데, 이는 나중에 나오는 사람에게 유리하다. 나중 사람은 앞에 나온 사람들이 하는 것을 보고 분발하기 때문이다.

3. 상황이 불확실할 때는 첫 번째로 나서지 않는 것이 유리하다. 결정권자의 기대가 어느 정도인지 알지 못하는 상태에서는 선발하는 사람이나 선발되는 사람 모두 명확한 기준을 잡기가 어렵다. 하지만 시간이 가면서 기준은 점점 뚜렷해진다.

4. 경쟁이 치열하지 않을 경우에는 마지막에 가까울수록 자신만의 특징을 부각시키기 쉽다. 뚜렷한 후보자가 많지 않을 경우엔 마지막에 나가는 것이 매우 유리하다.

경기가 침체되었을 때 졸업하는 것이 얼마나 불리한지는 이미 확인했다. 하지만 그런 불운을 피하기 위해 할 수 있는 일은 많지 않다. 그러나 불황기에 시작하든 호황기에 시작하든, 우리는 새로운 일을 즐기고 그 일을 잘할 수 있도록 만들 수 있다. 여기 새로운 일을 맡았을 때 초반에 빠른 성과를 올릴 수 있는 요령 4가지를 소개하겠다. 모두 연구 결과를 토대로 한 것이다.

1. 시작하기 전에 시작하라

경영 컨설턴트인 마이클 왓킨스는 새로운 역할에 어울리는 자신의 '변화된 모습'을 그려볼 수 있는 특정한 날이나 시간을 택할 것을 권한다. 자신의 모습을 과거에 묶어두면 빠른 성과를 내기가 어렵다. 새로운 사람이 되는 자신의 모습을 상상하는 것으로 시작해보라. 리더십의 역할에 관한 문제에서는 특히 이런 방법이 효과가 있다. 하버드대학교 전임 교수 램 차란에 따르면, 변화가 가장 힘겨울 때는 한 분야에서 뛰어난 전문가가 모든 방면에 능한 제너럴리스트로 변신해야 하는 순간이라고 한다. 그러니 자신의 새로운 역할을 생각할 때는 반드시 그 역할이 더 큰 그림에서 어떻게 연관되는지를 살펴야 한다.

2. 결과로 말하라

새로운 일은 조직의 위계 속에서 자신의 위치를 설정하도록 요구하기 때문에 엉뚱한 문제로 기가 꺾일 수 있다. 사람들은 보통 초기에 소심했던 자신의 모습에 대한 보상심리 때문에 너무 빨리 너무 일찍 자기주장을 강하게 내세우는 경향이 있다. 그래봐야 비생산적인 결과만 초래할 뿐이다. UCLA의 커린 벤더스키에 따르면 외향적인 사람들은 시간일 갈수록 집단에서 설 자리를 잃는다. 그러니 시작할 때 몇 가지 분야에서 의미 있는 성과를 올리는데 집중하는 편이 좋다. 그렇게 자신의 우수성을 입증하고 입지를 확보하고 나면 그때 마음 놓고 자신의 주장을 피력해도 좋다.

3. 동기를 비축하라

새로운 역할을 맡은 첫날에는 의욕이 넘친다. 30일쯤 지나면? 모르기는 해도 기운이 조금 빠질 것이다. 자극이 동기를 만든다. 그래서 스탠퍼드대학교의 심리학자 B. J. 포그는 '동기의 파도motivation waves'를 이용하여 '동기의 최저점motivation troughs'을 극복하라고 권한다. 세일즈를 처음 시작한다면 동기의 파도를 이용하여 주도권을 잡고, 성과회의를 소집하고, 새로운 기법을 터득할 수 있다. 최저점에 있을 때는 대수롭지 않은 말초적 업무에 얽매이지 않고 핵심적인 역할에만 집중하는 호사를 누릴 수 있다.

4. 사소한 성공 사례로 사기를 유지하라

새로운 일을 맡는 것과 중독 치료는 아무런 관계가 없어 보이지만, 알코올 중독자 모임 같은 프로그램은 새로운 일을 맡는 우리에게 한 가지 시사점을 제시한다. 이들 모임은 회원들에게 평생 술을 마시지 말라고 요구하지 않는다. 그들은 한 번에 24시간씩 성공하라고 요구한다. 칼 웨

익은 이를 두고 '작은 승리small wins'라는 표현을 썼다. 하버드대학교의 테레사 아마빌레 교수도 같은 말을 한다. 근로자 수백 명의 업무일지 1만 2,000권을 검토한 그는 의미 있는 작업에서 진전을 이룰 때 동기 부여 효과가 가장 크다고 결론 내렸다. 성과가 꼭 거창해야 의미가 있는 것은 아니다. 새로운 역할을 맡을 때, 작지만 가능성이 높은 목표부터 설정하고 그것을 이루었을 때 자축하라. 그런 것들은 동기를 부여하고 더욱 도전적인 길을 향해 나아갈 에너지를 불어넣어 준다.

결혼은 언제 해야 하는가?

결혼은 인생을 살아가면서 거치게 되는 가장 중요한 관문 중 하나다. 누구와 결혼해야 하는지는 내 소관이 아니다. 그러나 언제 가약을 맺을지에 대해서는 몇 가지 조언할 수 있다. 타이밍의 과학이 만능은 아니지만 원론적인 지침은 몇 가지 알려줄 수 있을 것 같다. 그것을 3가지로 요약하겠다.

1. 나이가 될 때까지 기다려라(그렇다고 너무 기다리지는 말라)

당연한 일이겠지만 너무 어린 나이에 결혼하면 이혼으로 끝날 확률이 높다. 유타 대학교의 사회학자 니콜라스 볼핑커에 따르면 25세에 결혼한 미국인은 24세에 결혼한 사람에 비해 이혼할 확률이 11퍼센트 낮다고 한다. 그러나 너무 오래 기다려도 문제가 된다. 종교나 교육이나 지리적 위치 같은 요소를 감안한다 해도 32세를 넘겨 결혼하면 이혼할 확률이 적어도 다음 10년 동안 매년 5퍼센트씩 증가한다.

2. 공부가 끝날 때까지 기다려라

공부를 많이 한 상태에서 결혼하면 결혼 생활에 대한 만족도가 높고 이혼율은 낮다. 두 커플의 경우가 있다. 이들은 나이도 인종도 같고, 수입도 비슷하고 교육정도도 비슷하다. 이처럼 비슷한 조건이라도 학교를 마친 뒤에 결혼한 커플은 그렇지 않은 커플에 비해 이혼율이 낮다. 그러니 가능하면 결혼하기 전에 공부할 수 있는 만큼 많이 해두는 것이 좋다.

3. 관계가 성숙할 때까지 기다려라

에머리대학교의 앤드류 프랜시스-탠과 휴고 미알론에 따르면 결혼 전에 적어도 1년 이상 사귄 커플은 좀 더 서둘러 결혼한 사람보다 이혼율이 20퍼센트 낮다고 한다. 3년 이상 사귄 뒤에 주례 앞에 선 커플은 이혼율이 훨씬 더 떨어졌다(프랜시스-탠과 미알론은 또한 결혼식과 결혼반지에 돈을 더 많이 쓸수록 이혼율이 더 높다는 사실도 확인했다).

간단히 말해 인생의 궁극적인 '언제'와 관련된 질문에 답할 때는 낭만주의자보다 과학자의 말을 경청해야 한다. 이 문제에 관한 한 열정보다는 분별력이 중요하다.

미들 포인트:
반전의 기회를 노릴 수 있는 지점

"어떤 이야기를 한창 읽는 중이라면
그것은 전혀 이야기가 아니다. 그저 혼란일 뿐이다.
어두운 포효, 무분별, 깨진 유리와 나무토막의 잔해일 뿐이다."

-마거릿 애트우드의 《그레이스》중에서

곧게 뻗은 탄탄대로만 밟는 사람은 거의 없다. 우리의 삶은 에피소드의 연속이며, 에피소드 하나하나에는 시작과 중간과 끝이 있다. 처음은 기억에 오래 남는 편이다(사랑하는 사람과 처음 데이트했던 날은 기억에 또렷하다). 끝도 역시 두드러진다(조부모나 부모나 아니면 사랑하는 누군가가 세상을 떠났다는 소식을 들었던 때와 장소도 대부분 기억에 선명하다). 그런데 중간은? 중간은 가물가물하다. 중간은 튀어 오르지 않고 뒤로 물러선다. 중간은 중간에 사라진다.

그러나 타이밍의 과학은 중간지점이야말로 우리가 하는 일과 방법에 강력한 영향력을 행사한다고 말한다. 어떤 프로젝트나 학기나 인생의 중간지점에 이르면 관심이 무뎌지며 답보상태에 빠질 때가 있다. 그런가 하면 중간에 새로운 자극을 받아 한층 분발할 때가 있다. 중간지점에 이르면 시들해졌던 의욕이 되살아나 더 나은 미래를 향해 나가야겠다고 다짐하기도 한다.

나는 이 두 가지 효과를 '슬럼프'와 '스파크'라고 부른다. 어느 정도 일을 진척시키다보면 타성에 빠진다. 그것이 슬럼프다. 반대로 새삼스레 의욕이 배가 되는 경우도 있다. 그것은 스파크다. 어떻게 그 차이를 구분하는가? 그리고 어떻게 슬럼프를 스파크로 바꿀 수 있는가? 그 답을 찾기 위해 우리는 유대인들이 어떤 명절에 촛불을 밝히는지 살펴볼 것이며 가장 큰 대학농구 시합장을 방문할 것이다. 그러나 많은 사람들이 신체적으로나 정서적으로나 실존적으로 침체기라고 여기는 곳에서 우리의 탐구를 시작하자. 그 지점은 바로 중년이다.

중년의 위기, U자의 실상

1965년에 자크라는 무명의 캐나다 심리학자가 〈인터내셔널 저널 오브 사이코어낼러시스International Journal of Psychoanalysis〉라는 무명의 잡지에 논문을 한 편 발표했다. 모차르트, 라파엘, 단테, 고갱 등 저명한 예술가들의 전기를 검토한 자크는 예술가들 중 37세에 죽은 사람이 의외로 많다는 사실을 발견했다. 그는 이런 빈약한 사실적 토대 위에 프로이드의 개념을 몇 층 올렸다. 그리고 중앙에 모호한 임상학적 일화의 계단을 턱하니 배치하자 건축적으로 그럴싸한 모습의 이론이 갖추어졌다.

"한 개인의 발달 과정에는 변곡점의 특징을 보이는 중요한 단계, 즉 빠른 변천기가 있다." 그리고 잘 알려져 있지는 않지만 가장 중요한 이런 단계는 35세를 전후해서 나타난다고 그는 말했다. "그것을 나는 중년의 위기라고 부르겠다."

쿵!

이 아이디어는 파괴력이 대단했다. '중년의 위기'라는 문구는 삽시간에 잡지 표지들을 도배했다. TV 대담 프로에도 '중년의 위기'라는 표현은 여기저기서 사정없이 마구 등장했다. 이후 적어도 20년 동안 이 말은 패널이 등장하는 공개토론과 할리우드 영화의 단골 소재가 되었다.

"중년의 단계에서 가장 두드러지는 특징은 누구든 죽음을 피하지 못한다는 사실이다." 자크는 그렇게 말했다. 삶의 중간지점에 이르렀을 때, 사람들은 갑자기 저 먼 곳에 있을 것 같은 저승사자를 염탐한다. 그러면 봉인되었던 '불안하고 우울한 신경쇠약의 시기'가 튀어나온다. 죽음의 망령이 어른거리는 것을 느끼면 중년의 남녀들은 그것을 피할 수 없다는 사실에 허탈해하거나 그를 아예 외면하기 위해 경로를 급히 수정한다. 이런 심리 상태 때문에 중년의 위기라는 말은 놀라운 속도로 세계인의 대화에 자연스레 끼어들었다.

이 말은 지금도 여전히 사용된다. 이 문화적 상투어가 그려내는 이미지는 그 어느 때보다 생생하다. 이 말은 현대판으로 업데이트되었지만 우리는 중년의 위기라는 용어가 무엇을 뜻하는지 잘 안다. 엄마는 충동석으로 체리 빛 미세라티를 뽑아(중년의 위기를 맞은 사람들의 차는 늘 붉은색 계통이고 스포티하다) 25살짜리 조수와 어딘가로 사라져버린다. 아빠는 팔라우에 채식 카페를 연다는 핑계로 수영장을 청소하는 아르바이트생과 사라진다. 자크 이후로 반세기 동안 그가 던진 개념적 수류탄의 파편은 사방으로 튀었고 중년의 위기는 곳곳에서 생채기를 냈다. 증거만 없을 뿐 그 위기는 어디에나 도사리고 있었다.

발달심리학자들은 실험실과 현장에서 그 증거를 찾았지만 대부분 빈손을 털고 일어섰다. 여론조사자들이 중년의 위기에 대한 의견을 조사했을 때에도 예상했던 넋두리는 찾아보기 힘들었다. 대신 지난 10년 동안 조사자들은 보다 차분한 중년의 패턴을 탐지했다. 그 패턴은 특이할 정도로 전 세계 곳곳에서 일관되게 나타났고, 모든 종류의 중간지점에 대해 더욱 폭넓은 진실을 보여주었다.

예를 들어 노벨상 수상자인 경제학자 앵거스 디턴을 비롯한 사회학자 4명은 2010년에 〈연령 분포에 따른 미국인의 행복도에 관한 단상〉이라는 논문을 발표했다. 그의 팀은 23만 명의 대상자에게 0부터 10까지의 난간으로 된 사다리에서 자신의 위치가 어디쯤 왔을 것 같냐고 질문했다. 10이면 생각할 수 있는 가장 멋진 생활을 누리는 것이고 0은 최악의 상황을 의미했다. 그들은 지금 어디에 위치하고 있을까? 소득과 인구학

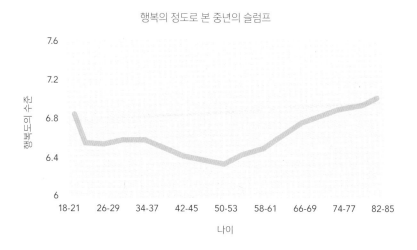

행복의 정도로 본 중년의 슬럼프

적 요소를 감안했음에도 결과는 도표에서 보듯 얕은 U자 모양을 그렸다. 20대와 30대는 당연히 행복했고, 40대와 50대 초반에는 느끼는 행복도가 조금 떨어졌지만 55세 이후로는 다시 행복하다고 느꼈고 시간이 갈수록 그 느낌은 더욱 강해졌다. 중년에도 행복도는 삶을 바꿀 만큼 절망적이지 않았다. 그저 살짝 내려앉았을 뿐이었다.

심각한 위기가 아니라 가벼운 슬럼프로 나타나는 이런 행복의 U자 곡선은 매우 견고한 증거를 바탕으로 한 연구 결과다. 이보다 조금 앞선 시기에 경제학자 데이비드 블랜치플라워와 앤드류 오스왈드는 미국인과 유럽인 50만 명을 대상으로 조사한 연구에서 삶의 중간기에는 일관되게 행복도가 떨어진다는 사실을 밝혀냈다. "이런 규칙적인 패턴은 흥미롭다." 그들은 그렇게 말한다. "U자 모양은 남성이나 여성이 모두 비슷하다. 그리고 대서양 이쪽과 저쪽도 비슷하다." 블랜치플라워와 오스왈드는 내친 김에 전 세계의 자료를 분석했다. 알파벳순으로 알바니아와 아르헨티나부터 우즈베키스탄과 짐바브웨에 이르기까지 그들은 총 72개국에서 행복이나 삶의 만족도에서 통계적으로 의미 있는 U자형을 발견했다.

사회경제학적 환경, 인구학적 환경, 생활환경 등 놀라울 정도로 다방면에 걸쳐 많은 연구가 이루어졌지만 결론은 늘 같았다. 막 성인이 된 초기에는 행복 지수가 올라가지만 30대 후반과 40대 초반에는 내리막길에 들어서 50대에 최저점에 이른다는 사실이다. 블랜치플라워와 오스왈드는 '미국 남성들이 느끼는 주관적 행복도는 대략 52.9세에 바닥을 친다'라고 조사했다. 바닥을 친다고 했지만 그들은 이런 슬럼프를 빠르게 극복하기도 한다. 그리고 그 이후로 느끼는 행복감은 젊었던 시절의 행복감을 초과하는 경우가 많다. 엘리엇 자크는 선로는 옳게 찾았지만 열차를 잘못 골라 탄 것이다. 실제로 중년에는 어떤 일이 벌어지지만, 실제로 나타난 증거는 그가 생각했던 것만큼 대수롭지 않았다.

그러나 왜 그럴까? 왜 중간기에는 힘이 빠질까? 기대한 만큼 이루지 못한 것에 대한 실망 때문일 수도 있다. 물정 몰랐던 20대와 30대에는 희망이 터무니없이 컸고 시나리오는 장밋빛이었다. 그러다 지붕에서 물이 새듯 현실이 한 방울씩 떨어지기 시작한다. CEO 자리까지 올라가는 사람은 결국 한 명뿐이다. 그리고 그것은 내가 아닐 확률이 크다. 게다가 몇몇 결혼은 실패로 끝나기도 한다. 안타깝지만 나 또한 그 중 하나다. 쌓인 가계부채를 거의 감당할 수 없을 지경이 되고 나면 프리미어리그 팀을 소유하겠다는 터무니없는 꿈을 가졌던 시절이 참으로 아득해 보인다. 하지만 그렇게 지하실에 머무는 시간은 오래 가지 않는다. 시간이 흐르면서 포부를 다시 고쳐 잡다 보면 인생이 꽤 살 만하다는 것을 뒤늦게 깨닫는다. 간단히 말해 중반에 잠깐 처졌던 이유는 예측을 잘못했기 때문이다. 젊었을 때는 앞날에 대한 기대가 너무 높고, 노년에는 기대가 너무 낮다.

그러나 또 다른 설명도 가능하다. 2012년에 다섯 명의 과학자들은 3개국의 동물원 사육사와 동물 전문가에게 그들이 집단적으로 관리하고 있는 500마리 이상의 대형 영장류들을 더 잘 이해할 수 있는 방법을 알려달라고 요청했다. 침팬지나 오랑우탄 같은 영장류들은 갓 태어난 녀석부터 늙은 축들까지 종도 연령 분포도 다양했다. 조사자들은 영장류들의 행동 양식이 궁금했다. 그래서 과학자들은 그들에게 영장류들의 기분과 그들

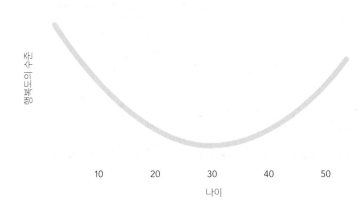

영장류의 행복도 중반에는 슬럼프를 겪는다.

이 느끼는 행복의 정도에 대해 등급을 매겨달라고 부탁했다(웃지 마시라. 조사자들은 그들이 제시한 설문지가 '갇혀있는 영장류들의 긍정적 정서를 평가할 수 있는 아주 확실한 방법'이라고 주장했다). 그런 다음 그들은 그 행복의 정도를 영장류들의 나이와 대조했다. 그 결과는 도표에서 보는 바와 같다.

이 도표를 보면 흥미로운 단서가 보이는 것 같다. 중간지점의 슬럼프는 사회적인 것이 아니라 생물학적인 것이었을까? 그렇다면 환경에 대한 유연한 반응이 아니라 어찌할 도리가 없는 자연의 힘이었던 것일까?

하누카 의례, 대충 넘어가는 성향

전통적인 유대교 명절인 하누카Hanukkah 때 사용하는 촛대 상자에는 탈무드에 명시된 대로 초가 44개 들어있다. 하누카는 8일 동안 지속되며 이 명절을 기념하는 유대인들은 메노라menorah라는 촛대에 불을 밝힘으로써 매일 저녁 지켜야 할 계율을 되새긴다. 의식을 행하는 사람들은 첫째 날 밤에는 초 한 개에 불을 붙이고 둘째 날 밤에는 초 두 개에 불을 붙이는 식으로 계속 초를 늘려간다. 제사를 드리는 사람은 보조 역할을 하는 초로 다른 촛대의 불을 밝히기 때문에, 첫날밤에는 두 개의 초를 사용하고, 둘째 날에는 초를 세 개 사용하며 8일째 밤에는 초를 9개 사용한다. 이를 모두 합하면 44개다.

$$2 + 3 + 4 + 5 + 6 + 7 + 8 + 9 = 44$$

명절이 끝나면 상자는 비워진다. 그러나 막상 하누카 제사가 끝났을 때 보통 상자 안에는 초가 몇 자루 남는다. 전 세계 어느 유대인 가정이든 이 점은 비슷하다.

어찌 된 일일까?

다이앤 메타가 그 미스터리를 설명한다. 소설가이자 시인인 메타는 뉴욕에 산다. 그녀의 어머니는 브루클린 출신의 유대인이고, 그녀의 아버지는 인도 출신의 자이나교도이다. 그녀는 뉴저지에서 자랐는데 그곳에서도 그녀는 하누카를 꼬박 지켜 정성스레 촛불을 켰다. 그녀는 아들을 낳았고, 어린 아들 역시 촛불을 밝히는 행사를 좋아했다. 그러나 시간이 흘렀고 그 사이에 직장도 바뀌고 이혼도 하는 등 삶의 우여곡절을 겪다 보니 어느덧 촛불을 켜는 일도 예전처럼 꼬박 지켜지지가 않았다. "첫날은 재미있죠." 그녀는 내게 그렇게 말했다. "그러나 며칠 하다 보면 시들해져요." 아들도 그녀가 아닌 아빠와 함께 있을 때는 초를 켜지 않았다.

그러나 때로 명절이 끝나갈 때쯤 "아직 하누카가 끝나지 않았고 그래서 초를 다시 켜야겠다는 생각이 들어요. 그래서 아들에게 말합니다. '오늘이 마지막 밤이니까 초를 켜야지?'"

메타는 종종 열정을 갖고 하누카를 시작해서 다시 한 번 마음을 다잡으며 끝을 맺지만, 중간은 쉽게 흐지부지하고 만다. 셋째, 넷째, 다섯째, 여섯째 밤에는 촛불 의식을 소홀히 하게 되니 상자의 초는 남을 수밖에 없다. 비단 그녀만 그런 것이 아니다.

마페리마 투르-티예리와 에일릿 피시바흐는 사람들이 목표를 정한 다음 어떻게 초심을 고수하는지 연구한 사회학자다. 몇 해 전 두 사람은 하누카 의식을 보고 이상적인 연구감이라고 생각했다. 그들은 명절을 지키는 유대인을 200명 넘게 추적하여 그들이 촛불을 켰는지 그리고 얼마나 꾸준히 켰는지를 조사했다. 8일 밤의 자료를 수집한 그들은 다음과 같은 사실을 확인했다.

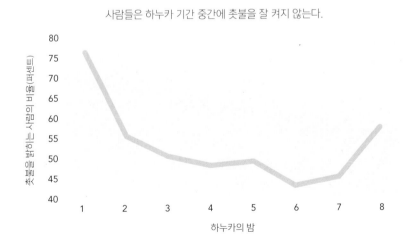

사람들은 하누카 기간 중간에 촛불을 잘 켜지 않는다.

첫날밤에 촛불을 켠 사람은 전체의 76퍼센트였다. 둘째 날 밤에 그 비율은 55퍼센트로 떨어졌다. 그리고 그 이후에도 계속 촛불을 켠 사람은 절반이 안 됐다. 그러나 8일째 밤에는 다시 50퍼센트를 넘겼다.

하누카 제사를 살펴본 조사팀은 결론지었다. "관례를 준수하는 비율은 U자형 패턴을 따른다."

그러나 이런 슬럼프는 쉽게 설명할 수 있을 것 같다. 신앙이 독실하지 못한 사람들이 중간에 촛불을 켜지 않는 바람에 평균 수치가 떨어졌을 것이다. 투르-티예리와 피시바흐는 그럴 가능성을 검증했다. 하지만 막상 조사해보니 U자형 패턴은 신앙이 독실한 사람들 쪽에서 더욱 두드러졌다. 첫날과 8일째 밤에 촛불을 켠 사람은 신앙이 독실한 쪽이 그렇지 않은 쪽보다 훨씬 더 많았다. 그러나 하누카 중간에 그들이 촛불을 켜는 횟수는 신앙이 독실하지 못한 사람들과 별 차이가 없었다.

조사팀은 이를 '시그널링signaling' 탓이라고 추측했다. 우리는 다른 사람들에게 좋은 인상을 주고 싶어 한다. 그리고 하누카 촛불 의례는 누군가가 지켜보는 가운데 치러지는 경우가 많기 때문에 그 의례는 자신의 종교적 덕목을 드러내는 하나의 신호가 된다. 그러나 명절을 지키는 사람들은 그것을 가장 잘 드러내는 신호가 첫날과 마지막 날의 신호라고 생각했다. 중간은 처음이나 끝만큼 중요하게 생각하지 않았다. 조사팀의 추측이 맞은 것이다. 투르-티예리와 피시바흐는 이어진 실험에서 세 명의 가상 인물을 설정한 다음 그들이 언제 촛불을 켜는지를 토대로 그들의 신앙을 평가해달라고 참가자들에게 요청했다. 첫날과 마지막 날 밤에 촛불을 밝히지 않은 사람들은 닷새째 밤에 의식을 건너뛴 사람보다 신앙이 약한 것으로 참가자들은 생각했다.

중간쯤 되면 우리는 스스로 정한 기준을 잘 지키지 않는다. 아마도 우리에 대한 사람들의 평가가 관대한 편이기 때문일 것이다. 마지막 실험에서도 알 수 있듯이 모호해 보이지만 사실 분명한 이유 때문에 중간지점은 대부분 대충 건너뛴다. 투르-티예리와 피시바흐는 또한 청소년들을 대상으로 어린 시절 이후로 많이 해보지 않은 종이오리기 연습을 얼마나 잘하는지 측정해보았다. 그들은 참가자들에게 카드를 5장씩 주었다. 각각의 카드에는 그림이 있었다. 그림은 모두 같지만 회전시키면 각 카드의 반쪽 그림이 다른 쪽과 같아지는 그림이었다. 그들은 참가자들에게 가위를 주고 그들에게 그림들을 가능하면 정확하게 오려내라고 요구했다. 그런 다음 조사자들은 오려낸 그림을 이 실험과 관계가 없는 실험실 직원에 제시하고 오려낸 정확도를 1에서 10까지의 점수로 평가하도록 했다.

결과는 어떻게 나왔을까? 첫 카드와 마지막 카드는 정확도가 높았지

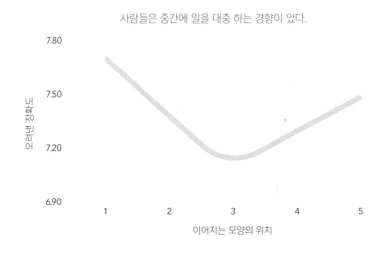

사람들은 중간에 일을 대충 하는 경향이 있다.

만 중간은 그만큼 꼼꼼하게 오려내지 못했다. 수행 기준의 영역에서, 우리는 참가자들이 시작과 끝보다 중간에 대충하는 경향이 있다는 사실을 발견했다.

중간에는 뭔가에 홀리는 것 같다. 그것은 개인의 선택이라기보다 알 수 없는 힘의 작용인 것 같다. 종형 곡선이 하나의 자연적 질서를 드러내듯, U자형 역시 또 다른 자연적 질서를 보여준다. 이런 현상을 없앨 수는 없다. 그러나 천둥 번개나 중력이나 칼로리를 소비하려는 인간의 본능같은 자연적 힘이 공통적으로 그렇듯, 그런 힘이 우리에게 손해를 끼칠 때 조금이나마 그 힘의 일부를 회복시킬 수 있다. 첫 단계는 현상을 인식하는 것이다. 중간에 처지는 현상을 피할 수 없겠지만, 그런 사실을 알기만 해도 고통은 조금 줄어든다. 슬럼프가 영원하지 않다는 사실을 알기 때문이다. 처음 세웠던 기준이 중간에 흐지부지된다는 사실을 알면, 그것만으로도 결과를 조율할 수 있다. 생물학적 속성이나 자연적 힘을 어떻게 할 수는 없지만, 그로 인한 결과에는 어느 정도 대비할 수 있다.

그러나 우리에게는 또 다른 선택이 있다. 생물학을 조금만 이용하면 이런 문제와 맞붙어볼 수 있다.

'어이쿠' 효과, 팀의 변화를 주는 타이밍

훌륭한 과학자들은 별것도 아닌 생각을 대단한 아이디어로 발전시키는 재주를 지녔다. 닐스 엘드리지와 스티븐 제이 굴드가 그랬다. 1970년대에 두 사람은 고생물학을 연구하는 젊은 학자였다. 엘드리지는 3억 년 전에 살았던 삼엽충을 연구했고, 굴드는 카리브 달팽이의 두 변종에 각별한 관심을 가졌다. 그러다 1972년에 두 사람은 대수롭지 않은 과제로 손을 잡았다. 그리고 그렇게 시작된 연구는 예상 밖의 엄청난 성과를 거두었다.

당시 생물학자들은 대부분 종이 서서히 점진적으로 진화한다는 '계통점진설phyletic gradualism'을 받아들이고 있었다. 그들은 진화가 수백만 년에 걸쳐 점진적으로 진행되는 과정이라고 생각했다. 대자연Mother Nature은 시간의 할아버지Father Time와 꾸준히 교류한다. 그러나 엘드리지와 굴드는 그들이 연구하고 있던 절지동물과 연체동물의 화석기록에서 뭔가 다른 단서를 보았다. 종의 진화 속도는 달팽이만큼이나 느리다. 그러나 어느 순간 그것은 폭발한다. 종은 오랫동안 정체 상태로 지내다 갑작스레 변신하는 시기를 맞는다. 이후 모습을 달리한 종은 또 한 번의 긴 세월 동안 안정 상태를 유지한다. 그 상태를 계속 유지하는 것은 또 다른 폭발로 경로가 수정될 때까지만이다. 엘드리지와 굴드는 이런 새로운 이론을 '단속평형punctuated equilibrium'이라 불렀다. 진화의 경로는 부드러운 상승곡선이 아니었다. 실제의 궤적은 비연속적으로, 어설픈 안정기가 빠른 변화의 폭발 때문에 끊어지곤 하는 단속의 연속이었다. 엘드리지와 굴드 이론은 그 자체가 단속적 평형상태의 표본이어서, 진화론적 생물학 역시 그들의 이론으로 예전의 무기력했던 기간을 갑자기 끝내고 폭발적인 활기를 되찾았다가 대안적 경로로 그 진로를 수정했다.

10년 뒤에 코니 거식이라는 학자가 자연서식지(회의실)에 있는 또 다른 유기체(인간)를 연구하기 시작했다. 그녀는 새로운 계좌를 개발해내는 은행의 태스크포스Task Force 팀, 1일 요양을 계획하는 병원 행정관, 새로운 전산학 연구소를 기획하는 대학 교수진과 행정가 등 여러 프로젝트에서 일하는 소집단의 업무 추진 과정을 첫 회의부터 최종시한에 이르기까지 추적했다. 경영이론가들은 프로젝트를 맡은 팀이 여러 단계를 거치며 일을 서서히 진행시킨다고 생각했다. 거식은 모든 회의를 녹화하고 사람들의 발언 내용을 모두 녹취하면 보다 정밀한 방법으로 이들의 일관된 팀 프로세스를 이해할 수 있다고 생각했다.

하지만 그녀가 발견해낸 것은 비일관성이었다. 팀들은 흔히들 아는 단계를 통해 꾸준히 일을 진척시키지 않았다. 그들은 아주 다양하고 특이한 방식으로 일을 끝냈다. 병원 팀은 은행 팀과 다른 방식으로 프로젝트를 개발하여 진행시켰고, 은행 팀은 컴퓨터과학 팀과 다른 경로로 일을 추진했다. 그러나 모든 것이 제각각이었어도 한 가지 공통된 섬은 '팀을 형성하고 유지하고 변화를 주는 타이밍'이었다.

각 집단은 처음에 지지부진한 단계에서 오랜 시간을 보냈다. 팀원들은 각자 서로의 특징을 파악하는 단계를 거치지만 팀으로는 별다른 성과를 올리지 못했다. 그들은 아이디어를 서로 교환하지만 앞으로 나가지는 못했다. 시계는 째깍거리고 날짜는 하루하루 흘러갔다.

그러다 갑작스런 변화가 찾아왔다. 폭발력이 집중되는 과정에서 집단들은 낡은 패턴을 던져버리고 관리자들과 다시 머리를 맞대고 새로운 전망을 채택해서 극적인 진전을 이루었다. 초기의 지지부진한 단계를 거친 후, 그들은 새로운 열의에 불타 확고한 의지를 다지고 계획을 실행에 옮기며 최종 단계를 향해 돌진했다. 이런 과정을 지켜보면서 폭발 그 자체

보다 더 흥미로웠던 것은 그런 확고한 단계에 이르는 타이밍이었다. 각 팀에 주어진 시간이 어느 정도이든 상관없이, 각 집단은 일정표 상으로 같은 지점에서 이런 전환기를 겪었다. 그것은 첫 회의와 공식적 최종일 사이의 정확히 중간에 해당되는 지점이었다.

은행 팀은 새로운 계좌를 고안해야 하는 과제에서 총 34일의 일정 중 17일째에 비약적인 성과를 올렸다. 병원 행정팀은 할당된 12주 중 6주째에 새롭고 보다 생산성이 높은 쪽으로 방향을 선회했다. 모든 팀들이 다 그런 식이었다. 각 팀들은 과제에 착수한 시점과 그것을 완수한 시점의 중간지점에 도달했을 때 비약적인 변화를 겪었다. 집단들은 꾸준하고 일정한 속도로 목표를 향해 나가지는 않았다. 오히려 그들은 많은 시간을 아무런 성과를 올리지 못한 채 흘려보내다 '시간적으로 중간지점'에 이르렀을 때 갑작스레 활기를 되찾아 돌파구를 모색했다.

그런 결과는 거식도 예기치 못한 것이었고 또 그때까지 사람들이 일반적으로 생각했던 견해와 너무도 달랐기 때문에, 그녀는 이런 현상을 규명하기 위해 새로운 방법을 시도했다. "내가 찾아낸 사실을 해석하기 위한 패러다임은 자연사 분야에서 나온 비교적 새로운 개념인 '단속적 평형이론Punctuated equilibrium theory'과 비슷한 것으로, 아직까지는 집단에 적용해본 적이 없는 이론이었다." 그녀는 그렇게 밝혔다. 팀을 이루어 일을 하는 인간들은 삼엽충이나 달팽이처럼 점진적으로 진화하지 않았다. 그들은 장기간 무력하게 시간을 보내다 갑자기 활력이 폭발하는 시기를 맞이했다. 수백만 년에 걸친 진화과정이 아니라 작업의 시간 지평이 몇 달로 제한된 인간의 경우에도 점진적 발전이 아닌, 무력한 중간지점을 거쳐 에너지가 급상승하는 패턴을 보였다.

거식은 11일 동안 하나의 사례를 분석하여 리포트를 제출하라는 과제를 받은 경영학과 학생 그룹을 연구했다. 처음에 팀원들은 의견을 교환하고 언쟁을 벌이면서 남의 충고를 듣지 않았다. 그러나 주어진 기간에서 정확히 중간지점인 6일째가 되었을 때, 타이밍 문제가 그들의 대화에 끼어들었다. "이제 시간이 얼마 없어." 팀원 중 한 명이 그렇게 말했다. 그 말이 떨어지기 무섭게 그들은 비타협적이고 비생산적이었던 방식을 버리고 목표에 조금이라도 다가가기 위한 새로운 전략을 만들어냈다. 꼭 이들이 아니더라도 그녀가 조사한 팀들은 중간지점에서 예외 없이 '새로운 절박함'을 느꼈다.

그것을 '어이쿠 효과 uh-oh effect'라고 부르자. 중간지점에 다다를 때쯤이면 슬럼프에 빠지기도 하고 비약하기도 한다. 머릿속의 사이렌 소리는 시간의 절반을 허비했다고 경고한다. 그 경고는 필요한 만큼의 스트레스를 주입한다. '어이쿠, 시간이 얼마 남지 않았네!' 그 스트레스 덕분에 우리는 의욕을 되살리고 전략을 수정한다.

거식은 이어진 연구에서도 이런 어이쿠 효과의 위력을 재확인했다. 그녀는 MBA 과정에 있는 학생 8개 팀에게 어떤 디자인 브리핑을 15∼20분 정도 읽은 다음 1시간 안에 라디오 광고를 만들어보라고 요구했다. 그리고 첫 실험 때처럼 그들의 의견 교환 과정을 녹화하고 대화를 녹취했다. 각 집단은 1시간 프로젝트 중 28분과 31분 사이에 "어이쿠"라는 말을 내뱉었다("어이쿠, 벌써 절반이 지나갔네. 우리 '정말' 야단났다." 등의 호들갑과 함께). 그리고 8개의 팀 중 6개 팀이 '집약적인 중간 폭발기'에 의미 있는 진전을 이루었다.

거식은 장기간에 걸친 실험을 통해 이와 같은 역동성을 확인할 수 있었다. 거식은 그녀가 M-테크라고 칭한 벤처캐피탈이 투자한 한 신생 기업을 1년 동안 추적했다. M-테크는 정해진 기간에 업무를 완수해야 하는 작은 프로젝트팀을 운영하고 있었다. 그녀가 확인한 바에 따르면 M-테크는 보다 세련되고 신중한 차원에서 프로젝트 팀이 보여주는 일정한 단속 패턴을 많이 보여주었다. 즉 M-테크의 CEO는 달력의 중간지점인 7월에 회사의 모든 중요한 계획을 짜고 평가 모임을 갖고 그가 알게 된 정보를 활용하여 M-테크의 후반기 전략을 수정했다.

"집단의 중간전환점처럼 한 해의 중간전환점은 M-테크의 연혁에 의미 있는 변곡점이 되었다. 이런 분기점은 진행 중인 정책과 전략을 중단시키고 기업의 진로를 평가하고 수정할 기회를 경영진에게 부여했다."

이미 살펴보았듯이 중간지점은 이중 효과를 갖는다. 어떤 경우에 그것은 의욕을 분산시키기도 하고 또 어떤 경우에는 활성화시키기도 한다. 무심결에 "안 돼" 소리가 나오게 만들어 한 발 물러서게 하는가 하면, "어이쿠" 하면서 다시 정신을 차리게도 만든다. 어떤 상황에서 중간지점은 팀을 슬럼프에 빠뜨리기도 하고 또 어떤 상황에서는 스파크를 일으키기도 한다.

중간지점은 심리적 알람시계다. 알람이 계속 시끄럽게 울려 자리에서 벌떡 일어나게 한 때만 중간지점은 효과가 있다. 그러나 중간지점에서 가장 확실한 동기를 유발하는 알람은 약간 늦게 뛰고 있을 때 울리는 알람이다.

1981년 가을, 자메이카 킹스턴 출신의 19살짜리 대학 신입생이 매사추세츠 케임브리지를 거쳐 워싱턴 D.C.의 조지타운대학교에 들어갔다. 패트릭 유잉은 보통 1학년과 달랐다. 그는 키가 컸다. 남들보다 훨씬 삐쭉하니 기록적으로 큰 키였다. 그리고 그는 또한 단거리선수 뺨치는 순발력까지 갖추고 있었다.

사실 유잉이 조지타운대학교에 온 것은 이 학교 농구팀을 전국 최강자로 만들려는 존 톰슨 감독의 야심 때문이었다. 유잉은 첫날부터 코트의 분위기를 바꿔놓았다. '움직이는 거인'이라고 〈뉴욕타임스〉는 그렇게 표현했다. '두고두고 기억에 남을 센터'라고 평한 신문도 있었다. '인간 팩맨PAC-MAN'처럼 상대 공격수를 먹어치우는 '2미터 15비터의 괴물 아이'는 〈스포츠일러스트레이티드Sports Illustrated〉가 내지른 비명이었다. 유잉은 순식간에 조지타운을 최강팀으로 만들었다. 그가 1학년 때 조지타운 호야스는 30승을 거둬 개교 이래 1시즌 최다승 신기록을 세웠다. 조지타운은 39년 만에 처음으로 전국대학체육협회National Collegiate Athletic Association : NCAA의 4강에 안착했다. 여세를 몰아 준결승까지 따낸 그들은 드디어 결승전에 올랐다.*

1982년 NCAA 결승전에서 조지타운의 상대는 노스캐롤라이나대학교의 타힐스팀으로 딘 스미스 감독과 미국을 대표하는 포워드 제임스 워디

---

* 유잉이 조지타운에서 4시즌을 뛰는 동안 호야스는 NCAA 결승전에 3번 진출했다.

가 이끌고 있었다. 딘 스미스는 존경받는 감독이지만 승운은 없었다. 그는 21년째 타힐스를 이끌면서 팀을 여섯 번 결승전에 올려놓았다. 농구에 유달리 극성인 노스캐롤라이나 주민들에겐 실망스러운 일이지만, 그는 한 번도 전국 타이틀을 따내지 못했다. 토너먼트 게임 때마다 상대편 팬들은 "꺼져, 딘, 꺼져버려"라고 함성을 지르며 야유를 보냈다.

3월 마지막 날 밤 월요일에 스미스의 타힐스와 톰슨의 호야스는 6만 1,000명의 관중이 지켜보는 가운데 루이지애나 슈퍼돔에서 격돌했다. 서반구에서 벌어진 경기에 모인 관중으로는 최다였다. 유잉은 시작부터 상대를 위협했지만 페어플레이만 할 수는 없었다. 노스캐롤라이나의 첫 4득점은 유잉의 골텐딩 반칙 휘슬로 얻은 것이었다(유잉은 바스켓에 들어가는 공을 쳐내는 반칙을 범했다. 그 정도 키의 선수만이 할 수 있는 행위였다). 노스캐롤라이나는 사실 첫 8분 동안 링 안으로 공을 보내지 못했다. 유잉은 슛을 막고 자유투를 성공시키며 혼자 23점을 얻었다. 전반전 40초를 남겨둔 상태에서 유잉은 속공으로 25미터를 치고 들어가 백보드가 휘청거릴 정도로 강한 덩크슛을 날렸다. 그러나 노스캐롤라이나도 만만치 않았다. 하프타임 버저가 울렸을 때 조지타운은 한 점차인 32 대 31로 앞서고 있었다. 좋은 징조였다. 이전까지 43번의 NCAA 결승에서는 전반전을 앞선 팀이 34번 우승했다. 80퍼센트의 승률이었다. 정규 시즌에서 조지타운도 전반전을 앞섰던 27번의 경기에서 26번을 승리로 끝냈다.

스포츠에서 하프타임은 또 다른 종류의 중간지점으로, 모든 활동을 중단하고 전열을 재정비하는 특별한 순간이다. 그리고 스포츠의 하프타임은 인생이나 프로젝트의 하프타임과 달라 한 가지 중요한 특징을 갖는다. 중간지점에서 뒤진 팀은 매우 가혹한 수학적 현실과 마주해야 한다는 점이다. 상대팀이 점수를 더 많이 얻었다. 그 말은 후반전에 그들과 똑같이 점수를 내봐야 질 수밖에 없다는 뜻이다. 뒤진 팀은 이제 상대팀보다 점수를 더 많이 얻어야 할 뿐 아니라 뒤처진 점수 이상을 얻어야 한다. 어느 스포츠이든 전반전을 리드당한 상태로 마친 팀은 그 경기의 승좌를 내줄 확률이 더 높다. 이것은 개인적인 의욕의 한계와 별 상관이 없는 문제다. 오로지 냉혹한 확률의 문제일 뿐이다.

그러나 예외가 있다. 의욕이 수학을 압도할 가능성이 높은 특수한 환경에서는 다른 결과가 나올 수 있다.

펜실베이니아대학교의 조나 버거와 시카고대학교의 데빈 폽은 15년 동안 치러진 NBA 경기를 분석했다. 경기 수만 1만 8,000번이 넘었다. 그들은 특히 하프타임의 스코어에 주목했다. 하프타임에 앞서고 있던 팀이 결국 그 경기를 이겼다면 전혀 이상한 일이 아니다. 예를 들어 하프타임에 6점을 리드하고 있으면 그 경기를 이길 확률은 80퍼센트였다. 그러나 버거와 폽은 이 규칙에 예외가 있다는 사실을 발견했다. 단 1점을 뒤진 상태에서 전반을 끝냈을 경우에는 지고 있던 팀이 마지막에 승리할 확률이 더 높았던 것이다. 다시 말해 하프타임에 한 점 차로 뒤진 팀은 한 점 앞선 팀보다 더 유리했다. 특히 하프타임에서 홈팀이 1점 뒤졌을 경우에는 이기는 확률이 58퍼센트를 넘어갔다. 실제로 하프타임에 1점차로 끌려가면 이상하게도 2점 앞선 것과 동등한 결과가 나왔다.

이상하다고 생각한 버거와 폽은 NCCA로 눈을 돌려 10년 동안 대학농구팀들이 치른 4만 6,000회에 가까운 경기를 조사했다. 결과는 같았다.

'(하프타임에) 약간 뒤지면 이길 확률이 크게 올라간다.' 그들은 그렇게 썼다. 그리고 득점 유형을 좀 더 세밀하게 분석한 그들은 끌려가던 팀이 하프타임 휴식 직후에 이상할 정도로 많은 득점을 올린다는 사실을 알아냈다. 그들은 후반전 휘슬이 울리는 순간부터 거세게 치고 나갔다.

방대한 분량의 스포츠 데이터는 어느 정도 상관관계를 드러내지만, 그 원인에 관해 명확한 답을 알려주는 것은 아니다. 그래서 버거와 폼은 직장인들을 상대로 몇 가지 간단한 실험을 해봤다. 그들은 피실험자들을 모아 다른 방에 있는 사람과 컴퓨터 자판을 빠르게 입력하는 타자 시합을 벌이도록 했다. 상대방보다 더 높은 점수를 얻으면 상으로 현금을 주었다. 게임은 짧게 전반과 후반으로 나누어 시행했고 중간에 휴식시간을 두었다. 그리고 휴식시간에 실험자들은 피실험자들에게 서로 다른 정보를 주었다. 그들은 몇몇 사람에게는 상대방보다 많이 뒤처졌다고 말하고, 또 몇몇 사람에겐 조금 뒤처졌다고 말하고, 또 몇몇에겐 점수가 같다고 말하고, 몇몇 사람에겐 조금 앞서있다고 말했다.

결과는? 세 팀은 전반전과 비슷한 점수를 냈지만 한 팀은 유달리 좋은 성적을 올렸다. 자신이 조금 뒤처졌다고 생각한 사람들이었다. '약간 뒤처졌다는 말을 들은 사람들은 후반에 크게 분발했다'라고 버거와 폼은 그렇게 기록했다.

1982년 결승전 후반에 노스캐롤라이나 타힐스는 맹렬한 속공과 밀십 방어로 작전을 바꿨다. 4분이 채 안되어 타힐스는 뒤진 점수를 만회하고 3점 리드를 잡았다. 그러나 조지타운 호야스와 유잉은 반격을 시작했고 게임은 마지막 순간까지 엎치락뒤치락하기를 반복했다. 32초 남았을 때

호야스는 62 대 61로 앞서 있었다. 타힐스의 딘 스미스는 타임아웃을 불렀다. 타힐스는 공을 코트 안으로 던졌고 일곱 번의 패스 끝에 골밑 근처까지 갔다. 그러나 그들은 공을 다시 외곽으로 패스했고 그곳에서 공을받은 무명의 신인 가드가 5미터 점프슛을 성공시키면서 역전에 성공했다. 몇 초밖에 남지 않은 상황에서 호야스는 허둥댔다. 종료를 알리는 버저가 울렸고 하프타임에 1점 뒤졌던 노스캐롤라이나는 한점 차이로 챔피언에 등극했다.

1982년 NCAA 챔피언 결정전은 농구 역사에 전설로 남았다. 딘 스미스와 존 톰슨과 제임스 워디는 네이스미스 농구 명예의 전당에 헌액된 350명의 선수와 감독과 그 밖의 농구사의 걸출한 인물의 대열에 합류했다. 그리고 결승에서의 우승을 성공시킨 무명의 신인 마이클 조던은 이후 화려한 농구 역사를 자신의 손으로 직접 써나갔다.

중간지점의 심리학에 각별한 관심을 갖고 있는 우리들에게 가장 중요한 순간은 1점 뒤진 상태에서 타임아웃을 부른 스미스 감독이 선수들에게 이 말을 했을 때일 것이다. "지금 아주 좋아. 나라면 저쪽보다 우리 쪽에 걸겠어. 우리는 정확히 우리가 있었으면 하는 자리에 지금 있는 거야."

중간 지점에서 일어난 상황은 인생의 팩트이자 자연의 힘이다. 그러나 중간 정산에 대한 결과를 부동의 현실로 받아들이지 않는다. 슬럼프를 스파크로 바꿀 수 있다는 전망은 3단계로 구성된다.

첫째, 중간지점을 알아야 한다. 못 보고 지나치는 일이 없어야 한다.

둘째, 중간지점을 "안 돼"라고 체념하기보다 "어이쿠" 하며 정신 차리는 계기로 삼아라.

셋째, 중간지점에 이르면 뒤처졌다고 생각하라. 딱 1점만. 그러면 스파크가 번쩍이고 전국 챔피언이 될 수 있을 것이다.

중간 슬럼프에서 다시 의욕을 불태우는 5가지 방법

프로젝트의 중간지점에 이르러 어이쿠 효과가 잘 듣지 않을 때 슬럼프를 빠져나오는 아주 간단하고 확실한 방법이 있다.

1. 중간 목표를 정하라

의욕을 다시 불태우기 위해서는 프로젝트를 통째로 다루지 말고 작은 단계로 쪼개야 한다. 체중을 줄이거나 달리기를 하거나 공짜 티켓을 받기 위해 마일리지를 모으는 과정을 분석한 어떤 연구에 따르면 사람들의 의욕은 처음과 마지막에 강하지만 중간에는 발이 묶인다.예를 들어 2만 5,000마일이 목표인 사람은 4,000마일이나 2만 1,000마일을 모았을 때 더욱 분발한다. 하지만 1만 2,000마일 정도부터는 슬슬 게으름을 피운다. 한 가지 해결책은 중간을 다른 방식으로 바라보는 것이다. 2만 5,000마일 전부를 생각하지 말고, 1만 2,000마일에서 중간 목표를 잡아 1만 5,000마일까지 간다고 가정하고 그곳에 초점을 맞춰야 한다. 마라톤을 할 때에도 결승점까지의 거리를 염두에 두지 말고 다음 몇 킬로미터까지 가는데만 집중해야 한다.

2. 중간 목표를 공개하라

중간 목표를 정하면 공개 발언의 위력을 빌려야 한다. 누가 우리에게 책임을 부여했다면 우리는 목표에 더욱 적극적으로 매달릴 것이다. 슬럼프를 극복하는 한 가지 방법은 맡은 일을 언제 어떻게 끝내겠다고 사람들에게 공언하는 것이다. 논문을 쓰거나 커리큘럼을 짜거나 조직의 전략을 짜는 과정의 중간에 있다고 생각해보라. 지금 하고 있는 부분을 며칠까지 끝낼 예정이라고 트위터를 보내거나 페이스북에 올려보라. 그리고 그날이 되었을 때 확인해 달라고 팔로워들에게 부탁하라. 당신에게 기대를 거는 사람이 많으면 망신을 당하기 싫어서라도 중간 목표를 향해 매진할 것이다.

3. 문장을 중간에서 멈춰라

어니스트 헤밍웨이는 평생 15권의 책을 출간했다. 그가 즐겨 쓰는 글쓰기 기법은 내가 사용하는 것과 같은 방식이었다(이 책도 그렇게 썼다). 그는 한 꼭지 또는 한 문단이 끝나는 곳에서 작업을 마치는 것이 아니라 문장 중간에서 툭 끊고 자리를 뜨곤 했다. 이렇게 마무리하지 않은 상태에서 끝내면 그 미진한 느낌이 중간지점의 스파크를 일으켜 다음날 곧바로 글을 이어갈 수 있는 힘을 불어넣어 준다. 헤밍웨이 기법의 효과는 자이가르닉 효과(Zeigarnik effect : 러시아 심리학자 블루마 자이가르닉이 찾아낸 미완성 효과-옮긴이)에서도 찾을 수 있다. 즉 우리는 종결시킨 과제보다 끝내지 못한 일을 더 잘 기억하는 경향이 있다. 어떤 프로젝트를 중간쯤 해냈을 때, 마무리하지 않은 상태에서 끝내보라. 그렇게 하면 매일 해야 할 일에 대한 의욕이 더욱 강해져 다음 단계를 확실하게 시작할 수 있을 것이다.

4. 사슬을 끊지 말라(사인펠트 기법)

제리 사인펠트는 매일 글을 쓰는 습관을 들였다. 소재가 떠오를 때 쓰는 것이 아니라 매일 빠짐없이 썼다. 초심을 잃지 않기 위해 그는 1년 365일이 모두 한 장에 들어간 달력을 만들었다. 그리고 그는 빨간색 대문자 X표로 하루씩 매일 지워갔다. "며칠 지나면 하나의 사슬이 생깁니다." 그는 소프트웨어 개발자 브래드 아이작에게 그렇게 말했다. "그렇게 하다 보면 사슬이 하루하루 늘어나죠. 길어지는 사슬을 바라보는 게 즐거워요. 사슬이 몇 주 정도 이어지면 더욱 그렇습니다. 이제 남은 일은 사슬이 끊어지지 않도록 하는 것뿐입니다." 중간지점에 슬럼프에 빠졌다는 느낌이 들어도 30일, 50일, 100일 동안 이어지는 X표 사슬을 바라본다고 생각해보라. 사인펠트처럼 빠져나갈 길이 보일 것이다.

5. 내가 하는 일로 혜택 받을 사람을 생각해보라

헤밍웨이와 사인펠트에 덧붙여 와튼스쿨의 교수이자 《오리지널스 Originals》와 《기브앤테이크Give and Take》의 저자 애덤 그랜트라는 이름도 하나 더 끼워 넣자. 어려운 과제를 만나게 될 때 그랜트는 그가 하고 있는 일이 다른 사람에게 어떤 혜택을 주는지 자문함으로써 다시 분발한다. '계속할 수 있을까?'라는 슬럼프는 '어떻게 하면 내가 도움이 될 수 있을까?'라는 스파크로 바뀐다. 그러니 이러지도 저러지도 못할 답답한 상황에 처했다는 생각이 들면, 내가 하는 일로 혜택을 받게 될 사람을 마음속에 그려보라. 내가 하는 일을 그 사람에게 바친다고 생각하면 더욱 헌신적으로 일을 수행하게 될 것이다.

1960년대와 1970년대에 조직심리학자 브루스 터크먼은 집단이 시간을 사용하는 방식에 관해 영향력 있는 이론을 개발했다. 터크먼은 모든 팀이 태동기forming, 격동기storming, 안정기norming, 실행기performing 의 4단계를 거친다고 생각했다. 터크먼의 모델과 거식의 팀 단계에 대한 연구를 결합하면 다음 프로젝트를 대비하는 3단계 구조를 만들어낼 수 있다.

1단계 : 태동기와 격동기

팀이 처음 구성되었을 때는 손발이 잘 맞고 갈등은 드러나지 않는다. 공동의 비전을 개발하고 집단적 가치를 수립하고 참신한 아이디어를 만들어내려면 이런 초기의 동력을 잘 활용해야 한다. 하지만 하늘이 늘 화창할 수만은 없는 법. 결국 갈등이 고조되며 먹구름이 드리우기 시작한다. 터크먼이 말하는 '격동기'이다. 어떤 사람들은 자신의 지위를 이용해서 가뜩이나 주눅 든 목소리를 간단히 잠재운다. 또 어떤 사람은 책임과 역할의 범위를 놓고 불만을 토로한다. 하지만 그럴수록 모든 팀원들에게 발언권을 주고 기대를 갖게 하고 모든 멤버들이 그런 기대를 실현하는데 일정한 공헌을 힐 수 있도록 분위기를 조성해아 한다.

2단계: 중간지점

1단계 시기에는 별다른 성과를 올리지 못했을 것이다. 그럴수록 중간지점의 이점과 어이쿠 효과를 활용해서 방향을 다시 설정하고 일의 진행 속도를 높여야 한다. 하누카 촛불을 연구했던 시카고대학교 에일릿 피시바흐는 목표를 이루려는 팀의 열의가 높을 때 남아있는 일을 강조해야 한다고 말한다. 열의가 식었을 때는 이루어놓은 성과를 강조하는 편이 낫다. 이처럼 중간에는 팀의 열의를 파악해서 그에 맞춰 움직여야 한다. 중간지점을 통과하면 새로운 아이디어나 새로운 해법에 개방적인 태도를 유지하기 어렵지만 다른 사람의 지시는 잘 받아들인다. 그러니 조금 뒤처진 현실을 주지시킨 다음 팀에 새로운 활기를 불어넣도록 하라.

3단계: 실행기

이 지점에서 팀원들은 의욕과 자신감을 되찾고 갈등보다 협력하는 쪽을 택한다. 따라서 현재의 페이스를 계속 유지하며 자칫 '격동기' 단계로 퇴보하지 않도록 해야 한다. 원만한 관계를 유지하고 있던 팀원들이 어느 순간부터 서로 적대감을 갖기 시작하는 경우가 있다. 이런 상태에서 성과를 올리려면 모두에게 한 발씩 양보하도록 요구하고 서로의 역할을 존중하며 공동의 비전을 다시 강조해야 한다. 필요하면 과감히 전략을 바꿔야겠지만 이 단계에서는 분명하게 일을 매듭짓는 문제에 힘써야 한다.

중년의 슬럼프와 싸우는 5가지 방법

휴스턴대학교의 브레네 브라운 교수와 나는 '중년'을 좋은 쪽으로 정의하는 입장이다. 그녀가 말하는 중년은 '우주가 우리의 어깨를 잡고, 나는 빈둥거리는 법이 없으니 너도 네 재능을 한껏 활용하라고 타이르는' 시기다. 우리도 언젠가는 행복의 U자 곡선 위에서 안간힘을 쓸 때가 있을 것이다. 전혀 준비가 되지 않은 상태에서 우주가 우리의 어깨를 잡았을 때 대처할 몇 가지 방법을 소개하겠다.

1. 목표의 우선순위를 정하라(버핏 기법)

억만장자들이 대부분 그렇듯, 워런 버핏도 아주 멋진 삶을 산다. 그는 엄청난 액수의 재산을 자선단체에 기부하겠다고 서약했다. 예나 지금이나 그는 소박한 라이프스타일을 유지해오고 있다. 그리고 80을 훌쩍 넘긴 고령에도 지칠 줄 모르고 열심히 일한다. 무엇보다 이 '오마하의 현자'는 중년의 슬럼프를 슬기롭게 극복했다.

버핏은 어느 날 자신의 자가용비행기 조종사와 이야기를 나누고 있었다. 그 조종사는 자신이 바라던 바를 제대로 이루지 못해 낙담한 상태였다. 버핏은 3단계 해법을 처방했다.

첫째, 앞으로 남은 세월 동안에 이루어야 할 가장 중요한 목표를 25가지 적게.

둘째, 목록을 보고 상위 5개의 목표에 동그라미를 표시하게. 두말할 필요 없이 그 5가지가 최고 우선순위겠지. 그렇게 하면 두 가지 목록이 생기겠지? 하나는 최고 5가지 목표이고, 또 하나는 그 다음 20가지 목표.

셋째, 이 5가지 목표를 이룰 방법을 당장 찾아보게. 그러면 다른 20가지는? 모두 버리는 거지. 시간이 얼마나 걸리든 그 5가지를 이루기 전에는 20가지를 생각하지도 말게.

슬럼프를 빠져나오는 데는 어설프고 마무리 짓지 못한 여러 가지 프로젝트보다 중요한 몇 가지를 깔끔하게 처리하는 편이 훨씬 좋다.

2. 조직 내에 멘토 문화를 조성하라

직장 내에서 어떤 분야나 어떤 사업을 처음 추진할 때는 멘토가 쉽게 나타나지만 일정 단계가 지나면 사라진다. 일이 궤도에 오르며 자리를 잡았기 때문에 더 이상 조언이나 지도가 필요 없다고 생각하기 때문이다.

취리히대학교의 하네스 슈반트는 그런 풍토의 문제점을 지적한다. 직장생활을 하는 내내 직원들은 특별한 공식 멘토의 도움을 받아야 한다고 그는 말한다. 멘토 문화는 두 가지 점에서 좋다. 첫째, 멘토가 있다는 것은 우리의 행복이 대부분 U자형 곡선을 그린다는 사실을 인정하는 것이다. 슬럼프에 대해 공개적으로 의견을 교환하다보면 때로 권태를 경험하는 것도 나쁘지 않다는 사실을 깨닫게 될 것이다.

둘째, 경험이 많은 사람으로부터 슬럼프를 극복하는 요령을 배울 수 있다. 동료들도 그 요령을 알려줄 수 있다. 다른 사람들은 어떤 방식으로 일에 대한 목표 의식을 상기시켰을까? 그들은 직장 안팎에서 어떤 식으로 의미 있는 관계를 형성했을까?

3. 마음속에서 긍정적이었던 일을 빼라

중년의 수학에서는 덧셈보다 뺄셈이 위력적일 경우가 있다. 2008년에 네 명의 사회심리학자는 영화 〈멋진 인생It's a Wonderful Life, 1946〉을 기반으로 새로운 기법을 제시했다.

자신의 삶에서 뭔가 긍정적인 부분을 생각해보라. 결혼을 하고, 아이를 낳고, 직장에서 대단한 성과를 올리는 것도 좋다. 그런 다음 그것을 해낼 수 있도록 해주는 모든 환경을 목록으로 작성하라. 어느 날 어디서 저녁을 먹을지 같은 가벼운 결정일 수도 있고, 충동적으로 수강 신청한 수업일 수도 있고, 친구의 친구의 친구가 소개해준 일자리일 수도 있다.

그런 다음 절대 일어나지 않았을 것 같은 사건과 환경과 결정을 모두 적어라. 그 파티에 못 갔다면? 다른 과목을 신청했다면? 사촌과 커피 한 잔 같이 하기로 한 약속을 모른척했다면? 그런 사건의 사슬이 없는 삶 그리고 무엇보다 아주 긍정적이었던 부분이 없었던 삶을 상상해보라.

이제 현재로 돌아와 그런 대로 삶이 원했던 방향으로 흘러갔다고 되새겨보라. 그때 그 사람이, 그런 기회가 내 인생에 들어와 내 인생이 그만큼 멋있어지고 행복해졌다고 생각해보라. 그리고 안도의 한숨을 내쉬어라. 그리고 감사하라. 인생은 우리가 생각하는 것보다 더 멋질지 모른다.

4. 자기연민을 스스로에게 적어 보내라

사람들은 보통 자신보다는 다른 사람을 더 많이 동정한다. 그러나 '자기연민'을 다루는 과학은 이런 편견이 우리의 행복을 해치고 회복력에 손상을 입힌다고 경고한다. 그래서 이런 주제를 연구하는 사람들은 다음과 같은 방법을 권한다.

먼저 후회스럽고 수치스럽고 실망스러웠던 순간을 생각해보라. 직장에서 해고되거나 과학에서 낙제점을 받거나 사람들과의 관계가 틀어지거나 금전적으로 큰 손해를 입은 경우라도 좋다. 그런 다음 그 일로 인해 어떤 기분이 들었는지 구체적으로 적어라.

이제 그런 감정을 동정하고 이해한다는 표현을 간단하게 써서 자신에게 이메일로 보내라. 당신의 마음을 어루만져줄 누군가가 있다면 이렇게 말했을 것이라고 상상하며 그 내용을 생각해보라. 그는 당신보다 더 너그러울 것이다. 실제로 텍사스대학교의 크리스틴 네프 교수는 조건 없는 사랑을 베푸는 가상의 친구를 설정하고 그 친구의 관점에서 편지를 써보라고 제안한다. 그러나 이해에는 행동이 따라야 한다. 실생활에서 바꿀 수 있는 것과 미래를 좀 더 밝게 만들 방법에 관해 몇 문장을 추가하라. 자기연민 편지를 통해 다른 사람에게 하듯 나 자신을 대접하는 방법을 깨달을 수 있다.

5. 기다려라

행하지 않는 것이 가장 좋은 행위일 때가 있다. 그렇다. 마음은 불편하겠지만 아무 것도 하지 않는 것이 가장 좋을 때가 있다. 슬럼프는 지극히 정상적인 과정이고 또한 수명이 짧다. 슬럼프를 빠져나오는 과정은 그것에 빠지는 것만큼이나 자연스럽다. 슬럼프는 감기와 같다. 거추장스럽지만 언제고 사라질 것이다. 그리고 사라지면 기억도 잘 나지 않는다.

Chapter5

엔딩 포인트:
마지막엔 감동이 필요하다

"해피엔딩을 바라겠지만, 그것은 이야기를
어디에서 끝느냐에 따라 정해지는 문제다."

- 오손 웰스

해마다 50만 명이 넘는 사람들이 마라톤에 참여한다. 그들은 여러 달을 연습한 후 어느 주말 아침 일찍 일어나 운동화 끈을 조이고 미국에서 해마다 열리는 1,100개의 마라톤 대회에 나가 49.195킬로미터를 뛴다. 다른 나라들도 도시나 지역단체들이 주최하는 약 3,000개의 마라톤 대회에 100만 명이 넘는 사람들이 참가한다. 이들은 대부분 마라톤에 처음 참가하는 사람들이다. 어떤 통계에 따르면 마라톤 대회에서 뛰는 사람의 약 절반이 처음 뛰는 사람들이라고 한다.

무엇 때문에 이들은 무릎을 혹사시키고 발목이 삐는 위험을 감수하며 그 고생을 사서 할까? 스포츠 드링크는 또 왜 그렇게 많이 마시는 것일까? 호주의 아티스트 레드 홍리에게 마라톤은 늘 해보려 했지만 하지 못한 일 중 하나였다. 그래서 그녀는 주말을 반납하고 도전해보기로 했다. 그녀는 6개월을 연습한 끝에 2015년 멜버른 마라톤에 처음 참가했다. 텔

아비브의 다이아몬드 사업체에서 일하는 제러미 메딩은 2005년 뉴욕 마라톤에서 처음 마라톤에 도전했다. "누구나 자신과 약속한 목표가 있기 마련"이라고 말한 그는 마라톤은 내용물을 확인하지 않은 상자라고 했다. 중부 플로리다에 사는 변호사 신디 비숍은 인생을 바꾸고 자신을 개조하고 싶어서 2009년에 처음으로 마라톤에 참가했다. 동물학자에서 바이오테크 회사의 중역이 된 앤디 모로조프스키는 장거리를 뛰어본 적이 한 번도 없지만 용기를 내어 2015년 샌프란시스코 마라톤에 참가했다. "잘 할 생각은 없습니다. 완주하고 싶을 뿐이죠." 그는 내게 그렇게 말했다. "내가 어디까지 할 수 있는지 알고 싶습니다."

사는 곳이 다르고 직업도 다른 네 사람이 49.195킬로미터를 달린다는 공통의 목표를 가지고 도전장을 냈다. 그러나 이들을 하나로 이어 다른 초행자들의 대열에 합류하게 만든 이유는 따로 있었다.

레드 홍리는 29살 때 처음 마라톤에 참가했다. 제러미 메딩은 39살 때 처음 뛰었다. 신디 비숍은 첫 마라톤을 49살에 도전했고 앤디 모로조프스키는 59살에 처음 뛰었다.

이들은 모두 사회심리학자 애덤 알터와 할 허시필드가 말하는 '아홉수'에 걸린 사람들이었다. 29살, 39살, 49살, 59살이 되면 사람들은 그 동안 하지 못했던 것을 해야겠다는 강박관념에 사로잡힌다. 28살, 38살, 48살, 58살 때에는 생각지도 않았던 일이다. 10년 단위의 마지막 해가 되면 뭔가 생각을 자극하게 되고 그래서 사람들은 방향을 수정한다. 마지막은 그런 효과가 있다.

처음과 중간처럼 결말도 우리가 하는 일과 그것을 하는 방법을 소리 없이 조종한다. 실제로 어떤 경험이나 프로젝트나 학기나 협상이나 인생 등 모든 종류의 결말은 예측 가능한 방식으로 우리의 행동을 결정한다. 우리에게 힘을 불어넣는다. 결말은 기호화하게 만들고 편집하게 해주며, 결말은 우리를 한 단계 높여주는 역할을 한다.

활력제: 왜 결승점이 가까워지면 더욱 분발하는가?

나이에서 10년 구간은 신체적으로 아무런 의미가 없다. 생물학자나 의사의 입장에서 볼 때 39살의 프레드와 40살의 프레드의 생리학적 차이는 대수롭지 않다. 38살의 프레드와 39살의 프레드의 차이와 크게 다르지 않을 것이다. 9로 끝나는 해와 0으로 끝나는 해를 비교해도 상황은 크게 달라지지 않는다. 우리의 인생 역정은 책이 이 장에서 저 장으로 나아가듯 구간에서 구간으로 진행하는 경우가 많다. 그러나 실제 이야기는 소설과 마찬가지로 구간 단위로 건너 뛰어가며 진행되지 않는다. "160페이지의 내용들은 너무 재미있었어. 그런데 170페이지 이후부터는 약간 늘어지더군." 이렇게 말하는 사람은 없을 것이다. 그러나 10년 단위로 끊어지는 부분의 끝이 가까워지면 행동을 바꾸게 만드는 무언가가 마음속에서 꿈틀거리며 깨어난다.

마라톤에 참가하는 사람들은 조직위원회에 등록할 때 나이를 적어야 한다. 알터와 허시필드는 마라톤에 처음 참가하는 사람들 중 아홉수에 걸린 사람들이 무려 48퍼센트에 달한다는 사실을 발견했다. 그 중에서도 29살이 가장 많았다. 29살은 28살이나 30살보다 두 배 많았다.

한편 처음 마라톤에 참가하는 사람은 40대 초반에 줄어들다 49세에 갑자기 늘어난다. 49살은 한 살 더 많은 사람보다 마라톤에 도전하는 확률이 약 세 배 많았다.

더욱이 10년 구간의 마지막에 가까워지면 달리는 사람의 속도도 빨라

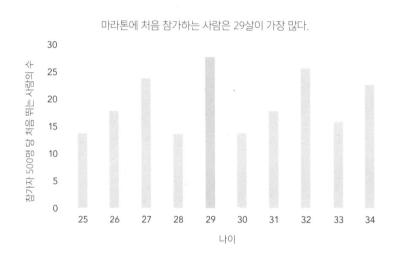

마라톤에 처음 참가하는 사람은 29살이 가장 많다.

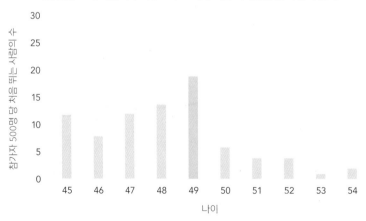

사람들은 49세 이전이나 이후보다 49세에 처음 마라톤을 뛸 확률이 높다.

지는 것으로 나타났다. 마라톤에 여러 번 참가한 사람들의 기록은 29살과 39살 때가 2년 전이나 2년 뒤보다 더 좋았다.

10년 구간의 마지막에 나타나는 이런 분발 효과에 무슨 논리적 의미가 있는 것은 아니다. 마라톤에 도전하는 과학자 모로조프스키는 내게 말했다. "나이 먹는 것을 염두에 두었냐고요? 지구야 관심이 없겠죠. 하지만 사람은 신경 씁니다. 인생은 짧으니까요. 우리는 우리가 살아가는 방식을 계속 관심을 가지고 지켜봅니다. 60살이 되기 전에 내 몸으로 도전해보고 싶었습니다. 그래서 한 것뿐입니다." 그는 이렇게 말했다. 호주의 예술가 홍리 또한 어느 순간 나이 마일리지의 표시판이 눈에 들어와 생각을 전환했다고 한다. "30살이 가까워지자 29번째 해가 끝나기 전에 뭔가를 해내야겠다는 생각이 들더군요. 그렇게 마지막 해를 흘려보내고 싶지 않았어요." 그녀는 내게 그렇게 말했다.

그러나 인생의 주행계가 9로 넘어갔다고 해서 항상 이렇게 발전적인 도전만 꿈꾸게 되는 것은 아니다. 알터와 허시필드는 '다른 숫자로 끝나는 나이보다 아홉수에 걸린 사람들의 자살률이 더 높다'라는 사실도 발견했다. 아내 몰래 바람피우는 성향도 마찬가지다. 불륜 알선 사이트인 애슐리 매디슨에 접속하는 사람들은 29살, 39살, 49살, 59살이 여덟 명 중 거의 한 명꼴이었는데, 이는 예측했던 것보다 약 18퍼센트가 높은 비율이었다.

좋은 쪽이든 나쁜 쪽이든 10년 구간의 마지막 해에 어떤 자극을 받는 이유는 뭔가 의미 있는 것을 찾아보려는 욕구가 다시 일어나기 때문이다. 알터와 허시필드는 그 이유를 이렇게 설명한다.

새로운 10년이 가까워진다는 것은 여러 단계의 삶을 구분해주는 두드러진 영역이 있다는 것을 의미한다. 그 영역은 삶의 진행 상태를 알려주는 하나의 표식으로 기능하는데, 우리 삶의 과정 자체가 스스로를 평가하며 변화를 촉구하는 경향이 있기 때문에, 사람들은 다른 어느 때보다 나이 상으로 10년 구간이 끝나는 시점에서 자신의 삶을 평가하게 된다. 아홉수에 든 사람들은 특히 나이를 먹는 것에 마음을 쓰고 그래서 삶에 어떤 의미를 부여하려 한다. 그것은 의미를 찾으려 하거나 위기감을 드러내는 행동으로 나타난다.

다른 경기장으로 눈을 돌려 전미 미식축구연맹National Football League, NFL의 경우를 보자. 각 경기는 전후반 30분씩 60분 동안 진행된다. 스포츠 통계 전문회사 스태츠에 따르면 2007년 시즌부터 약 10년 동안 NFL 소속팀들이 득점한 점수는 총 11만 9,040점이었다. 이들 점수 중 약 50.7퍼센트는 전반전에 나왔고 약 49.3퍼센트는 후반전에 나와 별다른 차이를 보이지 않았다. 특히 후반에 리드하고 있는 팀들은 점수를 올리기보다 시간을 끄는 작전을 많이 쓴다는 점을 고려하면 그 차이가 없다고 봐야 한다. 그러나 득점 통계를 좀 더 자세히 분 단위로 쪼개보면 막판의 분발 효과가 분명하게 드러난다. 경기 후반 마지막 1분을 남겨놓았을 때의 득점은 약 3,200점이었다. 이는 다른 시간의 분당 득점보다 더 높은 기록이다. 그러나 이 점수도 전반 마지막 1분 동안에 올린 7,900점에는 비교가 되지 않는다. 전반전이 끝나는 그 1분 동안에 볼을 가진 팀은 득점을 해야 할 분명한 동기가 있기 때문에, 이 시간에는 다른 1분의 두 배가 넘는 득점력이 나온다.

클라크 헐은 NFL이 결성되기 40년 전에 태어났지만 이런 통계를 보았다 해도 전혀 놀라지 않았을 것이다. 헐은 20세기 초를 대표하는 미국의 행동심리학자다. 행동심리학적으로 볼 때 인간은 미로 속의 쥐와 크게 다르지 않다. 1930년대 초에 헐은 '목표구배가설goal gradient hypothesis'을 내놓았다. 그는 긴 통로를 만들고 같은 길이로 구획을 나누었다. 그리고 매 결승선마다 음식을 두었다. 그런 다음 쥐를 풀어 녀석들이 각 구간을 얼마나 빨리 달리는지 시간을 측정했다. 그 결과 미로를 달리는 동물들은 목표가 가까워졌을 때 속도를 더 올렸다. 먹이가 가까워질수록 쥐는 더 빨리 뛰었다. 헐의 목표구배가설은 다른 행동과학자들이 찾아낸 이론보다 훨씬 더 긴 수명을 이어오고 있다. 어떤 목표를 추구하는 과정에서 처음에는 보통 일의 진척 정도에 따라 의욕을 배가시키지만, 마지막에는 남아있는 작은 틈새를 메우기 위해 더욱 분발하게 된다.

마지막 순간에 분발하도록 만드는 데는 마감시한도 큰 역할을 한다. 초소형 창업자에게 소액 대출을 저리나 무이자로 빌려주는 비영리조직 키바Kiva의 경우를 보자. 키바에서 대출을 받으려면 사업 전망이 있어야 하는데 사업자는 이를 증명하기 위해 복잡하고 장황한 온라인 신청서를 작성해야 한다. 그들은 신청서에 달려들지만 작성을 끝내는 사람은 많지 않다. 키바는 이 문제를 해결하기 위해 행동연구실험실인 커먼센츠랩Common Cents Lab에 도움을 청했다. 그들의 조언은 간단했다. 끝을 지정하라. 신청 마감 기한을 몇 주 내로 정해서 명시하라. 어떤 면에서 이런 아이디어는 엉터리 같은 조언이다. 마감 시한을 정하면 분명 제시간에 신청서를 작성하지 못해 대출을 못 받는 사람들이 많이 나올 것이다. 그러나 막상 신청서 작성 마감시한을 지정해주고 나니 신청서를 제출한 사람은 24퍼센트 늘어났다. 장기기증의 경우도 기증 마감시간을 날짜와 시간까지 지정했을 때가 시한이 없는 경우보다 서명 비율이 더 높게 나왔다. 유효기간이 2주인 상품권을 가진 사람들은 유효기간이 2개월짜리인 상품권을 가진 사람보다 실제로 상품을 교환하는 비율이 3배 높았다. 마감시한이 정해진 상태에서 협상에 임하는 사람들은 그렇지 않은 사람들보다 합의에 도달하는 확률이 훨씬 높았고, 특히 할당된 시간이 거의 임박했을 때 성사되는 비율은 다른 시간대에 비해 압도적으로 높았다.

이런 현상을 신선한 시작 효과의 가까운 사촌쯤인 '빠른 종결 효과'라고 생각하자. 마지막이 가까워지면, 사람들은 조금 더 분발한다. 하지만 그 효과가 늘 긍정적으로만 나타나는 것만은 아니다. 예를 들어 결승선에 가까워졌을 때, 그것을 통과하는 방법이 많다면 전진 속도가 느려질 수 있다. 특히 창의적인 과제에서는 마감시한이 오히려 꼭 필요한 의욕을 줄이고 창의력을 무력화시킬 때가 있다. 노사협상이나 평화협정을 타협할 때 종결 시한을 명시하면 협상 속도가 높아지겠지만, 그렇다고 최선의 결과가 나오는 것은 아니다.

그러나 클라크 헐의 쥐에서 보듯 결승선에서 먹이 냄새를 맡는 것은 그것이 치즈 덩어리든 슬라이스이든 속도를 더욱 높이도록 자극한다.

현재 31살인 레드 홍리는 아직 두 번째 마라톤에 참가하지 않았고 앞으로 몇 해 안에 참가할 생각도 없지만, 달리는 훈련은 계속한다. "아마 39살 때는 뛸지도 모르죠." 그녀는 그렇게 말한다.

제임스 딘 효과: 결말에 따라 인식이 달라진다

1931년 2월 8일, 인디애나 주 마리온에 사는 밀드레드 마리 윌슨은 외아들이 될 아이를 낳았다. 그녀와 그녀의 남편은 아이에게 '제임스'라는 이름을 지어주고 '지미'라는 애칭으로 불렀다. 지미는 조금 정신없기는 하지만 행복한 어린 시절을 보냈다. 그가 초등학교 들어갈 나이가 됐을 때 그의 가족은 인디애나 북부에서 캘리포니아 남부로 이사했다. 그러나 몇 해 뒤에 지미의 엄마는 갑자기 암으로 사망했고 아내를 잃은 그의 아버지는 지미를 인디애나로 돌려보내 친척집에서 살도록 했다. 그래도 그의 청소년 시절은 즐거웠고 교회와 스포츠 팀과 토론 클럽 등에서 활발하게 활동하며 중서부 생활 방식 관점에서 볼 때 안정적이라고 할 수 있는 삶을 이어갔다. 고등학교를 졸업하자 그는 대학교를 가기 위해 다시 남부 캘리포니아로 갔다. 그곳에서 그는 영화에 푹 빠졌고 21살이 되기 직전인 1951년에 그는 연기자가 되겠다며 UCLA를 중퇴했다.

그런 다음 이 평범한 스토리는 놀라운 반전을 맞는다. 지미는 얼마 안 가 광고를 몇 편 찍었고 TV에서 대수롭지 않은 배역을 몇 개 맡았다. 그러다 23살이 되던 해에 그는 존 스타인벡의 소설을 각색하고 당대를 대표하는 감독이 메가폰을 잡은 영화에 주연으로 발탁되었다. 영화는 공전의 히트를 기록했고 지미는 오스카 후보에 올랐다. 같은 해 그는 훨씬 더 유명한 영화에서 주연을 맡았고, 또 한 번 오스카 후보에 지명되었다. 눈 깜짝할 사이에 말도 안 되는 신출내기 청년이 말도 안 되는 할리우드의 대스타가 된 것이다. 25번째 생일을 약 4개월 앞둔 어느 날, 정식 이름이

제임스 바이런 딘이었던 지미는 자동차 사고로 사망했다.

여기서 잠깐 질문을 하나 하자. 당신은 지미의 삶이 얼마나 바람직한 일생이었다고 생각하는가? 1에서 9까지 점수를 매긴다면 몇 점을 주겠는가?

그리고 한 가지 가정을 해보자. 지미는 몇 십 년 더 살지만 20대 초반에 거두었던 그런 성공은 두 번 다시 거두지 못한다. 그렇다고 노숙자로 전락하거나 마약중독자가 되는 것은 아니다. 연기 활동이 크게 위축되는 것도 아니다. 그저 공전의 히트를 기록한 대스타에 어울리는 후속작을 내지 못했을 뿐이다. 아마 죽기 전에 TV 시트콤 한두 편을 찍고 50대 중반에 대수롭지 않은 영화에서 대수롭지 않은 배역도 몇 개 맡았을지도 모른다. 그렇다면 그의 인생은 몇 점인가?

이런 시나리오를 가지고 조사한 사람들은 조금 의외의 결과를 받아들였다. 사람들은 오래 살면서 내리막길을 걷는 두 번째 시나리오보다 돌풍을 일으키다 정상에서 사라지는 첫 번째 시나리오에 더 높은 점수를 주었다. 공리적인 관점으로만 보자면 이런 결론은 납득이 가지 않는다. 가정이지만 결국 지미는 30년을 더 살지 않았는가! 그리고 그렇게 덤으로 주어진 세월이 불행으로 점철된 것도 아니지 않는가. 초반만큼 거창하지 않을 뿐, 스타로서 초기 몇 년을 포함하여 더 길어진 인생의 긍정석 '누적' 효과는 부인할 수 없는 사실 아닌가?

"매우 긍정적인 삶에 그렇고 그런 몇 해를 보태봐야 인생의 질은 높아지지 않고 오히려 낮아진다는 이런 견해는 상식에 맞지 않는다." 사회학자 에드 디너와 데릭 워츠와 시게히로 오이시는 그렇게 썼다. "이를 제임스 딘 효과(James Dean Effect)라고 하자. 배우 제임스 딘의 삶처럼 짧지만 강렬하고 매력적인 삶이 가장 긍정적인 삶으로 보이니까."

제임스 딘 효과는 결말에 따라 우리의 인식이 달라지는 현상을 보여주는 또 다른 사례다. 결말은 경험 전체를 기호화한다. 즉 평가하고 기록한다. '피크엔드 법칙(peak-end rule)'이란 것도 있다. 1990년대 초에 대니얼 카너먼은 돈 레델마이어와 바버라 프레딕슨과 함께 대장내시경 등 불쾌한 경험을 겪는 환자들을 연구한 뒤 이 법칙을 발표했다. 사람들은 어떤 사건을 기억할 때 가장 강렬했던 순간(피크)과 그것이 완결되는 순간(끝)을 가장 잘 기억한다고 그들은 말했다. 많이 힘들지는 않았지만 시간을 길게 끌었던 대장내시경 검사보다는 짧았어도 마지막에 고통스러웠던 검사가 더 기억에 남는다. 시간이 길었던 검사가 준 고통의 합이 짧았던 검사보다 훨씬 더 컸더라도 결과는 마찬가지다. 우리는 어떤 에피소드가 얼마나 지속되는지 크게 신경 쓰지 않는다(카너먼은 이를 '지속시간 경시(duration neglect)'라고 불렀다). 그리고 마지막에 일어난 것은 과장해서 기억한다.

우리의 의견과 그에 따른 결정은 대부분 막바지에 일어나는 기호화의 강도에 따라 정해진다. 우리는 식사와 영화와 휴가의 질을 그것의 경험 전체가 아니라 특정 순간 특히 마지막 순간의 경험을 기준으로 평가한다. 그래서 대화 도중이나 '트립어드바이저(TripAdvisor)'의 리뷰에서 서로 평가를 교환할 때 우리가 전달하는 것은 대부분 종결부에 대한 우리의 반응이다. 식당에 대한 리뷰를 모은 애플리케이션에서도 식사가 어떻게 끝났는지 설명한 리뷰가 얼마나 많은지 확인해보라. 예기치 않았던 디저트, 잘못된 계산서, 소지품을 놓고 간 손님을 뒤쫓아 나가는 종업원 같은 에피소드 말이다. 마지막은 또한 보다 중요한 선택에도 영향을 미친다. 미국 대통령을 선출할 때 기준으로 삼는 기간을 물어보면 대부분의 유권자들은 임기의 4년 전체를 근거로 결정한다고 답한다. 그러나 조사 결과 유권자들은 4년 전체가 아니라 '선거가 있는 해' 즉 4년을 결산하는 해의 경제 상황을 근거로 누구를 찍을지 결정하는 것으로 나타났다. 이런 마지막 경험은 '근시안적 투표myopic voting'로 이어지고 그 결과 근시안적인 정책을 남발하게 만든다고 정치학자들은 지적한다.

결말 부분의 기호화 효과는 도덕적인 개념과 결부될 때 특히 위력이 강해진다. 예일 대학교의 연구원 세 명은 그들이 '짐'이라고 이름 붙인 가상의 CEO를 다룬 서로 다른 버전의 짧은 전기를 가지고 이를 실험했다. 조사자들은 짐의 삶을 여러 가지로 설정했지만 크게 두 가지로 나누었다. 첫 번째에서 그는 임금을 박하게 주고 의료 보험 혜택을 주지 않고 부자비하게 직원들을 혹사시키며 회사를 30년째 운영한 악덕 기업주였다. 그러나 은퇴할 때가 가까워지면서 그는 달라지기 시작했다. 그는 임금을 올리고 직원들과 이윤을 나누고 지역 공동체에 있는 여러 자선단체에 상당한 액수의 돈을 기부하기 시작했다. 그러나 사람이 갑자기 변하면 오래 못 산다고, 6개월 뒤 그는 심장마비로 사망했다. 두 번째는 그와 정반대의 시나리오였다. 수십 년 동안 짐은 자상하고 후한 CEO였다. 자신의 이익보다는 직원들의 복지를 먼저 생각했고 지역 단체에 많은 돈을 기부했다. 그러나 은퇴할 때가 가까워졌을 때 그는 돌변했다. 그는 직원들의 봉급을 삭감했고 수익의 대부분을 독차지했고 늘 하던 기부행위도 돌연 중단했다. 그리고 6개월 후에 심장마비로 갑작스레 사망했다.

조사자들은 실험 참가자들 중 절반에게 못된 인간에서 선한 인간으로 바뀌는 전기를 주었고 나머지 절반에게는 그 반대의 전기를 준 다음 짐의 도덕적 특징을 평가하라고 요청했다. 전기의 내용은 조금씩 다 달랐지만 사람들은 대부분 짐이 인생의 '막바지'에서 보여주었던 행동을 근거로 그의 도덕성을 평가했다. 실제로 사람들은 29년 동안 못된 CEO로 살다가 마지막 6개월 동안 선행을 베푼 인생을 29년 동안 선하게 기업을 이끌다 마지막에 변절한 인생과 같은 것으로 평가했다. 사람들은 비교적 긴 세월 동안 이루어진 어떤 종류의 행적을 가볍게 무시했다. 마지막 짧은 기간에 전혀 다른 종류의 행동이 나타났기 때문이다. 조사자들은 이를 '인생 막바지의 편향end of life bias'이라고 불렀는데, 이는 사람들의 진정한 자아가 결말 부분에서 드러난다고 흔히들 생각한다는 사실을 암시한다. 죽음이 예기치 않게 찾아오고 상당한 기간의 삶이 전혀 다른 자아의 모습을 보여주었어도 예전의 행적은 아무런 힘을 발휘하지 못했다.

결말 부분은 등록하고 등급을 매기고 경험을 되살리는 기호화 작업에 결정적인 영향을 미친다. 그러나 결말은 기호화 과정에서 우리의 인식을 왜곡해서 큰 그림을 못 보게 만든다. 결말이 우리의 행동에 영향을 주는 네 가지 방식 중에서도 가장 경계해야 할 것은 기호화다.

편집: 적을수록 좋다. 특히 마지막이 가까워졌을 때는

우리가 늘 극적인 삶을 사는 것은 아니지만 그래도 우리의 삶은 3막 연극을 닮았다. 제1막은 출발. 어린 시절을 벗어난 우리는 영어덜트가 되어 세상을 향해 힘차게 출발한다. 제2막은 불쑥 찾아드는 가혹한 현실. 생계를 위해 치열하게 경쟁한다. 도중에 짝을 만나 가정을 꾸리는 달콤한 시기도 있다. 그렇게 살다 보면 역풍을 맞을 때도 승리를 할 때도 실망을 할 때도 있다. 제3막은 달콤하면서도 씁쓸한 결말. 살다보면 뭔가를 이루었을 수도 있다. 사랑하는 사람도 있을지 모른다. 그러나 대단원이 가까워지고 막이 내리려 한다.

극이 진행되는 도중에 친구나 가족 등 여러 인물이 등장한다. 그러나 세인트루이스 워싱턴대학교의 태미 잉글리시와 스탠퍼드대학교의 로라 카스텐슨은 무대 위의 시간이 사람들의 행동 양식에 따라 변한다는 사실을 밝혀냈다. 두 사람은 10년에 걸쳐 18세부터 93세까지 사람들이 인생 3막을 거치는 동안 자신들의 사회관계망과 우정을 어떻게 바꿔 가는지 살폈다. 도표에서 보듯 60세에 가까워졌을 때, 우정의 수치는 크게 떨어지고 사회관계망의 규모도 크게 축소되었다.

이것은 상식에 부합된다. 더 이상 일을 할 수 없게 되면, 그 풍요로웠던 인연이나 친구들도 하나씩 사라지게 된다. 자식들도 집을 떠나 자신의 인생 2막을 시작하게 되면 발길이 뜸해지고 그래서 자식이 더욱 보고 싶어진다. 60~70대가 되면 우리 시대는 물러가고 평생 지속되었던 관계도 끊어지고 가까운 사람들도 얼마 남지 않게 된다. 자료를 보면 설마 했던 우려가 현실로 나타나는 것을 확인할 수 있다. 제3막은 비애감으로 가득 차있다. 노년은 외롭고 힘겹다. 서글픈 이야기다.

그러나 그것은 사실이 아니다.

물론 나이가 들었을 때 사회관계망이 크게 위축되는 것은 사실이다.

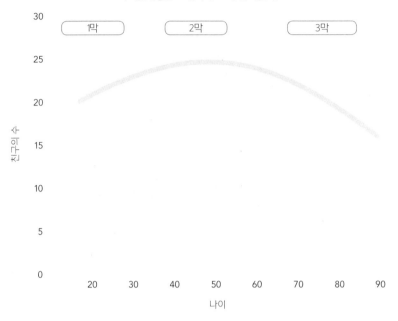

사회관계망은 노년기에 크게 위축된다.

그러나 고립이나 외로움 때문은 아니다. 놀랍지만 그 이유는 분명하다. 그것은 우리의 선택 때문이다. 나이가 들어가고 마지막을 의식하게 되면 우리는 친구들을 편집한다.

잉글리시와 카스텐슨은 사람들에게 그들의 사회관계망을 세 개의 동심원으로 그린 다음 그 중심에 자신을 놓도록 요청했다. 그리고 가장 안쪽의 원에는 '매우 가깝다고 생각하는 사람들, 즉 그들 없는 삶을 상상하기 어려울 정도로 가까운 사람들'을 적도록 했다. 가운데 원은 중요하지만 가장 안쪽의 원만큼은 가깝지 않은 사람들의 자리다. 바깥쪽 원에는 그다지 가깝다고 생각되지 않는 사람들을 적도록 했다. 두 사람은 시간이 가면서 안쪽과 바깥쪽 원이 어떻게 달라지는지 확인하여 이를 도표로 나타냈다.

60세가 조금 넘으면 바깥쪽 원은 줄어들기 시작하지만 안쪽 원은 여전히 같은 크기를 유지한다. 그 다음 60대 중후반에 이르면 안쪽 원에 있는 사람들의 수가 바깥쪽 원에 있는 사람들의 수보다 조금 많아진다.

"나이가 들면서 외곽 파트너의 수는 줄어들지만…인생 후반기가 될수록 가까운 사회적 파트너의 수는 더욱 안정적이 되어간다"라고 잉글리시와 카스텐슨은 말한다. 그러나 3막에서 빠져나가는 바깥쪽과 중간 원의 친구들은 어느 순간 조용히 무대 밖으로 사라지는 것이 아니다. 그들은 적극적으로 제거되었다. 나이가 들었을 때 친구가 줄어드는 것은 환경 때문이 아니라 그들이 적극적으로 가지치기를 시작하기 때문이다. 즉 그

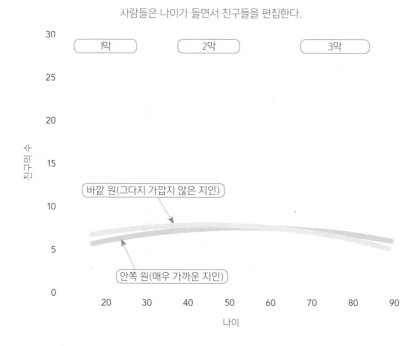

사람들은 나이가 들면서 친구들을 편집한다.

들은 친하게 지내봤자 큰 의미가 없다고 생각되는 외곽 파트너들을 쳐내기 때문이다.

크리스텐슨은 1999년에 이 같은 주제를 더욱 발전시켜 한 때 제자였던 학자 두 명과 함께 〈시간을 진지하게 생각하는 단계 Taking Time Seriously〉라는 제목의 논문을 발표했다. 그녀는 논문에서 이렇게 썼다. '인생을 살아가면서 그들은 어떤 의미에서 시간이 얼마 남지 않았다는 현실을 실감하게 된다. 그럴 때 사교적인 접촉은 기존의 가까운 사람들에게서 느끼는 단단한 결속감과 달리 피상적이고 대수롭지 않은 관계로 여기게 된다. 미래의 보상이 갈수록 줄어드는 상황에서 시간을 낭비하지 않기 위해서는 올바른 선택을 하는 것이 더욱 중요해진다.'

크리스텐슨은 그녀의 이론을 '사회정서적 선택성 Socioemotional Selectivity'이라 불렀다. 그녀는 남은 시간을 바라보는 태도가 우리의 삶의 방향을 정하고 그에 따라 우리가 추구하는 목표가 형성된다고 주장했다. 인생 1막이나 2막처럼 시간이 많고 여유로울 때, 우리는 미래를 향해 '지식과 관련된 목표'를 추구한다. 우리는 장차 도움이 될 수 있는 관계를 다지고 필요한 정보를 얻기를 바라면서 넓고 헐거운 사회관계망을 형성한다. 그러나 고갯마루가 가까워지고 지나온 날에 비해 남은 날이 많지 않다고 생각되면 세상을 보는 시각이 달라진다. 흔히 나이가 들면 옛날 생각을 많이 하고 가버린 날을 그리워한다고 생각하지만, 카스텐슨의 연구 결과는 그와 다르다. 시간이 지날수록, 나이를 먹을수록 과거를 돌아보기보다 현재에 더 집중하는 경향을 보인다.

인생 3막처럼 한정된 시간이 얼마 남지 않았을 때 우리는 현재에 초점을 맞춘다. 우리가 추구하는 목표는 정서적 만족, 인생에 대한 음미, 의미감sense of meaning 등 제각각이다. 그리고 이처럼 업데이트된 목표 때문에 사람들은 사회적 파트너를 선택할 때 매우 신중하게 된다. 그리고 자신들의 사회관계망을 체계적으로 다듬는다. 우리는 우리의 관계를 편집한다. 필요 없는 사람은 생략한 다음, 꼭 필요한 사람들로 채워진 작고 밀접한 네트워크를 가지고 남아있는 나날을 보내기로 선택한다.

더욱이 편집을 재촉하는 것은 나이를 먹는 것 자체가 아니라 '결말'이라는 개념이었다. 예를 들어 대학교 4학년생과 신입생을 비교했을 때, 졸업반 학생들은 70대 할아버지들처럼 사회관계망을 가지치기했다. 직장을 옮기거나 다른 도시로 이사할 때에도 사람들은 현재의 환경을 정리하는 차원에서 그 동안의 사회관계망을 편집한다. 정치적 상황이 바뀌어도 마찬가지다. 1997년에 홍콩의 통치권이 영국에서 중화인민공화국으로 넘어가기 4달 전에 사람들의 관계를 조사한 한 연구에 따르면 젊은 사람이나 나이든 사람이나 모두 친구의 동심원을 좁힌 것으로 나타났다.

흥미로운 것은 그 역도 사실이라는 점이다. 즉 시간 지평이 확장되면 사람들은 편집 행위를 자제한다. 카스텐슨은 한 실험에서 참가자들에게 '주치의로부터 수명을 20년 늘일 수 있는 획기적인 신약이 개발되었다는 소식을 들었을 경우를 가정해보라'고 요청했다. 이런 상황에서는 젊은 사람도 나이든 사람도 그들의 사회관계망을 가지치기하지 않았다.

그러나 어떤 일의 3막이 오르고 결말이 뚜렷하게 다가오면, 우리는 실존적 빨간 연필을 깎아 꼭 필요하지 않은 사람의 명단을 지운다. 그리고 막이 내려가기 전에 편집한다.

결말: 가장 복잡한 감정이 도사리는 지점

"좋은 소식하고 나쁜 소식이 있습니다."

흔히들 그렇게 말을 꺼낸다. 부모이든 교사이든 의사이든 작가이든 상반된 감정을 유발하는 소식을 전할 때는 순서를 정해야 한다. 어느 쪽을 먼저 알려주어야 할까? 좋은 소식을 먼저 말해야 하나? 아니면 슬픈 소식부터 말하고 기분 좋은 소식을 말해야 하나?

두 가지 소식을 동시에 전달할 때면 나는 늘 좋은 쪽부터 시작했다. 내 본능은 상대방이 충격을 흡수할 수 있도록 푹신한 이불을 먼저 펼쳐놓으라고 말한다.

아, 그러나 그 본능은 아주 잘못되었다. 입장을 바꿔 당신 쪽에서 생각해보자. 당신은 이제 두 종류의 소식을 들어야 한다. 나는 "좋은 소식과 나쁜 소식이 있습니다"라며 뜸을 들인다. "어떤 소식부터 듣고 싶으세요?"

여기서 잠깐 생각해보라. 당신은 아마 나쁜 소식을 먼저 선택할 것이다. 수십 년 동안의 자료를 보면 5명 중 대략 4명은 부정적이거나 상실감을 느끼는 결과로 시작해서 긍정적이거나 득이 되는 결말로 끝나는 편을 좋아하는 것으로 밝혀졌다. 검사결과를 듣는 환자이든 중간고사 성적표를 받는 학생이든 듣고 싶은 순서는 공통적이다. 나쁜 뉴스를 먼저, 좋은 뉴스는 나중에 듣고자 한다.

그러나 뉴스를 전달하는 입장이 되면 반대로 하는 경우가 많다. 가혹한 결과를 전달하면 상대방이 평정심을 잃기 때문에, 쓴 약을 먹이기 전에 사탕을 하나 물려주는 식으로 우리는 우리의 친절한 의도와 자애로운 본성을 드러내 상대방의 마음을 편하게 해주려 한다. 물론 우리는 '우리'가 나쁜 소식을 먼저 듣고 싶어 한다는 것을 안다. 그러나 어쩐 일인지 우리는 반대편에 앉아 있는 사람이 두 가지 소식을 놓고 망설일 때 우리와 같은 생각을 하고 있다는 사실을 이해하지 못한다. 그 사람은 매를 먼저 맞은 다음 좋은 소식으로 우울한 기분을 만회하고 싶어 한다. 이런 문제를 연구해온 두 사람의 말에 따르면 다음과 같다. "우리가 알아낸 사실은 의사나 교사나 파트너가…좋은 소식과 나쁜 소식을 전달하는 일에 서툴 수도 있다는 사실을 보여준다. 막상 소식을 전하는 그 순간 환자나 학생이나 배우자인 상대방이 어떤 소식을 먼저 듣고 싶어 하는지 잊어버리기 때문이다."

우리는 실수한다. 나도 실수한다. 마지막에 괸한 마지막 원칙을 이해하지 못했기 때문이다. 즉 선택지가 주어지면 인간은 기분 좋은 결말을 선호한다. 타이밍의 과학도 사람들이 해피엔딩을 본능적으로 좋아한다는 것을 확인시켜준다. 우리는 내려가는 쪽보다 올라가는 쪽을, 악화되는 쪽보다 개선되는 쪽을, 낙담스러운 쪽보다 의욕을 부추기는 쪽을 좋아한다. 이런 성향을 알기만 해도 우리는 우리의 행동을 이해하여 다른 사람과의 관계를 개선할 수 있다.

미시건대학교의 사회심리학자 에드 오브라이언과 피비 엘스워스는 결말이 사람들의 판단에 미치는 영향을 조사했다. 그들은 키세스 초콜릿이 가득 든 가방을 들고 캠퍼스에서 학생들의 왕래가 가장 많은 장소로 갔다. 그곳에 그들은 테이블을 마련하고 학생들에게 지역 산물을 원료로 쓴 다양한 종류의 키세스 초콜릿을 시식하는 중이라고 말했다.

사람들이 테이블 주변으로 몰렸을 때 조사요원(그는 오브라이언과 엘스위스의 의도를 모른다)은 가방에서 초콜릿을 하나 꺼내 한 학생에게 건네주며 맛을 보고 0에서 10까지 점수를 매겨달라고 요청했다.

그런 다음 그 요원은 가방에서 초콜릿을 하나 더 꺼내며 말했다. "여기 이 초콜릿도 맛을 봐주세요." 그렇게 해서 그 학생은 초콜릿을 세 개 더 맛보았다. 전부 다섯 개였다(학생들은 몇 개의 초콜릿을 맛봐야 하는지 알지 못했다).

중요한 순간은 다섯 번째 초콜릿을 맛보기 전이다. 그 요원은 참가 학생 절반에게 말했다. "여기 다음 초콜릿도 맛을 봐주세요." 그러나 다른 절반에게는 이렇게 말했다. "이 초콜릿도 맛을 봐주세요. 이게 마지막입니다."

다섯 번째 초콜릿이 마지막이라고 들은 학생들은 그런 말을 듣지 못한 학생들보다 마지막 초콜릿이 더 맛있다고 응답하는 경우가 훨씬 더 많았다. 마지막 초콜릿이라는 말을 들은 학생들은 그 초콜릿이 다른 초콜릿보다 훨씬 더 맛있다고 답했다. 마지막이라는 말을 들은 학생 중 다섯 번째 초콜릿이 가장 맛있다고 답한 학생은 64퍼센트였던 반면, 마지막이라는 말을 듣지 못한 학생들 중 다섯 번째를 고른 학생은 22퍼센트에 불과했다. "마지막 초콜릿이라는 것을 알고 먹는 사람은 그 초콜릿을 더 맛있게 먹고 대체로 좋은 점수를 주었다. 반면에 초콜릿을 또 먹을 수 있다고 생각한 사람들은 마지막 초콜릿을 그들만큼 맛있게 먹지 못했다."

영화 대본을 쓰는 사람들은 분위기가 고양되는 마지막의 중요성을 이해하지만 그들은 또한 해피엔딩이 진부할 수 있다는 사실도 잘 안다. 마지막 초콜릿처럼 영화의 마지막은 아쉬움을 수반하는 행복일 경우가 많다. "해피엔딩으로 끝내고 싶으면 등장인물이 원하는 것을 다 주면 된다." 유명한 각본을 많이 쓴 로버트 맥키는 그렇게 말했다. "좋은 작가는 약속했던 감정을 우리에게 준다. 그러나 그 감정에는 예기치 못한 깨달음이 동반되어야 한다." 그 예기치 못한 깨달음은 주인공이 마침내 정서적으로 복잡한 진실을 이해하게 되었을 때 다가온다. 〈찰리와 초콜릿 공장Charlie and the Chocolate Factory〉 등 많은 영화의 대본을 쓴 존 어거스트는 이런 보다 세련된 형태의 상승작용이 〈업Up〉, 〈카Cars〉, 〈토이스토리Toy Story〉 등 픽사 삼부작의 성공 비결이라고 주장한다.

 "픽사의 주인공들은 자신이 원하는 목표를 성취하지만 그런 성취가 자

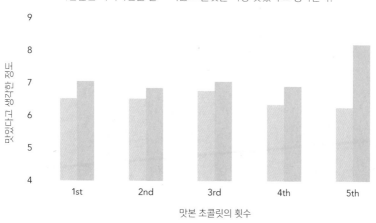

사람들은 마지막인줄 알고 먹는 초콜릿을 가장 맛있다고 생각한다.

▨ 다섯 번째 초콜릿을 받기 전에 "이것도 맛보세요"라는 말을 들은 참가자
▨ 다섯 번째 초콜릿을 받기 전에 "이게 마지막 초콜릿입니다"라는 말을 들은 참가자

신에게 꼭 필요한 것은 아니었다는 사실을 깨닫는다. 그래서 주인공들은 정말로 자신이 필요로 하는 것(쉽지 않은 진정한 동반자, 진정한 친구, 친구와 평생 함께 있는 것)을 얻기 위해 자신이 원했던 것(집, 피스톤 컵, 앤디)을 보내준다." 그런 정서적 복잡성이 분위기가 상승된 결말의 핵심이다.

로라 카스텐슨과 앞서 아홉수의 주인공들을 조사했던 할 허시필드는 다른 학자 두 명과 팀을 이뤄 결말을 의미 있게 만드는 과정을 탐구했다. 그들은 스탠퍼드의 4학년생들을 대상으로 졸업하는 날의 느낌을 조사했다. 한 무리의 학생들에게 조사자들은 다음과 같은 지침을 주었다. '현재의 경험을 마음에 새겨 다음 각각의 감정에 대한 느낌의 정도를 등급으로 표시할 것.' 그런 다음 그들은 19개의 감정이 적힌 목록을 주었다. 다른 무리의 학생들에게는 한 문장을 덧붙였다. '오늘은 스탠퍼드대학교 학생으로 마지막 날이다. 다음 각각의 감정에 대한 느낌의 정도를 등급으로 표시할 것.' 뭔가 끝나가고 있다는 사실에 의미를 부여하도록 만들기 위한 문장이었다.

조사자들은 의미 있는 결말의 중심에는 인간이 경험하는 감정 중 가장 복잡한 감정이 도사리고 있다는 사실을 발견했다. 그것은 '통렬한 감동 pougnancy' 즉 행복과 슬픔이 혼합된 감정이었다. 졸업생이 아니어도 파괴력이 강한 결말은 누구에게나 통렬한 감동을 가져다준다. 통렬한 감동은 의미를 부여하게 만들기 때문이다. 우리가 통렬한 감동을 긴괴하는 한 가지 이유는 그것이 정서적 물리학을 거스르는 방향으로 작동하기 때문이다. 행복할 수 있었던 순간에 작은 슬픔의 요소 하나 첨가되면 그 순간은 가라앉는 것이 아니라 오히려 '상승된다. 통렬한 감동은 결말에서만 나타나는 특징인 것 같다'라고 조사자들은 그렇게 썼다. 가장 좋은 결말은 우리를 행복한 상태로 끝내기보다 더 풍요로운 어떤 것을 생산해내게끔 한다. 갑자기 몰려오는 예기치 못한 깨달음, 쏜살같이 지나가는 어떤 초월적 순간, 간절히 원했던 것을 버림으로써 정말로 필요한 것을 얻을 가능성 같은 것 말이다.

결말은 우리의 행동과 판단에 관해 좋은 소식과 나쁜 소식을 전해준다. 이제 나는 물론 나쁜 소식을 먼저 말할 것이다. 결말은 기호화를 할 수 있게 해주지만 때로 결말에 너무 집착해서 전체를 무시하다보면 기억을 왜곡하고 인식까지 흐려지는 수가 있다.

그러나 결말은 또한 긍정적인 힘이 될 수 있다. 결말은 목표에 이를 수 있도록 힘을 배가시켜준다. 결말은 꼭 필요하지 않은 것들을 편집해낼 수 있도록 해준다. 그리고 결말은 고양시켜준다. 단순한 행복의 추구가 아니라 보다 복잡하지만 통렬한 감동의 힘에 의해서 말이다.

마지막 줄을 읽어라

"그 해 늦은 여름, 우리는 강과 들판 저 너머로 산이 보이는 마을의 한 민가에 머물렀다."

소설을 많이 읽은 사람이라면 이 문장이 낯익을지도 모르겠다. 어니스트 헤밍웨이의《무기여 잘 있거라 A Farewell to Arms》의 첫 문장이다. 작가들은 첫 문장을 고르는데 상상을 초월할 정도로 많은 공을 들인다. 첫 문장은 독자의 마음을 단숨에 사로잡아 거침없이 책속으로 끌고 들어가야 하는 막중한 책임을 갖는다. 그래서 첫 문장은 세심하게 선정되고 그래서 오래 기억된다.

그렇지 않다고? 마지막 문장은 어떨까? 마지막 문장 역시 첫 문장만큼 중요하고 그와 대등한 대접을 받아야 한다. 마지막 문장은 작품의 주제를 압축하고 모든 문제를 해결하고 독자의 머릿속에 계속 이야기가 맴돌도록 만듦으로써 작품의 격을 상승시키고 기호화한다. 헤밍웨이는《무기여 잘 있거라》의 마지막 문장을 39번 고쳐 썼다고 실토했다.

결말의 힘을 이해하고 위력적인 결말을 만들어낼 수 있는 쉬운 방법이 있다. 가장 아끼는 책을 꺼내 마지막 부분을 확인해보는 것이다. 마지막 줄을 읽어라. 또 한 번 읽어라. 그리고 잠시 생각해보라. 아예 외워보라.

마지막 문장 중에 내가 특히 좋아하는 것이 몇 가지 있다.

"바깥에 있던 동물들은 돼지에서 사람으로, 사람에서 돼지로, 다시 돼지에서 사람으로 시선을 옮겼지만, 이미 뭐가 뭔지 분간하기 어려웠다."

— 《동물농장Animal Farm》, 조지 오웰

"'이건 공평하지 않아요. 옳지 않다고요!' 허치슨 부인이 날카롭게 소리쳤지만, 모두 그녀를 향해 돌을 던졌다."

— 《제비뽑기The Lottery》, 셜리 잭슨

"이제 그는 샬리마가 알고 있었던 것을 알았다. 대기에 몸을 맡기면 대기를 타고 달릴 수 있다는 것을."

— 《솔로몬의 노래Song of Solomon》, 토니 모리슨

"누구하고도 어느 곳과도 멀리 떨어진 곳에서 나는 잠시 떠돌았다."

— 《태엽 감는 새ねじまき鳥クロニクル》, 무라카미 하루키

"그렇게 해서 우리는 물결을 거스르는 배처럼, 끊임없이 과거로 밀려나면서도 앞으로 앞으로 계속 노를 젓는다."

— 《위대한 개츠비The Great Gatsby》, F. 스콧 피츠제럴드

그러면 헤밍웨이는 《무기여 잘 있거라》의 마지막을 어떻게 끝냈을까? "잠시 후 병실을 나온 나는 병원을 벗어나 비를 맞으며 다시 호텔을 향해 걸음을 옮겼다."

수많은 '언제'의 결정에는 결말도 포함된다. 그 중에서도 중요한 것은 언제 직장을 그만둘 것인가 하는 문제다. 그것은 중요하고도 위험한 선택이지만 꼭 다른 직장을 찾기 위한 선택만은 아니다. 그러나 이런 선택을 놓고 고민을 한다면, 먼저 다음 다섯 가지 질문을 해보기 바란다. '아니오'라는 답이 두 개 이상 나오면 지금 직장을 그만둘 생각을 해봐야 할 것이다.

1. 다음 입사 기념일에도 이 직장에 있고 싶은가?

사람들은 입사 1년이 된 날에 가장 많이 그만둔다. 두 번째로 많이 그만두는 날은? 입사한지 2주년 되는 날이다. 세 번째는? 입사 3주년 되는 날. 이제 짐작이 갈 것이다. 다음 입사 기념일에 지금 자리에 남아있을 것 같아 걱정이 된다면, 지금부터 미리 알아보는 것이 좋다.

2. 현재의 일이 벅찬가? 그래도 재량껏 할 수 있는 일인가?

성취감을 느낄 수 있는 일에는 한 가지 특징이 있다. 그런 일은 한 단계 숙성한 솜씨를 발휘하도록 자극하지만 다른 누구도 아닌 우리 자신만의 방법으로 하도록 촉구한다. 까다롭기만 하고 자율적인 재량이 허락되지 않는 일은 기력을 소진시킨다. 재량권이 있지만 까다롭지 않은 일은 지루하다(까다롭지도 않고 재량권도 없는 일은 말할 필요조차 없을 것이다). 도전 정신도 필요 없고 재량권도 없고 상황을 개선할 방법도 없다면, 직장을 옮길 생각을 해봐야 한다.

3. 당신의 보스는 당신이 가장 잘하는 것을 하도록 허락해주는가?

스탠퍼드경영대학원 교수 로버트 서튼은 명저 《좋은 보스와 나쁜 보스 Good Boss, Bad Boss》에서 일을 열심히 하게 만드는 특성을 설명한다. 보스가 당신 편이고, 아랫사람을 비난하기보다 스스로 책임을 지고, 당신을 격려할 뿐 아니라 당신의 방식을 존중하고, 문제가 생겼을 때 발끈하기보다 유머러스하게 돌려 말하는 편이라면 그 직장은 좋은 직장이다. 그 반대라면 조심하라. 어쩌면 그만둬야 할지도 모른다.

4. 3~5년의 임금 인상 기간이 지났는가?

임금을 많이 받는 가장 좋은 방법은 이직하는 것이다. 그리고 이직하기 가장 좋은 시기는 입사한지 3~5년 되었을 때다. 대형 인적자원 관리 회사인 ADP는 이 기간이 임금을 올릴 수 있는 최적기라고 말한다. 3년 사이에는 대단한 실력을 갖추기가 어렵다. 5년이 넘으면 이미 승진 사다리에 발을 올리기 시작한 뒤여서 새 출발을 하기가 어려워진다.

5. 평소 업무가 자신의 장기 목표와 맞는가?

여러 나라에서 이루어진 연구 결과에 의하면 개인적인 목표와 조직의 목표가 맞아떨어질 때 사람들은 더 즐겁고 더 생산적으로 일하게 된다. 그러니 잠깐 짬을 내어 앞으로 5년 뒤에 이룰 목표와 10년 뒤에 이루어야 할 목표를 두세 가지씩 작성해보라. 그런 목표에 이르는데 현재의 고용주가 도움이 된다면 다행이지만, 그렇지 않다면 그만둘 생각을 해봐야할 것이다.

언제 결혼을 끝내는가: 위험 방지책

언제 이혼해야 하는가? 이혼은 두려운 결말이고 조사 자료는 너무 방대하며 사람들의 처지도 너무 다양해서 딱히 정해진 답을 내놓기가 어렵다. 그러나 배우자가 보통 언제 떠나는지 알려주는 조사는 몇 가지 있다.

줄리 브라인스와 브라이언 세라피니는 워싱턴 주의 이혼 사례를 14년 동안 분석하여 뚜렷한 계절적 리듬을 찾아냈다. 이혼 소송은 3월과 8월에 치솟았다. 두 사람은 나중에 다른 4개주에서도 특정 패턴을 찾아내어 도표를 작성했다. 다음 페이지의 도표가 바로 그것인데 영화 배트맨의 '배트시그널Bat-Signal'을 닮았다.

3월과 8월에 이혼신청이 부쩍 늘어나는 이유는 분명치 않다. 그러나 브라이언 팀은 이 쌍둥이 피크가 가족들의 휴가 일정과 연관이 있다고 생각한다. 1월과 2월이면 이혼전문 변호사들이 바빠지기 시작한다. 그때 휴가가 끝나는데 휴가에서 돌아온 부부들은 더 이상 갈등을 숨기지 않기 때문이다. 〈블룸버그비즈니스위크Bloomberg Businessweek〉는 그렇게 지적한다. 겨울 휴가 중에 부부는 다시 한 번 관계를 회복하기 위한 마지막 시도를 하게 된다. 그러나 축제가 끝나고 다시 현실과 마주서면 그들은 이혼전문 변호사를 찾는다. 소송이혼은 몇 가지 절차가 있기 때문에 서류를 제출하기까지 보통 4~6주가 걸린다. 따라서 3월에 소송이 집중된다. 학

이혼소송은 3월과 8월에 치솟는다.

년 말에도 같은 현상이 나타난다. 부모들은 아이들 때문에 참고 기다리지만 학기가 끝나면 6, 7월에 변호사 사무실을 찾고 그래서 8월에 소송 건수가 많아진다. 정신 바짝 차려야 한다.

더 나은 결말을 만들어낼 수 있는 4가지 분야

끝을 맺는 순간의 위력을 알고 우리에게 그 순간을 만들 수 있는 능력이 있다는 사실을 이해한다면, 삶의 많은 영역에서 기억에 남을 만한 의미 있는 결말을 만들 수 있다. 여기 네 가지 방법이 있다.

1. 근무일

일과가 끝나면 사람들은 대부분 뿔뿔이 흩어진다. 아이를 데리러 가고 저녁 준비를 하기 위해 서둘러 집으로 향하는가 하면 곧장 술집으로 발길을 돌린다. 그러나 결말의 과학은 그렇게 달아나지 말고 근무 시간의 마지막 5분을 따로 할애하여 하루를 의미 있게 끝맺을 수 있는 뭔가를 해보라고 권한다. 우선 아침부터 지금까지 한 일을 2~3분 동안 적는다. 뭔가 진척시킨 성과를 확인하는 것이야말로 의욕을 불태울 수 있는 가장 확실한 동기다.

'해놓은 것'을 기록하지 않으면 얼마나 좋아지고 있는지 알기 어렵다. 해낸 것을 기록하는 것으로 하루 일과를 끝낸다면 하루 전체를 보다 적극적으로 기호화할 수 있다(고백하지만 나는 이 일을 4년째 해오고 있다. 성과가 좋았던 날에 그것을 기록하면 뭔가 해냈다는 뿌듯함을 느끼게 된다. 성과가 시원치 않았던 날에도 막상 적어보면 생각보다 많이 했다는 사실을 확인하는 경우가 많았다).

이제 2~3분 정도를 할애해서 다음날 해야 할 일을 설계하라. 그렇게 하면 오늘 일을 잘 마무리하고 내일 일할 기운까지 얻을 수 있다. 보너스, 시간이 남으면 누구라도 좋으니 고맙다는 이메일을 보내라. 2장에서 감사가 강력한 회복력을 가진다는 사실을 언급한 바 있다. 그것은 강력한 형태의 상승작용과 같은 효과를 낸다.

2. 학기 또는 학년

한 학기가 끝나면 학생들은 안도감에 한숨을 돌린다. 그러나 나름대로의 계획이 있기 때문에 그들은 또한 한 단계 상승해야 한다는 생각을 하게 된다. 그래서 좋은 스승은 학생들이 결말을 의미 부여의 계기로 삼도록 지도한다. 시카고 외곽에 자리 잡은 나저렛 아카데미의 경제교사인

앤서니 곤잘레스는 졸업반 학생들에게 편지를 써 보내라고 당부한다. 곤잘레스는 그렇게 받은 편지들을 5년 뒤에 다시 학생들에게 보낸다. 편지에는 고등학교에서 배운 지혜, 장래에 대한 추측, 받고 싶은 임금, 해보고 싶은 모험, 주가 등이 담겨있다. 아이들이 그 편지를 다시 받아본다면, 그것은 자신을 돌아볼 수 있는 아주 좋은 기회가 될 것이다. 아울러 그것은 학생들이 23살이 되고 고등학교 시절이 추억이 되어가는 시점에서 교사와 학생이 다시 연락을 취할 수 있는 좋은 방법이다.

아이오와 주 디모인의 노스고등학교에서 합창지도를 맡고 있는 버네사 브래디는 한 학년 마지막 날에 남편의 도움을 받아 학년말 팬케이크데이에 쓸 그리들, 버터, 시럽, 집에서 만든 팬케이크 반죽 등을 학교로 갖고 온다.

한 학기가 끝나는 마지막 수업을 기념하기 위해 러시아의 로모노소프 모스크바주립대학교의 알리시아 죠에바는 학생들을 작은 식당으로 데려가 토스트를 사준다.

뉴저지 주 웨스트윈저-플레인스보러 하이스쿨노스의 영어교사 베스 팬돌포는 한 학년이 시작될 때 학생들에게 여섯 단어로 회상을 남기게 한 다음 그것을 교실 주변에 쳐놓은 줄에 걸어놓는다. 한 학년이 끝날 때, 학생들은 또 다른 여섯 단어 회상을 쓴다. 학생들은 먼저 쓴 회상을 큰 소리로 읽고 줄에서 떼어낸 다음 새 회상을 건다. "그렇게 하면 시간이 완전히 한 바퀴를 돌아 다시 제자리로 온 것 같은 느낌이 든다." 팬돌포는 그렇게 말한다.

3.휴가

휴가를 어떻게 끝나느냐에 따라 경험에 대한 느낌은 달라진다. 브리티시컬럼비아대학교의 심리학자 엘리자베스 던은 〈뉴욕타임스〉와의 인터뷰에서 이렇게 말했다. "경험의 끝부분은 우리의 기억에 특별히 많은 영향을 주는 것 같다." 다시 말해 "놀이공원에 가든 열기구를 타든 여행 마지막 날에 한 일은 특히 오래 기억된다." 다음 휴가 계획을 짤 때, 마지막 날에 하겠다며 좋은 일을 죄다 아껴둘 것까지는 없다. 그러나 의식적으로 마지막 경험을 한껏 상승된 분위기 속에서 치르면 그 순간도 즐겁지만 나중의 기억 속에서도 더 멋진 휴가로 남을 것이다.

4.구매

아무리 정성을 들여 고객에게 서비스를 했어도, 고객이 자리를 뜰 때는 대접이 부족했다는 느낌을 지울 수 없다. 그래서 어떤 식당에서는 계산을 할 때 손님에게 초콜릿을 권한다. 노드스트롬 백화점의 판매담당 직원들은 계산을 치른 상품을 카운터 밖으로 나가 직접 고객의 손에 들려주는 것으로 유명하다.

위의 사례들보다 좀 더 정중하고 독창적인 결말을 생각해보기 바란다. 예를 들어 식당에서 손님이 일정 금액 이상의 식사를 할 경우 자선단체 세 곳의 이름이 적인 카드를 제시하여 손님에게 선택해달라고 요청하는 것은 어떤가? 이익금의 일부를 기부하는 쪽은 식당이지만, 손님의 이름으로 기부한다는 것을 반드시 손님에게 알려야 한다. 아니면 컴퓨터나 가전제품이나 고급 의상 등 액수가 큰 상품을 구입한 고객이 매장을 나설 때, 종업원들이 줄지어 서서 "감사합니다"라는 인사와 함께 박수로 배웅하는 것도 좋을 것이다.

어떤 책의 저자가 감사의 표시로 독자에게 예기치 못한 선물을 증정하는 것은 또 어떤가?

흠, 괜찮은 아이디어니 당장 시도해보겠다.

PART
3

그룹 타이밍에
싱크로하라

완벽한 연합:
그룹 타이밍으로 협력하라

"용해되어 완전하고 위대한
어떤 것으로 바뀌는 것, 그것이 행복이다."
-윌라 캐더, 《나의 안토니아》중에서

후덥지근한 2월 어느 날 아침, 막 떠오른 햇살이 웨딩드레스를 선전하는 거대한 광고판에 부딪혀 반사된 빛이 반짝이면 인도 최대의 도시 뭄바이는 갑자기 활기를 띠기 시작한다. 뭄바이에는 어디를 가나 톡 쏘는 듯한 매캐한 스모그가 대기 중간쯤에 걸려있다. 거리를 가득 메운 승용차와 화물차와 삼륜차가 울려대는 경적소리는 놀란 기러기떼의 울음소리를 닮았다. 슬랙스나 사리를 입은 회사원들은 좁은 골목을 지나 통근열차로 물결처럼 빨려 들어간다. 40세의 아힐루 아드하브는 이제 모자를 고쳐 쓰고 자전거에 올라 페달을 힘차게 밟기 시작한다.

아드하브의 자전거는 뭄바이의 빌레팔르를 통과하여 신선한 채소부터 포장된 양말에 이르기까지 안 파는 것이 없는 갖가지 노점상 옆을 지나 작은 공동주택의 정면을 향해 달려간다. 아드하브는 빠르게 달리던 자전거에서 사뿐히 내려(이것도 기술이다), 건물로 성큼성큼 걸어 들어가 엘리베이터를 타고 3층에 있는 투라키아 씨네 집으로 올라간다.

이때가 오전 9시 15분. 그는 초인종을 누른다. 응답이 없자 초인종을 연속 두 번 누른다. 문이 열린다. 리양카 투라키아는 문을 늦게 열어 죄송하다는 말과 함께 4리터 정도 되는 갈색 천 자루 하나를 아드하브에게 건넨다. 자루 안에는 4단으로 된 원통의 스테인리스 통이 들어있다. 티핀 tiffin이라고 하는 통 안에는 콜리플라워, 노란 색의 렌틸콩 스프, 밥, 로티 등 그녀의 남편이 점심 때 먹을 식사가 담겨있다. 리양카가 만든 점심은 3시간 반 뒤에 30킬로미터 정도 떨어진 뭄바이 시내에 있는 남편의 사무실 책상 위에 놓일 것이다. 그리고 약 7시간 뒤면 비워진 티핀과 이 자루는 다시 이 집 문 앞에 나타날 것이다.

아드하브는 다바왈라dabbawala다. 참고로 '다바labba'는 힌두어로 금속 티핀통을 말하고 '왈라wala'는 '일하는 사람'과 '상인'의 합성어다. 월요일 첫 68분 동안 아드하브는 그런 점심도시락 자루를 15개 받아 핸들과 자전거 뒤에 묶었다. 약 50만 명이 사는 인근 동네 곳곳에서 도시락 자루를 수거해온 다른 12명과 한 팀인 그는 그들과 함께 도시락을 분류한 다음 그 중 20개를 등에 지고 통근열차의 화물칸에 올라 뭄바이 상업지구의 가게와 사무실로 나른다.

뭄바이에는 약 5,000명의 다바왈라들이 활약하고 있다. 매일 그들이 나르는 도시락은 20만 개가 넘는다. 그들은 도시락을 매주 6번씩 1년 열두 달 배달한다. 그들의 정확도는 물류업체인 페덱스FedEx와 UPS도 혀를 내두를 정도다.

"요즘 사람들은 건강에 관심이 많습니다." 아드하브가 첫 번째로 방문하는 집의 안주인 투라키아는 내게 그렇게 말했다. "그래서 다들 집에서 만든 음식을 고집하죠. 그리고 이 사람들은 도시락을 제 시간에 제 장소로 정확히 배달합니다. 완벽해요." 증권회사에서 일하는 그의 남편은 오전 7시에 집을 나선다. 제대로 된 도시락을 싸기엔 이른 시간이다. 그러나 다바왈라 덕분에 그녀는 여유롭고 마음 편하게 도시락을 만들 수 있다. "이 사람들 협동 정신이 대단해요. 시간도 기가 막히게 조율해가며 맞춥니다." 그녀는 도시 중산층 가족이 부담하기에 큰 무리가 없는 수수료(매달 12달러)를 내고 5년째 아드하브와 그의 동료들의 신세를 지고 있다. 하지만 도시락이 엉뚱한 곳으로 배달되거나 늦게 배달된 적은 단 한 번도 없다.

다바왈라들은 어떻게 그 넓은 지역을 매일 그처럼 완벽하게 관리할 수 있을까? 한시도 조용할 때가 없고 잠깐 한 눈 팔면 코 베어가는 뭄바이에 비하면 맨해튼은 한적한 어촌이나 다름없다. 뭄바이는 세계에서 가장 큰 도시 중 하나일 뿐 아니라 인구 밀도가 가장 높은 도시이기도 하다. 로드아일랜드의 5분의 1밖에 안 되는 면적에 1,200만 명의 시민들이 몰려있기 때문에 어깨를 부딪치지 않고 지나기가 쉽지 않은 도심은 매우 역동적이지만 동시에 아주 혼란스럽다. '열기로 가득한 도시'라고 저널리스트 수케투 메타는 뭄바이를 그렇게 불렀다. 그러나 다바왈라들은 그 아수라장을 뚫고 군사작전을 수행하듯 신속하고 정확하게 맡은 임무를 완수한다.

더욱 인상적인 것은 다바왈라들이 서로 완벽하게 손발을 맞춘다는 점이다. 그들은 각자의 속도를 정확하게 조절해가며 자전거와 기차 이외의 어떤 기술의 도움도 빌리지 않고 20만 개가 넘는 도시락을 매일 정확하게 배달한다. 그들에겐 스마트폰도, 스캐너도, 바코드도, GPS도 없다. 그리고 실수도 없다.

혼자서는 그 일을 해낼 수 없다. 직장이든 학교든 집에서든 우리가 하는 일은 대부분 다른 사람들과의 협력을 통해 이루어진다. 우리 인간이 그 장구한 세월 동안 험한 자연에서 살아남을 수 있었던 것은 다른 사람들과 협력할 줄 아는 능력이 있었기 때문이다. 시작과 중간과 끝을 관리하는 개인적인 타이밍은 당연히 중요하다. 그러나 그에 못지않게 중요한 것은 집단의 타이밍이다. 이제 집단 타이밍의 핵심을 파헤쳐보자.

응급실로 실려 들어가는 심장마비 환자의 생사 여부는 의료진들이 얼마나 긴밀하게 협력하느냐에 달려있다. 시계가 똑딱거리고 환자의 생명도 똑딱거리며 가는 동안 그들이 얼마나 능숙하고 정확하게 각자의 타이밍을 맞추느냐가 이 환자의 생사를 가른다.

너무 극단적이라면 다른 사례를 들겠다. 시간대가 다른 대륙에서 일을 하면서 특정 날짜에 제품을 선적해야 하는 소프트웨어 엔지니어들은 어떤가? 발표자들의 일정을 조정해서 사흘간의 회의가 제 시간에 탈 없이 끝날 수 있도록 해야 하는 행사기획자는 또 어떤가? 동네 곳곳을 누비며 홍보할 선거자원봉사자를 모집하고 마이크를 들고 유권자에게 호소하고 선거 전날 피켓을 나눠줘야 하는 정치 후보자는 어떤가? 현장학습날 60명의 학생들을 버스에 태워 박물관으로 인솔해야 하는 교사들은 어떤가? 스포츠 팀, 가두행사에 동원된 취주악대, 수송 회사, 공장, 식당들은? 이 모두가 각자 제 속도로 각자의 타이밍을 다른 사람과 맞춰가며 같은 박자로 공통의 목표를 이루어가는 직종이다.

이런 일을 아주 능숙하게 처리할 수 있게 해준 획기적인 발상은 지금부터 500여 년 전인 1500년대 말 어느 청년의 머릿속에서 나왔다. 당시 갈릴레오 갈릴레이는 피사대학교에 다니던 18살짜리 학생이었다. 어느 날 천장에 매달린 샹들리에가 흔들리는 모습을 지켜보던 갈릴레오는 갑자기 벌떡 일어났다. 그는 당장 추를 가지고 몇 가지 실험을 했다. 그리고 그는 추의 움직임에 가장 많이 영향을 미치는 것은 줄의 길이라는 사실을 알아냈다. 아울러 그는 줄의 길이와 추의 진폭을 같게 하면 같은 시간에 같은 횟수를 왕복한다는 사실도 밝혀냈다. 그리고 이런 진자의 주기성을 이용하면 정확한 시계를 만들 수 있지 않을까 하는 데까지 생각이 미쳤다. 그런 갈릴레오의 통찰력 덕분에 드디어 몇 십 년 뒤에는 추시계가 발명될 수 있었다. 그리고 추시계는 우리가 깨닫지 못하는 비교적 새로운 개념을 만들어냈다. 바로 '시간'이었다.

시간 개념이 없는 세상에서 산다고 생각해보라. 그래도 어쨌든 시간을 관리할 방법은 있을 것이다. 그러나 그 방법은 번거롭고 비효율적이어서 정확한 시간은 짐작하기가 어려울 것이다. 배달은 언제 하고 버스는 언제 기다리고 아이는 언제 치과에 데려가야 하는가? 하지만 그 전의 어떤 시계보다 훨씬 정확해진 추시계 덕분에 사람들은 서로 타이밍을 일치시킴으로써 새로운 문명을 만들어갈 수 있었다. 마을 광장에는 시계탑이 섰고 지역마다 단일 표준시간을 정하기 시작했다. 내게 2시는 당신에게도 2시가 되었다. 그리고 이런 공적 시간 개념은 상업 활동의 바퀴에 기름칠을 하고 사회적 교류의 윤활유가 되었다. 얼마 안 가 지방시 표준화는 지역적이 되고 지역 표준화는 전국적이 되어, 예측가능한 일정표와 뉴욕 주 포킵시로 가는 오후 5시 16분 출발 열차를 달리게 했다.

몇 백 년 전에 갈릴레오가 물길을 냈던 폭포 덕분에 인류는 다른 사람과 싱크로나이징하는 능력을 갖추며 다시 한번 큰 도약을 이룩했다. 그러나 시계가 알려주는 것에 관한 합의는 많은 그룹 타이밍의 첫 번째 요소였을 뿐이다. 합창단, 조정경기 팀, 뭄바이 다바왈라 등 타이밍의 일치 여부에 성패를 거는 집단은 그룹 타이밍의 세 가지 원칙을 지킨다. 첫째 속도를 정하는 것은 외부의 기준이다. 둘째 각자의 타이밍을 일치시키도록 만드는 것은 소속감이다. 그리고 싱크로나이징에는 행복감이 필요하고 동시에 싱크로나이징은 행복감을 향상시킨다. 다시 말해 집단은 세 가지 차원에서 동기화를 이루어야 한다. 보스와 집단과 그리고 심장의 박동에 말이다.

그룹 타이밍의 원칙1: 보스에게 싱크로하라

데이비드 시몬즈는 아힐루 아드하브와 키가 같지만 닮은 점이라고는 그것이 전부다. 시몬즈는 백인이고 미국인이며 로스쿨을 졸업했지만 한가하게 몇 시간씩 점심을 즐길 겨를은 없다. 그는 합창단원을 인솔해야 한다. 25년 전 어느 날 그는 사무실로 들어가 대표에게 불쑥 말했다. "이 짓 그만두겠습니다." 그렇게 법률사무소를 뛰쳐나온 이 루터교 목사의 아들은 음악에 빠져 합창단 감독이 되었다. 지금 그는 워싱턴 D.C. 의회 합창단의 예술감독이다. 그리고 서리가 내렸던 겨울 끝자락의 어느 금요일 밤, 그는 워싱턴 D.C.에 있는 아틀라스퍼포밍아트센터의 무대에 오른 80명의 대원들 앞에 섰다. 이날 공연의 제목은 '로드 트립Road Trip!'으로 스무 곡이 넘는 미국인들의 애창곡과 메들리로 구성된 2시간 반짜리 공연이었다.

합창은 묘한 데가 있다. 한 사람이 부를 수 있는 노래를 여러 사람이 그것도 아주 많은 사람이 부르면 부분의 합 이상의 결과가 나온다. 그러나 그 많은 목소리로 같은 곡을 부른다는 것이 생각만큼 쉬운 일은 아니다. 이들처럼 완전히 아마추어로만 구성된 합창단에게는 특히 그렇다. 의회 합창단은 1980년대 중반에 음악적 욕구와 정치적 환멸에 대한 배출구를 찾던 국회의사당 직원 12명이 모여 만든 순수한 아마추어 단체였다. 하지만 지금은 규모도 100명 정도로 크게 늘어났고 단원들의 구성도 다양해졌다. 지금도 의회 사무보조원은 여전히 있지만 변호사, 로비스트, 회계사, 마케팅 전문가, 교사 등 다양한 직업의 단원들이 대폭 추가되었다(사실 워싱턴 D.C.는 미국의 다른 어느 곳보다 인구 대비 합창단 수가 가장 많은 도시다). 단원들 중에는 대학합창단이나 교회 성가대 출신도 많다. 개중에는 성악에 천재적인 소질을 보이는 사람도 몇몇 있지만 그래도 전문 성악가는 한 명도 없다. 그리고 각자 직업이 다르기 때문에 연습할 기회도 많지 않다.

그렇다면 시몬즈는 어떻게 그들의 타이밍을 조절할까? 그날 저녁 70여 명의 아마추어 합창단원들은 뒷줄에 서서 몸을 흔들며 '서퍼 걸Surfer Girl' 등을 불렀고 6명의 아마추어 댄서들은 무대 앞쪽에서 매끈하게 넘어가는 메들리에 맞춰 춤을 추다 모두가 정확히 같은 순간에 가사의 마지막

구절인 '서핀 유에스에이Surfin' U.S.A'를 외치며 2시간 넘는 캘리포니아 서
퍼 메들리를 끝냈다.

"난 독재자예요." 시몬즈는 그렇게 말했다. "세게 몰아붙이는 편이죠."

시몬즈는 모든 단원을 대상으로 한 사람씩 오디션을 본 다음 누구를 넣
고 누구를 뺄지 정한다. 그는 미리 계획을 짜두었다가 정확히 오후 7시에
리허설을 시작한다. 연주회의 레퍼토리도 모두 직접 선곡한다. 하지만
그도 민주적인 방식으로 운영하고 싶은 생각이 아주 없지는 않아 단원들
에게 직접 선곡을 권할 때도 있다. 별 세 개짜리 미슐랭 식사보다 각자 한
가지 메뉴를 들고 파티에 참석하는 '포트럭 디너' 같은 콘서트도 나쁘지
않다고 그는 생각한다. 하지만 단원들끼리의 불화만큼은 아무리 사소해
도 허용하지 않는다. 그가 기질적으로 독재 성향이 있기 때문은 아니다.
합창의 효율성은 확고한 리더십에서 나온다는 것을 누구보다 잘 알기 때
문이다. 처음에 그런 그의 리더십에 반발했던 단원도 나중에는 그에게
말했다. "첫 리허설에서는 아무 것도 모르는 상태로 시작하는데 마지막
콘서트를 할 때쯤이면 눈빛만으로도 박자와 동작이 척척 맞잖아요. 정말
놀라워요."

그룹 타이밍의 첫 번째 원칙은 보스가 있어야 한다는 것이다. 남들보
다 높은 곳에서 그들과 떨어져 그들의 속도를 정하고 기준을 유지하며 집
단정신에 초점을 맞추는 것, 그것이 보스가 할 일이다.

1990년대 초에 MIT슬론 경영대학원의 한 젊은 교수가 조직의 기능원
리를 학문적으로 규명하려다 난관에 부딪혔다. "시간은 우리가 어디를

가든 빠짐없이 따라오는 삶의 양상이다." 데보라 앤코나는 그렇게 썼다. "그러나 시간은 체계적인 행동 연구에서 어떤 의미 있는 뚜렷한 역할도 하지 않았다." 그래서 그녀는 〈타이밍이 전부다Timing Is Everything〉라는 제목의 1992년 논문에서 개인의 시간생물학에 사용되었던 어떤 개념을 빌려와 그것을 팀의 인류학에 응용했다.

1장에서 나는 우리의 신체와 두뇌 안에 우리의 실적과 기분과 각성도에 영향을 미치는 생물학적 시계를 가지고 있다고 지적했다. 그리고 이런 시계는 보통 24시간보다 조금 더 길게 간다고도 했다. 빛도 들어오지 않고 다른 사람과 접촉할 수도 없는 지하 골방에서 몇 달을 보내면, 우리의 시간 개념은 뒤죽박죽되어 오후에 잠들고 한밤중에 말짱하게 깨어있어도 아무렇지도 않게 된다. 지상세계의 리듬과 어긋나지 않으려면 일출 같은 환경적 신호나 알람시계 같은 사회적 신호가 있어야 한다. 우리의 내부 시계와 외부의 신호가 맞춰져, 일어나야 할 때 일어나고 자야할 때 자는 과정을 '동조entrainment, 同調'라고 부른다.

동조 현상은 조직에서도 나타난다고 앤코나는 주장했다. 제품 개발이나 마케팅 같은 활동은 자기만의 속도를 갖고 있다. 그러나 그런 리듬은 반드시 회계연도, 매출 주기, 심지어 회사의 연혁이나 사람들의 경력 발전 단계 같은 조직 생활의 외적 리듬과 일치되어야 한다. 개인이 외부의 신호에 동조되는 것처럼 조직도 동조된다고 앤코나는 주장했다.

시간생물학에서는 이런 외부의 신호를 '자이트게버zeitgebers'라고 부른다. 독일어로 '시간을 부여하는 자'라는 뜻의 자이트게버는 틸 뢰네버크가 설명한 것처럼 24시간 주기 생체리듬 시계에 싱크로시킬 수 있는 '환경적 신호'다. 앤코나의 이론은 집단에도 자이트게버가 필요하다는 사실을 입증하는데 도움이 되었다. 데이비드 시몬즈의 경우처럼 한 사람의 리더가 속도를 정할 때가 있다. 실제로 집단은 일반적으로 그들 중 가장 지위가 높은 멤버의 기호에 속도를 맞춘다. 그러나 지위가 높은 사람들이라고 다 키가 큰 것은 아니다.

조정경기는 등을 돌린 채 결승선을 향해 가는 유일한 경기다. 정면을 바라보는 선수는 타수舵手 한 명뿐이다. 그리고 조지워싱턴대학교 NCAA 디비전 I 여자팀에서 그 한 명은 리디아 바버였다. 바버는 보트 맨 뒤에 앉아 머리에 헤드폰을 끼고 8명의 조수漕手에게 구령을 내린다. 전통적으로 타수는 체구가 작고 몸무게가 가벼운 사람이 맡는다. 그래야 보트의 무게를 줄일 수 있다. 바버의 키는 1미터 22센티미터다(그녀는 왜소증을 앓았다). 그러나 그녀는 기질적으로나 기술적으로나 집중력과 리더십이 아주 뛰어나 여러 면에서 보트 경주에 적합했다.

바버는 배의 속도를 조정하고 경기를 주도하는 페이스세터였다. 그녀는 2,000미터를 7분 정도의 시간에 저어가야 하는 팀의 보스였다. 그 400~500초 동안 그녀는 스트로크의 리듬에 구령을 붙인다. 일단 책임감이 남달라야 하고 무엇보다 배포가 커야 하는 자리라고 그녀는 내게 말했다. 경기는 보트가 정지된 상태에서 시작된다. 따라서 조수들은 순식간에 배의 속도를 높이기 위해 빠르고 짧은 스트로크를 다섯 번 반복한다. 그런 다음 바버는 "하이 스트로크"를 15번 외친다. 분당 약 40번으로 노를 젓는 속도다. 그런 다음 그녀는 스트로크 리듬을 조금씩 늦춰가며 조수들의 호흡을 조절한다. "시프팅 하나, 시프팅 둘, 시이이이프트!"

이제 남은 일은 선체의 방향을 바로잡고 전략을 바꾸고 조수들을 독려하고 그들의 동작을 일치시키는 것이다. 듀케인대학교와의 시합에서 그녀는 큰소리로 구령을 붙였다.

여덟 명의 동작이 정확히 맞지 않으면 최고 속도를 낼 수 없다. 그리고 바버가 없으면 그 일을 해낼 수 없다. 보트의 속도는 노를 잡지 않는 사람의 손에 달렸다. 의회합창단의 노래가 한 소절도 부르지 않는 시몬즈의 손끝에서 나오는 것처럼. 그룹 타이밍에서 보스는 집단과 떨어져 집단을 조율하는 가장 중요한 사람이다.

그러나 다바왈라의 경우, 보스 즉 자이트게버는 합창단원 앞에 서지도 보트 고물에 웅크리고 앉지도 않는다. 보스는 기차역에서 다바왈라들의 머리 위를 맴돌고 하루 종일 그들의 마음속에서 떠나지 않는다.

아힐루 아드하브의 아침 도시락 수거 과정은 신속하고 효율적이다. 아파트 각 가정에서 문이 열리고 팔이 쑥 나오면 기다리고 있던 아드하브의 손이 천 가방을 낚아챈다. 미리 전화하는 법도 없다. 우버나 리프트 택시처럼 고객들이 그의 움직임을 추적하는 것도 아니다. 마지막 도시락이 수거되면, 그의 자전거에는 15개의 자루가 대롱대롱 매달린다. 그는 빌레발르 기차역 건너편 도로를 향해 페달을 밟는다. 그곳에서 그는 10명 정도의 다른 다바왈라와 합류한다. 그들은 도시락 주머니를 풀어 바닥에 쌓고 카드 석장으로 묘기를 부리는 야바위꾼 같은 자신감과 번개 같은 손놀림으로 주머니들을 분류한다. 그런 다음 왈라들은 각각 10~20개의 도시락을 하나로 묶어 멜빵처럼 등에 멘다. 그리고 곧바로 기차역으로 가 뭄바이 철도 서부 노선의 플랫폼에 선다.

다바왈라는 자율적으로 일한다. 도시락을 수거하고 배달하는 순서를 두고 이래라저래라 하는 사람은 아무도 없다. 공사장 십장 같은 고압적인 감시자도 그들에겐 없다. 그저 그들끼리 팀을 짜고 업무를 분할할 뿐이다.

그러나 어떤 면에서 그들에게는 재량권이 전혀 없다. 그들은 그들의 목을 쥐고 있는 존재에 절대 복종해야 한다. 바로 시간이다. 인도의 회사들은 점심시간이 보통 1시에서 2시까지다. 그래서 오후 12시 45분까지는 모든 배달이 끝나야 한다. 따라서 아드하브 팀은 오전 10시 51분까지 발레팔르 역에서 모든 도시락을 기차에 실어야 한다. 왈라들에게는 열차시간표가 보스다. 열차시간표는 일의 리듬과 페이스를 정하는 외부 기준으로, 뒤죽박죽이 되기 쉬운 작업에 규율을 부과하는 엄격한 보스다. 그것은 암살할 수 없는 독재자이며 권위를 의심할 수 없는 제국주의적 자이트게버이며 최종적 통수권자다. 생명체가 아닐 뿐 타수나 합창단 지휘자와 다를 것이 없다.

그래서 이날 월요일에 다바왈라들은 다른 요일과 마찬가지로 7분의 여유를 가지고 플랫폼에 도착했다. 머리 위의 시계가 10시 45분에 가까워지자, 그들은 자루를 모아 열차가 완전히 정차하기도 전에 화물칸에 올라탔다. 잠시 후 기차는 남부 뭄바이를 향해 출발했다.

그룹 타이밍의 원칙2: 소속팀에 싱크로하라

뭄바이의 다바왈라에 대해 먼저 알아야 할 것이 있다. 그나마 학력이 높은 사람이라고 해봐야 중학교 졸업이 고작이라는 사실이다. 사실 대부분의 왈라들은 읽을 줄도 쓸 줄도 모른다. 그래서 더욱 그들의 일이 믿어지지 않는다.

만약 당신이 벤처 투자가라고 하자. 이제 당신에게 아래와 같은 사업을 하나 제안해보고자 한다.

"점심 도시락 배달 서비스를 하는 겁니다. 아파트 각 세대에서 수거한 집밥을 도시 다른 쪽에 있는 가족의 사무실 책상 위에 점심시간에 맞춰 정확히 배달하는 사업입니다. 세계에서 열 번째로 큰 도시인데 인구로 따지면 뉴욕시의 두 배이지만 기반시설은 사실 좀 허술합니다. 우리 사업은 휴대폰이나 문자나 온라인 지도나 그 밖의 웬만한 다른 통신 기술을 사용하지 않습니다. 우리는 중등학교를 졸업하지 않은 사람들을 고용해 운영할 것입니다. 아마도 글을 읽지도 쓰지도 못하는 사람들이 많을 것입니다."

어떤가. 아마 여러분은 투자는 고사하고 다음 회의 일정도 잡지 않은 채 서둘러 자리를 뜰 것이다. 그러나 누탄 뭄바이 도시락 공급 협회Nutan Mumbai Tiffin Box Suppliers Association 회장 라구나스 메지는 다바왈라의 배달사고율이 1,600만 분의 1이라고 주장한다. 물론 입증할 수는 없지만 널리 공인된 통계수치다. 왈라들의 효율성은 버진 그룹의 회장인 리처드 브랜슨이나 찰스 왕세자까지 나서 극찬한 바 있다. 하버드경영대학원이 사례연구감으로 삼았을 정도다. 어쨌든 이 사업은 1890년에 시작된 이래로

214

지금까지 계속 성업 중이다. 그렇게 건재할 수 있는 한 가지 이유는 그룹 타이밍의 두 번째 원칙 때문이다.

개인이 보스 즉 일의 속도를 정하는 외부 기준에 타이밍을 맞추고 나면, 그들은 서로의 타이밍을 맞춰야 한다. 그렇게 하려면 확실한 소속감이 필요하다.

1995년에 사회학자 로이 바우마이스터와 마크 리어리는 소위 '소속감 가설belongingness hypothesis'이라는 이론을 내놓았다. "소속되려는 것은 인간의 기본적 욕구며 인간이 하는 일은 대부분 소속감의 도움을 받는다." 지그문트 프로이드와 에이브러햄 매슬로 등도 비슷한 주장을 했다. 바우마이스터와 리어리는 그 실증적 증거를 찾기 시작했다. 그들이 수집한 증거는 움직일 수 없는 것이었다(그들이 작성한 26쪽짜리 보고서는 300개 이상의 출처를 밝히고 있다.) 소속감이 우리의 생각과 감정에 큰 영향을 준다는 사실을 그들은 여러 경로를 통해 확인했다. 소속감이 없으면 여러 가지 부작용이 발생하지만, 소속감이 있으면 조직의 구조가 튼튼해지고 구성원들도 만족감을 느낀다.

진화론으로도 이를 설명할 수 있다. 영장류들이 나무에서 내려와 탁 트인 평원을 어슬렁거릴 때, 그들의 생존을 좌우한 것은 무리에 속해있는지 여부였다. 그들은 각자의 할 일을 분담했고 망을 볼 사람을 따로 정했다. 소속되었기 때문에 우리는 살아남을 수 있었다. 소속되지 못한 자는 야수들의 먹잇감이 될 수밖에 없었다.

이처럼 어딘가 소속되고 싶어 하는 성향 덕분에 우리는 우리의 타이밍을 다른 사람들과 맞출 수 있다. 사회적 유대로 인해 우리는 더욱 쉽게 타이밍을 맞출 수 있다. 시몬즈의 말대로 "소속감을 가지면 더 잘 할 수 있다. 리허설 참여율이 더 높아지고, 더 많이 웃게 된다." 이처럼 소속되려는 충동은 내재적인 요소지만, 팀원들에게 소속감을 주려면 따로 노력을 해야 할 때가 있다. 집단의 협동을 유도하는 요소는 세 가지 형태로 나타난다. 암호, 복장, 접촉이다.

1.암호

다바왈라의 경우 암호는 그들이 처리하는 모든 도시락 통에 페인트나 마커로 표시되어 있다. 왈라인 아드하브가 운반하는 도시락통의 뚜껑을 보면 전부 표식이 있다.

여러분이나 나나 심지어 도시락 통 주인에게도, 이 글씨는 아무런 의미가 없다. 그러나 다바왈라에게 그것은 협업의 핵심이다. 우리의 기차가 남부 뭄바이를 향해 덜컹거리며 달리고 우리의 몸도 그에 따라 덜컹거릴 때(결코 호화열차가 아니다), 아드하브는 내게 그 기호를 설명해주었다. VP와 Y는 아침에 도시락을 수거해온 동네와 건물을 의미한다. 0은 도시락 통이 도착하는 역이다. 7은 도착역에서 도시락을 가져갈 왈라를 알려주는 숫자다. 그리고 S137은 고객이 일하는 건물과 층수다. 그것이 전부다. 바코드도 없고 심지어 주소조차 없다. "척 보면 다 압니다." 아드하브는 내게 그렇게 말했다.

뭄바이의 기차는 늘 과적상태여서 누구도 큰 짐을 가지고 탈 수 없다. 그래서 다바왈라는 200개나 되는 도시락이 담긴 천 자루나 비닐 백 더미

216

를 화물칸에 쌓아 놓고 바닥 빈틈을 찾아 앉는다. 그들은 제1통용어인 힌두어가 아니라 마하라슈트라 주의 고유 언어인 마라티어로 이야기를 하고 농담도 한다. 다바왈라들은 뭄바이 동남부 약 150킬로미터 지점에 있는 몇몇 작은 마을 출신이다. 그리고 대부분 친척이다. 아드하브와 메지는 사촌이다.

왈라인 스와프닐 바체는 언어가 같고 출신지가 같기 때문에 그들에게는 소위 '형제애'라는 것이 있다고 내게 말했다. 그리고 도시락 통에 적힌 암호처럼, 이런 동류의식은 그들로 하여금 서로의 행동을 예측하고 이동 경로를 조정할 수 있게 해준다.

소속감은 또한 직업에 대한 만족도와 성취도를 높여준다. MIT의 앨릭스 펜틀랜드는 실험을 통해 "유대감이 강하고 소통이 잘 될수록, 즉 대화와 가십을 많이 교환하는 팀일수록 더 많은 일을 해낸다"라는 사실을 입증해보였다. 경영구조도 소속감을 높여준다. 다바왈라들은 주식회사corporation가 아니라 일종의 협동조합cooperative이다. 그들의 협동조합은 모든 이익을 모든 왈라에게 똑같이 분배하는 이윤 공유 모델이다.* 더구나 그들은 공동의 언어와 공동의 유산을 갖고 있기 때문에 이익을 공유하는 데 큰 어려움을 겪지 않는다.

2.복장

흰색 셔츠를 입은 아드하브를 보면 마네킹이 아니라 옷걸이에 셔츠를

---

*다바왈라들의 수입은 매달 평균 210달러 정도다. 인도 기준으로는 대단한 액수가 아니지만 시골에서 한 가족을 부양할 정도는 된다.

걸쳤다는 느낌이 들 정도로 그의 체구는 호리호리했다. 그래도 강단이 있어 보였다. 바지와 샌들은 짙은 색이고 이마에는 빈디 점이 두 개 찍혀 있다. 그의 차림새 중에 가장 중요한 것은 머리에 쓴 하얀 간디 모자로, 그가 다바왈라라는 사실을 알려주는 표식이다. 일하는 동안 그들은 절대 모자를 벗지 않는다. 모자는 그들의 싱크로율을 높여주는 또 하나의 요소다. 이 모자를 통해 그들은 동료의식을 유지하고 아울러 다바왈라가 아닌 사람들에게 자신의 정체를 밝힌다.

복장은 소속과 정체를 드러내고 협동을 가능하게 해준다. 프랑스 요리 개척자로 유명한 오귀스트 에스코피에는 복장이 싱크로 개념을 만들어 낸다고 생각했다. "에스코피에는 요리사들을 훈련시키고 닦달하는 것 외에 복장까지 통제했다." 어떤 분석가는 그렇게 썼다. "제복은 자세와 태도를 고쳐 잡게 만든다. 그들의 겹여밈 재킷은 청결과 위생을 강조하는 표준이 되었다. 다시 말해 이런 재킷을 입으면 셰프들은 충성심과 소속감과 자긍심이 한층 강해진다."

프랑스에서 점심을 만드는 셰프에게 통하는 것은 인도에서 점심을 배달하는 다바왈라에게도 그대로 통한다.

3.신체 접촉

어떤 합창단들은 싱크로나이징을 손가락 끝까지 연장하기도 한다. 그들은 노래할 때 손을 잡아 유대감을 높이며 합창의 수준을 높인다. 다바왈라는 손은 잡지 않는다. 그러나 그들은 자주 동료의 어깨에 팔을 걸치거나 등을 두드린다. 그들은 고함소리가 잘 들리지 않는 거리에서도 손가락을 가리키거나 여러 가지 몸짓을 사용해 의사소통할 수 있다. 그리고 좌석이 없는 화물칸에서 그들은 서로 기대거나 다른 사람의 어깨에 머리를 누이고 잠깐 눈을 붙인다.

신체 접촉은 소속감을 높여주는 또 다른 수단이다. 몇 해 전에 UCLA 버클리 캠퍼스의 연구팀은 NBA 농구 선수들의 접촉 언어를 바탕으로 팀의 성공을 예측했다. 시즌 초기에 그들은 각 팀이 경기를 운영하는 모습을 관찰하며 선수들의 신체 접촉 횟수를 체크했다. 그들이 작성한 목록은 '주먹 부딪히기, 하이파이브, 로파이브, 하이텐, 머리 잡아주기, 완전 포옹, 절반 포옹, 팀 스크럼' 등으로 분류되었다. 그런 다음 그들은 시즌 동안 팀의 실적을 조사했다.

선수의 자질 같이 경기 결과에 영향을 주는 확실한 요소도 물론 고려해야 하겠지만, 그런 요소를 배제한 다음 접촉 여부만으로도 개인과 팀의 성적을 예측할 수 있다는 사실은 뜻밖이었다. '촉각은 태어날 때부터 발달이 가장 잘된 감각으로, 언어에 앞서 인간의 진화를 이끌었다.' 그들은 그렇게 썼다. '신체 접촉은 집단 내의 협동심을 증가시키고, 따라서 더 좋은 팀 성적을 가능하게 해준다.' 신체 접촉은 일종의 동기화 과정으로, 현재의 위치와 앞으로 가야할 곳을 알려주는 일차적 수단이다. 농구는 자체의 접촉 언어를 발전시켜왔다. 사소해보이지만 극적 표현인 하이파이브와 주먹 부딪히기는 팀이 이기고 있든 지고 있든 협동 작업에 관해 많은 것을 말해준다.

그룹 타이밍에는 소속감이 있어야 한다. 그것을 가능하게 해주는 것이 암호이고 복장이고 접촉이다. 팀원들이 소속팀에 싱크로되면 그들은 다음 단계에서 그리고 최종 단계에서 쉽게 손발을 맞출 수 있다.

그룹 타이밍의 원칙3: 마음에 싱크로하라

막간 휴식이 끝났다. 의회합창단은 '로드 트립!' 2막을 위해 4단으로 된 연단을 오른다. 이후 70분 동안 그들은 또 다른 12곡을 부를 것이다. 그 중에는 24명이 아카펠라로 부르는 "베이비, 왓 어 빅 서프라이즈Baby, What a Big Surprise"도 포함되어 있다.

물론 단원들의 목소리는 완벽하게 싱크로된다. 귀를 즐겁게 하는 소리다. 그러나 들리지는 않아도 정말로 중요하고 흥미로운 소리가 있다. 그들의 몸 안에서 나는 소리다. 직업도 나이도 제각각인 아마추어 합창단원들의 심장 박동은 노래를 부르는 동안 모두 같은 속도로 고동칠 것이다.

심장 박동을 일치시키는 것은 그룹 타이밍의 세 번째 원칙이다. 심장 박동이 일치되면 기분이 고조되고 기분이 고조되면 팀의 수레바퀴가 부드럽게 돌아간다. 다른 사람들과 손발이 잘 맞으면 서로에게 좋은 영향을 준다. 그렇게 서로 좋은 영향을 주면 타이밍이 더 잘 맞는다.

운동은 몸에 좋은 몇 안 되는 활동 중 하나다. 그 점은 의심의 여지가 없다. 운동은 많은 혜택을 주면서도 대가는 거의 요구하지 않는다. 운동을 하면 오래 살 수 있다. 운동은 심장병과 당뇨를 예방해준다. 운동은 몸무게를 줄이고 힘은 증가시킨다. 뿐만 아니라 운동은 심리적으로도 많은 혜택을 준다. 그 혜택의 가치는 측정하기 어려울 정도다. 우울증에 시달리는 사람에게 운동은 약 이상의 효과를 낸다. 건강한 사람에게 운동은 짧은 시간에 기분을 끌어올리고 그 기분을 오래 지속시켜주는 효과를 발휘한다. 운동의 과학을 공부해보면 누구든 같은 결론에 도달하게 된다. 운동을 하지 않는 것은 어리석은 일이라는 것 말이다.

합창은 새로운 종류의 운동이다. 여러 사람이 모여 노래하면 여러 면에서 좋다. 합창은 심장박동수를 안정시키고 엔돌핀 수치를 끌어올린다. 합창은 폐기능을 강화해준다. 합창은 통증을 느끼는 최소수치인 동통역치pain threshold를 높여 진통제를 멀리하게 해준다. 합창은 심지어 과민성대장증후군 증세까지 완화시켜준다. 공연이 아닌 연습만 해도 여러 명이서 함께 노래하면 면역글로블린이 많이 생성되어 전염병에 강해진다. 암환자들도 합창 리허설을 한 직후에는 면역 반응이 개선된다.

이처럼 합창은 생리적 이득도 많지만 심리적 이득은 훨씬 더 많다. 합창을 하면 기분이 좋아지고 긍정적이 된다. 합창은 또한 자존감을 높여주고 우울증 증세나 심리적 압박은 줄여준다. 합창은 목적의식을 높여주고 하는 일에서 의미를 찾게 만들며 공감능력을 높인다. 이런 효과는 노래하는 것에서 비롯되는 것이 아니라 '집단으로' 노래하는 것에서 비롯된 것이다. 예를 들어 합창을 하는 사람은 혼자 노래하는 사람보다 훨씬 더 많은 행복을 느낀다.

그 결과는 좋은 느낌과 향상된 협력의 선순환으로 나타난다. 기분이 좋으면 사회적 유대감이 높아지고, 사회적 유대감이 높아지면 손발이 잘 맞는다. 사람들과 손발이 잘 맞으면 기분이 좋아지고, 기분이 좋아지면 애착이 강해지고 그래서 호흡이 더 잘 맞게 된다.

어디 합창뿐이겠는가? 옥스퍼드대학교의 연구진들은 군무群舞를 '서로 일치된 움직임을 음악에 맞추려는 인간의 편재적 활동'이라고 정의하면서, 군무를 추면 동통역치가 올라간다고 말한다. 이를 악물고 근육의 통증과 싸움을 벌여야 하는 노젓기도 마찬가지 효과를 낸다. 옥스퍼드의 조정 팀을 대상으로 실시한 또 다른 연구에 의하면 혼자서 노를 저을 때는 동통역치에 큰 변화가 없지만 팀원들이 함께 노를 저을 때는 동통역치가 크게 올라가는 것으로 조사되었다. 그들은 대원들의 호흡이 잘 맞을 때 고통에 둔감해지는 현상을 '로어스 하이rowers' high'라고 불렀다.

1936년 베를린 올림픽 에이트 경기에서 금메달을 딴 워싱턴대학교 조정 팀의 이야기를 담은 대니얼 제임스 브라운의 저서 《보트의 청년들The Boys in the Boat》을 보면 그런 순간의 느낌을 어느 정도 헤아릴 수 있다.

"그리고 그는 이런 신비에 가까운 신뢰와 애정 어린 결속을 제대로 가꾸기만 하면 대원 한 사람을 평범한 상태에서 끌어올려 아홉 명이 하나가 되는 어떤 곳으로 데려갈 수 있다는 사실을 깨닫게 되었다. 구체적인 말로 표현할 수는 없지만, 노를 저을 때 선수들의 박자가 물과 땅과 저 위 하늘의 기운과 착착 맞아 들어가면 힘겹다는 생각은 어디로 가고 그 자리에 황홀경이 들어섰다."

아홉 명의 선수가 저절로 하나가 될 때 땀범벅이 되는 고통이 사라지고 황홀경이 몰려온다는 사실은 싱크로나이징을 내재화시켜야 할 필요성을 암시한다. 우리에게는 다른 사람들과 보조를 맞추고자 하는 내면적 욕구가 있다. 어느 일요일 오후에 나는 데이비드 시몬즈에게 타이밍을 맞추는 것 이상의 의미를 묻는 질문을 던졌다. '왜 인간은 집단으로 노래하는가?' 나는 궁금했다.

그는 잠시 생각하더니 말했다. "혼자가 아니라는 사실을 확인하고 싶어서겠죠?"

다시 콘서트 현장으로 돌아가자. 뮤지컬 〈해밀턴Hamilton〉의 "마이 샷My Shot"을 모두 같이 부르는 순서가 되자 청중들은 기다렸다는 듯이 벌떡 일어섰다. 청중들 역시 한 호흡으로 박자를 맞춰가며 손뼉을 치고 환호하며 쌓였던 감정을 분출시켰다.

시몬즈는 마지막에서 두 번째 곡이 "이 땅은 너의 땅This Land Is Your Land"이라고 청중에게 알려주었다. 그리고 노래가 시작되기 전에 부탁했다. "모두 함께 불러주시기 바랍니다. 제 신호만 보세요." 음악이 시작되고 단원들이 노래를 했다. 잠시 후 시몬즈가 몸을 틀더니 청중들을 향해 손을 쭉 뻗었다. 300명 청중들의 입이 동시에 열렸고 모두 한 목소리로 같은 노래를 불렀다. 대부분 서로 알지 못하고 두 번 다시 같은 공간에 있기 어려운 사람들이었다. 어설프지만 씩씩하게 그들은 마지막 가사를 불렀다.

기차를 타고 40분을 달려온 아힐루 아드하브는 머린라인에 내려 역을 빠져나왔다. 아라비아 해가 멀지 않은 뭄바이의 남단이었다. 그는 뭄바이의 다른 곳에서 온 다바왈라들과 합류했다. 암호를 보며 그들은 도시락 주머니를 다시 빠르게 분류했다. 그런 다음 또 다른 왈라가 이 역에 놔둔 자전거를 잡고 배달 장소로 출발했다.

그러나 이번에 그는 자전거를 타지 않고 끌었다. 거리를 누비는 탈것들이 너무 많고 차로라는 것도 있으나마나 해서 그는 정차된 자동차와 질주하는 스쿠터와 어슬렁거리는 소들 사이로 자전거를 요리조리 밀고 나아갔다. 그 편이 페달을 밟는 것보다 빨랐다. 처음 멈춘 곳은 비탈다스 레인이라 불리는 붐비는 상가에 자리 잡은 한 전기부품 상점이었다. 그곳에서 그는 가게 주인의 책상 위에 여기저기 찌그러진 도시락 통을 내려놓았다. 모든 배달은 오후 12시 45분까지 끝나야 한다. 그래야 그의 고객들은(그리고 다바왈라 자신들도) 오후 1시와 2시 사이에 식사를 할 수 있고 아드하브도 빈 도시락을 수거해 오후 2시 48분 기차를 타고 돌아갈 수 있다. 오늘 아드하브는 배달을 오후 12시 46분에 끝냈다.

전날 오후에 나와 이야기를 나눈 협회 회장 메지는 다바왈라의 일을 가리켜 '신성한 임무'라고 힘주어 말했다. 도시락 배달을 말할 때면 그는 종교적 분위기를 풍기는 단어를 많이 사용한다. 다바왈라의 신조를 떠받치는 중요한 두 기둥은 '일은 예배'라는 개념과 '고객은 신'이라는 개념이다. 메지는 하버드경영대학원의 사례연구를 쓴 스테판 톰키에게 이렇게 설명했다. "다바왈라를 단순 배달꾼쯤으로 보았다면 너무 가볍게 본 셉니다. 배달함에 병을 심하게 앓고 있는 사람, 아니 어쩌면 죽을지도 모르는 환자에게 주어야 할 약이 담겨있다면 화급을 다퉈야겠죠."

이런 고양된 목적은 심장 박동을 일치시키는 행위와 다르지 않다. 공통의 임무가 그들을 협력하게 만들지만, 그것은 또한 다른 선순환을 일으킨다. 다른 사람들과 조화를 이루어 일을 하게 되면 좋은 일을 할 가능성이 높아진다는 것을 과학은 입증한다. 옥스퍼드대학교의 바하르 툰스젠스와 에마 코엔은 리듬에 맞춰 클랩앤탭 게임(clap-and-tap game : 마주보고 손바닥을 맞추고 바닥을 치며 노는 놀이-옮긴이)을 하는 아이들이 싱크로나이징이 필요 없는 놀이를 하는 아이들보다 나중에 친구를 더 잘 돕는다는 사실을 연구를 통해 밝혀냈다. 마찬가지로 싱크로나이징이 필요한 놀이를 하고 난 아이들은 같은 집단이 아닌 아이들과 같이 놀아주겠다고 답하는 경우가 더 많았다. 그네를 탈 때에도 다른 아이와 동작을 맞춰 발을 구르게 되면 협동심과 협업 능력이 향상되었다. 싱크로가 잘 되는 상태에서 작업하면 외부인에 대한 태도가 더욱 개방적이 되어 '친 사회적인' 행동을 할 가능성이 많아진다. 다시 말해 협업을 하면 더 좋은 사람이 되고 더 좋은 사람이 되면 더욱 협력을 잘 한다.

아드하브의 마지막 도시락 수거지는 '자이만인더스트리스Jayman Industries'다. 수술도구 공급업체인 자이만인더스트리즈는 두 개의 사무실이 항상 붐빈다. 아드하브가 도착할 때 사장인 히텐드라 자베리는 아직 식사할 겨를이 없다. 그래서 아드하브는 자베리가 도시락 뚜껑을 열 때까지 기다린다. 책상 앞에서 때우는 서글픈 식사는 아니다. 차파티, 밥, 다알, 채소 등 메뉴가 푸짐하니까.

23년 동안 이 서비스를 이용해온 자베리는 사먹는 음식은 믿을 수가 없어 집에서 만든 점심을 고집한다고 말하면서 사먹는 음식은 "건강에 좋지 않다"라고 덧붙였다. 그는 또한 '이들의 정확한 시간개념'을 좋아한다. 그러나 그가 계속 그 서비스를 이용하는 데에는 또 다른 이유가 있다. 그의 점심을 만드는 사람은 그의 아내다. 아내는 20년째 남편 도시락을 챙겨왔다. 남편은 멀리 떨어진 직장에서 하루를 정신없이 보내지만, 이 짧은 중간의 휴식 시간만큼은 아내의 따뜻한 손길을 느낄 수 있다. 그렇게 만들어주는 것은 다바왈라들이다. 아드하브의 임무는 종교와 상관이 없지만 이 정도면 신성하다고 해도 크게 틀린 말은 아닐 것 같다. 아드하브는 음식을 나른다. 집에서 누군가가 사랑하는 가족을 위해 만든 음식이다. 그리고 아드하브는 이 일을 한 달에 한 번만 하는 것이 아니다. 거의 매일 그 일을 한다.

아드하브의 일은 도미노 피자 배달과는 근본적으로 다르다. 아드하브는 아침 일찍 가족 중 한 사람을 만나고 그날 늦게 가족 중 또 다른 사람을 만난다. 그는 전자가 후자를 양육하고 후자가 전자에게 감사하도록 분위기를 만든다. 아드하브는 가족의 끈을 단단히 이어주는 결합조직 connective tissue이다. 피자 배달을 하는 사람도 일을 효율적으로 처리하지만 그의 일이 초월적인 것은 아니다. 그러나 아드하브는 그의 일이 초월적이라 생각하기 때문에 효율적으로 처리한다.

그는 우선 보스에 싱크로 되어야 한다. 빌레팔르 역을 떠나는 오전 10시 51분 출발하는 열차다. 그는 다음에 소속팀과 싱크로 된다. 그 팀은 그와 같은 언어를 쓰고 그들만의 암호를 아는 하얀 모자를 쓴 동료 왈라들이다. 그러나 그는 좀 더 숭고한 어떤 것에 싱크로 된다. 심장, 즉 마음이다. 사람들에게 자양분을 주고 가족의 유대를 강화시키는 물리적으로 벅찬 일을 함으로써 그는 심장과 싱크로 된다.

아드하브의 아침 코스 중 하나인 펠리칸이라는 건물 7층에서 15년째 다바왈라 서비스를 이용하고 있는 한 남성을 만났다. 내가 만난 그 많은 사람들과 마찬가지로, 그도 배달이 늦거나 엉뚱한 도시락을 받거나 아예 못 받는 경우를 본 적이 없다고 말한다. 가끔 자전거로 기차역과 북적이는 뭄바이 거리를 요리조리 빠져나와 사무실 책상 위에 도착하는 긴 여정을 겪는 관계로 카레와 밥이 섞일 때도 있긴 하지만 말이다.

자신만의 '싱커스 하이(SYNCHER'S HIGH)'를 찾는 7가지 방법

다른 사람과 협력하고 호흡을 맞추는 것은 신체적 심리적 행복감을 고양시키는 매우 대단한 방법이다. 지금 그런 활동을 하고 있지 않다면, 자신만의 싱커스 하이를 찾아보라. 여기 그 방법을 몇 가지 소개하겠다.

1. 합창

여러 사람들과 함께 노래하면 당장 기분을 끌어올릴 수 있다. 합창단에 들어가고 싶으면 다음 사이트를 참조할 것. https://www.meetup.com/topics/choir/

2. 함께 달리기

다른 사람들과 함께 달리면 혜택이 세 배가 된다. 운동, 사교, 일치감을 모두 얻을 수 있다. '로드러너클럽오브아메리카Road Runners Club of America' 같은 달리기 단체를 웹사이트에서 찾아보라. http://www.rrca.org/resources/runners/find-a-running-club.

3. 조정

팀을 이루어 노를 젓는 것처럼 완벽한 호흡을 요구하는 활동은 많지 않다. 조정은 또한 운동효과가 엄청나다. 생리학자의 말에 따르면, 2,000

미터 경기는 농구경기를 '타임' 휘슬 없이 하는 수준의 칼로리를 연소시킨다. 다음 사이트에서 취향에 맞는 클럽을 찾아보라. http://archive.usrowing.org/domesticrowing/organizations/findaclub

4. 춤

여러 유형의 춤은 다른 사람과 손발을 맞추고 음악과 협업하는 동작을 할 수 있는 완벽한 수단이다. 다음 사이트에서 맞는 강습을 찾아보라. https://www.thumbtack.com/k/ballroom-dance-lessons/near-me/

5. 요가

요가가 좋은 또 한 가지 이유는 단체로 할 경우 싱커스 하이를 느낄 수 있기 때문이다.

6. 플래시몹

사교댄스보다 더 모험적이고 요가보다 더 활기찬 것을 찾는다면 플래시몹flash mob을 권하고 싶다. 낯선 사람들이 다른 낯선 사람들을 위해 공연하는 부담 없는 방법이다. 이런 모임은 대체로 무료다. 그리고 놀랍게도 플래시몹은 대부분 미리 공고가 된다. 더 자세한 내용은 다음 사이트를 참조할 것. http://www.makeuseof.com/tag/

7. 함께 요리하기

혼자 요리하고 혼자 먹고 혼자 설거지하면 어쩐지 서글퍼진다. 여럿

이 함께 요리를 할 방법을 찾아보라. 그러나 같이 요리를 하려면 손발이 맞아야 한다. 멋진 식사는 말할 것도 없고 요리 자체에 흥미를 느낄 것이다. 다음 사이트를 참조할 것. https://www.acouplecooks.com/menu-for-a-cooking-date-tips-for-cooking-together/

다음 세 가지 질문을 한 다음 그들에게 계속 물어볼 것

여러 사람이 팀을 이루어 한 몸처럼 움직여도 그것으로 모든 문제가 해결되는 것은 아니다. 집단 협업은 '설치하면 자동으로' 알아서 다 되는 것이 아니다. 계속 지켜보며 자주 저어주어야 한다. 그룹 타이밍을 유지하려면 1주일에 한 번이나 한 달에 적어도 한 번 이상 다음 세 가지 질문을 물어야 한다.

1. 우리의 보스는 역할이 분명하며 모든 사람이 존경할 수 있는 인물인가?
2. 우리는 각자의 개성을 풍부하게 가꾸고 협동심을 높이고 팀워크를 강화할 수 있도록 만들어주는 소속감을 높이고 있는가?
3. 우리는 한 집단이 성공하는데 필요한 상승작용(좋은 느낌과 유익함)을 활성화시키고 있는가?

그룹 타이밍 기술을 높일 수 있는 세 가지 향상운동

즉흥극은 번개 같은 두뇌회전도 필요하지만 무엇보다 손발이 맞아야 한다. 어떤 대본의 도움도 없이 말이나 동작의 타이밍을 다른 사람들과 맞추는 일은 흔히들 생각하는 것 이상으로 아주 어려운 일이다. 그래서 즉흥극단은 타이밍과 협동과 관련된 운동을 다양하게 연습한다. 여기 즉흥극의 대가 캐시 샐릿이 추천하는 네 가지 방법이 있다.

1. 거울, 거울

파트너와 서로 마주 보라. 그런 다음 서서히 팔이나 다리를 움직인다. 눈썹을 치켜뜨거나 얼굴표정을 바꿔도 된다. 당신의 파트너가 할 일은 당신의 동작을 거울처럼 따라하는 것이다. 당신과 같은 시간에 같은 속도로 팔꿈치를 펴거나 눈썹을 찡그리면 된다. 이제 역할을 바꿔 파트너가 동작을 취하고 당신이 따라해 보라. 여러 사람이 한꺼번에 할 수도 있다. 둥글게 앉은 다음 어떤 특정한 사람을 보며 그가 하는 대로 따라해 보라. 나중에는 원 전체가 그 자체로 거울이 된다.

2. 마음의 짝을 맞추기

이 운동은 보다 정신적 단합을 촉진시킨다. 먼저 파트너를 정하라. 함께 셋을 센 다음 각자 말하고 싶은 한 단어를 동시에 말한다. 당신은 '바나나'라고 하고 파트너는 '자전거'라고 했다. 이제 두 사람은 함께 셋을 센 후 앞의 두 단어와 연관이 있는 단어를 하나 말한다. 두 사람은 외친다. '안장!' 빙고!(말의 안장이 바나나 모양과 비슷해서-옮긴이) 하지만 그렇게 단번에 맞출 확률은 크지 않다. 그래서 한 사람이 '가게'라고 하고 다른 사람은 '바퀴'라고 했다면, 다시 셋을 센 다음 '가게'와 '바퀴'를 공통으로 연상시키는 단어를 말하면 된다. 어떤가? (나는 '카트'를 생각했는데 여러분은 어떤가?) 이렇게 같은 단어가 나올 때까지 계속하면 된다. 생각만큼 쉽진 않겠지만 이 게임을 하면 정신적 협동 근육이 튼튼해진다.

3. 손뼉 전달하기

고전적인 위밍업 놀이다. 원을 그린다. 첫 번째 사람이 오른쪽으로 몸을 돌려 두 번째 사람과 눈을 마주친다. 그런 다음 두 사람이 동시에 손뼉을 친다. 그런 다음 두 번째 사람이 오른쪽으로 몸을 돌려 세 번째 사람과 눈을 맞추고 함께 손뼉을 친다. 그렇게 한 사람이 다음 사람에게 손뼉을 전달하지만, 방향을 바꿔 손뼉을 돌려줄 수도 있다. 그리고 누구라도 바뀐 방향을 다시 바꿀 수 있다. 이 게임의 목표는 단지 한 사람과 호흡을 맞추는데 집중하는 것이다. 그렇게 하면 팀 전체가 협력해가며 보이지 않는 목표를 향해 조금씩 다가갈 수 있다. 유투브에서 "pass the clap"을 검색하면 그 방법을 직접 볼 수 있다.

소속감을 높일 수 있는 네 가지 기법

1. 이메일 답장을 빨리 하라

의회합창단 예술 감독 데이비드 시몬즈에게 소속감을 증진시키는 특별한 요령이 있었느냐고 묻자 뜻밖의 답이 되돌아왔다. "받은 이메일에 답장합니다." 연구 결과도 그런 전략의 효능을 뒷받침한다.

마이크로소프트 리서치의 수석연구관인 컬럼비아대학교의 사회학자

던컨 왓츠에 따르면 이메일 응답 시간은 직원들의 보스에 대한 만족도를 측정할 수 있는 가장 좋은 도구다. 보스가 부하 직원의 이메일에 답장하는 시간이 길수록, 리더에 대한 만족도는 낮아진다.

2. 갈등의 사례를 말하라

집단의 유대감을 높이는 수단으로 스토리텔링을 이용할 수 있다. 그러나 성공한 이야기만 해서는 안 된다. 실패하거나 약점을 드러내는 이야기도 소속감을 높인다. 스탠퍼드대학교의 그레고리 월튼은 집단과 쉽게 섞이지 못하는 개인의 사연도 좋다고 말한다. 가령 유별나게 남성 우위의 분위기에서 일하는 여성이나 백인이 많은 대학교에 다니는 유색인종 학생에게 이런 유형의 이야기는 상당한 효과를 발휘할 수 있다. 1학년 때 제대로 적응하지 못하다가 결국 자신의 자리를 찾은 학생의 이야기를 읽어보기만 해도 소속감은 크게 높아진다.

3. 자발적인 단체 의례를 권장하라

응집력과 협동의식이 강한 집단은 모두 나름대로의 의례적 절차가 있다. 그런 의례는 정체성을 확인하고 소속감을 높이는데 도움이 된다. 정작 중요한 아이디어는 상부에서 기획하고 강요한 것이 아니라 집단에 소속된 사람들이 짜낸 것이다. 조정경기의 조수들에게 그것은 워밍업하는 동안 함께 부르는 노래일지 모른다. 합창 단원에게 그것은 리허설 전에 모두가 모이는 커피숍의 대화일지 모른다. 스탠퍼드대학교 사회심리학자 롭 월러에 따르면, "경영자가 앞장서서 주도하면 직장의 사회적 기능은 효율성이 떨어진다. 그보다는 팀에 편리한 시간과 장소에서 직원들이 스스로 정한 약속이 더 큰 효력을 발휘한다." 인위적인 의례가 아니라 조직의 자발적인 의례가 유대감을 강화한다.

4. 조각그림 맞추기 강습을 받아보라

1970년대 초에 텍사스대학교 사회심리학자 엘리엇 아론슨은 대학원생들과 함께 최근에 통합된 오스틴 공립학교들의 인종 차별 문제를 해결하기 위한 협업적 학습 기법을 고안해냈다. 그들은 그것을 '조각그림 맞추기 교실'이라고 불렀다. 여러 학교에서 그 효력이 입증되자, 교육자들은 이 기법을 본격적으로 도입하기 시작했다.

여기 그 방법론이 있다. 교사는 학생들을 5명씩 짝지어 '조각그림 맞추기 그룹'을 만든다. 그리고 교사는 그날의 수업 내용을 다섯 부분으로 쪼갠다. 예를 들어 어떤 학급이 에이브러햄 링컨의 일생을 공부하고 있다고 가정해보자. 링컨의 일생을 어린 시절과 그의 정치 초년병 시절, 대통령이 되면서 시작되는 남북전쟁의 여명기와 노예해방선언서에 서명하던 시기, 전쟁이 끝난 후 암살까지의 시기 등으로 나눌 수 있다. 모든 학생들은 이 다섯 부분 중 하나를 책임지고 조사해야 한다.

그런 다음 학생들은 자신의 조각을 탐구하기 위해 각자 흩어져, 같은 부분을 맡은 다른 그룹의 학생과 '전문 그룹'을 만든다(예를 들면 각 그룹에서 노예해방선언문 부분을 맡은 학생들끼리 하나로 모인다). 조사가 완료되면, 각 학생은 원래의 조각그림 맞추기 그룹으로 돌아가 다른 네 명의 학우들에게 설명한다.

이런 학습 전략의 핵심은 상호의존성을 조직화하는 것이다. 각 학생은 전체 그림을 맞추는데 필요한 조각을 제공한다. 각 학생들의 성공 여부는 자신의 기여도와 파트너의 기여도에 달려있다. 교사라면 꼭 한 번 해보기 바란다. 직장에서도 이 방법을 적용할 수 있다.

마지막 결론:
타이밍이 모든 것을 좌우한다

"세월은 쏜살 같이 흐른다.
날파리는 바나나를 좋아한다."
— 그루초 막스

"Time flies like an arrow. Fruit flies like a banana(세월은 쏜살 같이 흐른다. 날파리는 바나나를 좋아한다)."이 말을 떠올리면 나도 모르게 늘 입꼬리가 올라간다. 1930년대부터 활동한 전설의 희극배우 그루초 막스는 언어의 운율을 살짝 비틀어 두뇌 운동을 하게 만드는 명언을 많이 만들었다. 이런 것도 있다. "Outside of a dog, a book is a man's best friend. Inside of a dog, it's too dark to read(개를 제외한다면 책이 인간의 가장 좋은 친구다. 개에 푹 빠져 있으면 독서를 할 수 없다)." 안타깝게도 막스 형제 중 가장 유명해진 줄리어스 헨리 막스(Julius Henry Marx: 그루초 막스의 본명)는 이런 말을 하지 않은 것 같다. 그러나 세월 속에 다져진 이 말의 사연과 이 말이 드러낸 놀라울 정도로 복잡한 생각은 이 책의 마지막 개념에 하나의 단서를 제공한다.

이 재미있는 문구를 만든 실제 인물, 아니 그 단초를 제공한 사람은 언

236

어학자이자 수학자이자 컴퓨터과학자인 앤서니 웨팅어였다. 요즘 사람들의 관심이 가장 많이 집중되는 분야는 아마도 인공지능과 머신러닝 machine learning일 것이다. 여기에 투자되는 돈만 해도 수십 억 달러에 이른다. 그러나 웨팅어가 하버드대학교 강단에 처음 섰던 1950년대만 해도 이런 개념은 거의 알려지지 않았다. 웨팅어는 이 분야의 선구자로, 수개 국어를 구사하는 박식한 학자이고 세계 최초로 인간의 자연언어를 이해할 수 있는 컴퓨터 개발에 온 힘을 쏟았던 인물이었다. 그러나 이 분야의 숙제는 아직도 쉽게 풀리지 않고 있다.

"컴퓨터가 언어를 번역할 수 있다는 초기 주장은 크게 과장되었다." 웨팅어는 1966년 〈사이언티픽아메리칸Scientific American〉에 발표한 논문에서 훗날 컴퓨터를 과학적으로 활용하는 문제에 대해 무서울 정도로 정확하게 예측했다. 초기의 난관은 특정 구절이 특정 맥락에서 떨어져 나올 때 다중적 의미를 갖는다는 사실이었다. 그는 '시간은 쏜살같이 흘러간다Time flies like an arrow'를 사례로 들었다. 이 문장은 시간이 하늘을 뚫고 날아가는 화살처럼 신속하게 움직인다는 의미다. 그러나 웨팅어의 설명처럼 '타임time'은 또한 동사의 명령형일 수도 있다. 그래서 곤충의 이동 속도를 연구하는 사람에게 이 문장은 '스톱워치를 꺼내 대단한 속도로 또는 화살처럼 날아가는 파리의 속도를 재라'고 말하는 지시사항으로 들릴 수 있다. 아니면 이 말은 날파리time flies 같은 어떤 종류의 파리가 화살을 좋아한다는 설명일 수도 있다. 프로그래머는 이 세 가지 의미의 차이를 컴퓨터가 이해할 수 있도록 애써 프로그래밍 해보지만, 그렇게 해서 하나의 기본 규칙이 만들어진다 해도 그것은 또 다른 새로운 문제를 쏟아낼 것이다. 그 규칙들은 '날파리는 바나나를 좋아한다'처럼 구문론적으로는 비슷하지만 의미론적으로 다른 문장을 제대로 설명할 수 없다. 그것은 풀기 힘든 문제였다.

"Time flies like an arrow"라는 문장은 오래 전부터 회의나 강의에서 머신러닝의 어려움을 설명하는데 동원되는 단골 예문이 되었다. 노트르담 대학교 교수이자 최초의 인공지능 텍스트북을 편집한 프레더릭 크로슨은 이렇게 말했다. "여기서 '타임'이라는 단어는 명사도 형용사도 동사도 될 수 있기 때문에 구문론적으로 세 가지 다른 해석이 가능해진다." 화살-바나나의 짝은 그렇게 이어지다 몇 해 뒤에 그루초 막스의 입에 올랐다.

그러나 이 어구의 견고함은 어떤 중요한 문제를 드러낸다. 크로슨의 지적대로 비록 다섯 어절로 된 문장에서도 '타임'은 명사나 형용사나 동사로 기능한다. '타임'은 우리가 사용하고 있는 단어 중에서도 확장성과 가변성이 매우 큰 단어다. '타임'은 '그리니치 평균시Greenwich Mean Time'의 경우처럼 고유명사가 될 수 있다. 명사형은 또한 "2피리어드가 얼마 남았지How much time is left in the second period?"에서처럼 별개의 지속기간을 의미할 수도 있고, "버스가 몇 시에 나리타에 도착하지What time does the bus to Narita arrive?"의 경우처럼 특정 순간을 가리킬 수도 있고, "시간이 벌써 이렇게 됐어Where did the time go?"처럼 추상명사일 수도 있고, "즐거웠어I'm having a good time."처럼 일반적 경험을 뜻할 수도 있고, "그는 롤러코스터를 딱 한 번 탔어He rode the roller coaster only one time."처럼 횟수를 말하기도 하며, "윈스턴 처칠 시절에In Winston Churchill's time"처럼 역사적 기간을 의미할 수도 있다.

사실 옥스퍼드대학교 출판사의 연구진에 따르면 '타임'은 영어에서 가장 흔히 사용되는 명사다.

동사로서도 타임은 많은 의미를 갖는다. 우리는 시계를 가지고 100미터 경주의 시간을 재기도 하고, 자주 쓰지는 않지만 공격 '시기를 정하기'도 한다. 악기를 연주할 때 박자를 맞추기도 한다. 그리고 다바왈라와 조정경기의 조수들처럼 다른 사람들과 동작 시간을 조정하기도 한다. 타임에는 형용사 기능도 있어 '시한폭탄time bomb, 시간대time zone, 시간기록계time clock, 시간부사adverbs of time'처럼 명사의 범위를 한정하는 역할을 하기도 한다.

그러나 타임은 우리가 사용하는 언어에 깊숙이 파고들어 훨씬 더 넓은 범위에서 우리의 생각에 물감을 들인다. 세계 여러 나라의 언어들은 대부분 의미를 전달하고 생각을 드러내기 위해 동사의 시제를 구분해서 사용한다. 특히 과거형, 현재형, 미래형을 많이 사용한다. 우리가 하는 말은 거의 모두 시간의 색조를 띤다. 어떤 의미에서 우리는 시제로 생각한다. 우리가 우리 자신을 생각할 때도 마찬가지다.

과거를 보자. 우리는 과거에 대해 깊이 생각해보지 않았지만 학자들은 과거 시제로 생각하면 우리 자신을 더 많이 이해할 수 있다고 말한다. 예를 들어 지난 시절을 그리워하고 때로 그때문에 괴로워하는 '향수nostalgia'는 현재의 목표에서 시선을 돌리게 만드는 장애, 즉 하나의 병리적 현상으로 여겨졌다. 17세기와 18세기의 학자들은 이런 향수를 신체적 질병으로 단정하여 동물의 영혼이 중뇌의 섬유질을 관통하며 계속 떨리는 현상에 의해 촉발되는 '악마가 유발한 것이 분명한 대뇌질환'이라고 보았다.

그런가 하면 향수를 기압의 변화나 체내에서 흑담즙의 과다한 분비로 인해 생기는 현상으로 단정하며 스위스 사람에게만 나타나는 증세라고 생각한 사람도 있었다. 19세기에 들어 이런 주장들은 모두 잠잠해졌지만 향수를 병리적 현상으로 보는 시각은 여전했다. 그 시기의 학자나 의사들은 향수가 일종의 정신장애, 즉 정신이상, 강박감, 오이디푸스 콤플렉스에서 유발된 정신질환이라고 여겼다.

하지만 사우스햄프턴대학교의 심리학자 콘스탄틴 세디키데스를 비롯한 여러 학자들의 연구 덕분에, 향수는 결국 누명을 벗었다. 세디키데스는 고향을 그리워하는 마음인 향수를 가리켜 '심리적 평정에 기여하는 생기 넘치는 개인 내부의 자원…심리적 자양물의 보고'라고 진단했다. 과거를 호의적으로 바라보면 향수가 행복감에 필수적인 두 가지 요소, 즉 '의미감sense of meaning'과 다른 사람들과의 '유대감'을 가져다주기 때문에 그 혜택은 엄청나다. 그리운 감정을 떠올리라고 하면 우리는 정서적으로 가장 가까운 사람의 결혼식이나 졸업식같은 어떤 중요한 사건의 주인공으로 우리 자신을 등장시키는 경우가 많다. 또한 향수는 긍정적인 기분을 만들어주고 근심과 스트레스를 덜어주며 창의력을 높여준다. 향수는 낙관론을 고조시키고 감정이입을 심화시켜 지루함을 덜어준다. 향수는 심지어 따스하고 위안을 주는 정서적 느낌을 증가시켜준다. 그래서인지 쌀쌀한 날씨에 사람들은 향수를 더 많이 느낀다. 실험진이 가령 음악이나 냄새를 통해 향수를 유발했을 때 사람들은 추위를 더 쉽게 잊었고 심지어 기온이 높아진 것으로 착각했다.

통렬한 감동처럼 향수는 '달콤쌉싸름하지만 긍정적인 측면이 압도적인 감정이며 매우 사회적인 정서'다. 과거시제는 '내재적 자아로 들어가는 창'으로 우리의 참모습을 들여다볼 수 있는 관문이다. 과거는 현재를 의미 있게 만들어준다.

미래시제에도 같은 원칙이 적용된다. 저명한 두 사회학자인 하버드대학교의 대니얼 길버트와 버지니아대학교의 티머시 윌슨은 "모든 동물이 시간을 여행하지만 시간을 앞서갈 줄 아는 것은 인간뿐"이라고 주장했다. 영양과 도롱뇽도 한 번 경험하면 똑같은 상황에 처했을 때 그 결과를 예측하고 대비한다. 그러나 마음속에서 시뮬레이션 과정을 통해 미래를 '미리 경험'해보는 것은 인간만이 할 수 있는 능력이다. 길버트와 윌슨은 그런 능력을 '전망prospection'이라고 불렀다. 그러나 우리는 생각하는 것만큼 이런 능력을 제대로 활용하지 못하고 있다. 그 이유는 많지만, 우리가 말하는 언어 즉 문자 그대로 우리가 사용하는 시제 때문일 수도 있다.

UCLA의 경제학자인 M. 키스 첸은 언어와 경제활동과의 관계를 처음 연구한 학자다. 그는 먼저 36개 국어를 미래시제가 뚜렷한 언어와 미래시제가 희미하거나 아예 없는 언어 등 두 개의 범주로 나누었다. 중국어를 사용하는 가정에서 자란 미국인인 첸은 영어와 중국어의 차이를 이렇게 설명한다. 영어를 사용하는 동료에게 세미나가 있어서 오늘 늦게 열리는 회의에 참석할 수 없다고 설명하고 싶다면 '나 세미나에 간다I go to a seminar'라고 말하면 안 된다. 미래시제를 분명히 밝혀서 "세미나에 갈 거야I will be going to a seminar"라고 하던가 "세미나에 가야 해I have to go to a seminar"라고 말해야 한다. 그러나 첸은 이렇게 말한다. "하지만 중국 친구에게는 미래시제를 사용하지 않고 자연스레 '워 꾸 띵 지앙쪼(나 세미나에 가)'라고 말할 수 있다. 영어나 이탈리아어나 한국어처럼 미래시제가 뚜렷한 언어를 사용하는 사람은 현재와 미래를 확실하게 구분해서 쓴다. 하지만 중국어나 핀란드어나 에스토니아어처럼 미래시제가 뚜렷하지 않는 언어는 둘의 차이에 관심을 갖지 않는다.

챈은 이어서 미래시제가 뚜렷한 언어와 그렇지 않은 언어를 쓰는 사람들의 행동양식이 어떻게 다른지 조사했다(수입, 교육, 나이 그 밖의 요소를 감안했다). 결과는 의외였다. 미래시제가 뚜렷하지 않은 언어를 말하는 사람들이 미래시제가 뚜렷한 언어를 사용하는 사람들보다 미래에 대한 대비를 더 철저히 했기 때문이었다. 즉 현재와 미래를 확실히 구별하지 않는 사람들은 은퇴에 대한 대비로 저축을 하는 경우가 30퍼센트 더 많았고 담배도 24퍼센트 덜 피웠다. 그들은 또한 안전한 성관계를 갖고 좀 더 규칙적으로 운동하며 건강하고 부유한 상태에서 은퇴했다. 스위스 같이 두 개의 언어를 사용하는 나라에서도 이런 현상은 마찬가지였다. 참고로 스위스는 미래시제가 약한 독일어를 쓰는 사람도 많고 미래시제가 뚜렷한 프랑스어를 쓰는 사람도 많다.

챈은 어떤 사람이 사용하는 언어가 이런 행동을 '야기했다'고는 보지 않았다. 언어는 단지 더 깊은 차이를 '반영할' 뿐이다. 언어가 실제로 우리의 생각을 형성하고 따라서 우리의 행동을 결정한다는 주장에는 여전히 논란의 여지가 있다. 그렇지만 미래가 현재의 순간과 현재의 자아와 보다 밀접하게 연결되어 있다고 느낄 때 보다 효율적으로 계획을 짜고 보다 책임 있게 행동한다는 사실을 보여주는 연구도 있다. 예를 들어 은퇴에 대비하여 저축을 하지 않는 이유는 미래의 자신을 현재의 자신과 다른 사람이라고 생각하기 때문이다. 그러나 사람들에게 그들이 나이를 먹었을 때의 사진을 보여주면 저축 성향을 더 높일 수 있다. 또 몇 년이 아니라 며칠 정도만 미리 예상해도 사람들은 미래의 자신을 더 가깝게 느끼고 현재의 자신과 미래의 자신이 사실상 다르다는 생각을 하지 않게 된다. 향수에서 보듯, 미래의 가장 뚜렷한 기능은 현재를 더욱 중요하게 생각하도록 만드는 것이다.

이런 결과는 결국 현재의 문제로 귀결된다. 다음 두 가지 연구 자료는 시사하는 바가 크다. 그 첫 번째, 다섯 명으로 구성된 하버드대학교 연구팀은 사람들에게 현재의 순간을 담은 작은 '타임캡슐'을 만들도록 했다. 최근에 들었던 노래 세 곡, 가까운 사람하고만 통하는 농담, 마지막으로 참석했던 사교 모임, 최근의 사진 등 최근에 나누었던 대화를 적어도 좋다. 그런 다음 조사팀은 그들이 몇 달 뒤에 그 기록을 확인했을 때 얼마나 흥미를 느낄지 추측해보라고 요구했다. 그리고 몇 달 뒤 타임캡슐을 열었을 때, 사람들은 예측했던 것보다 지난 일에 대해 더 많은 흥미를 느꼈다. 아울러 그들은 과거에 기념해두었던 일들이 생각보다 훨씬 더 의미가 있는 일이었다는 사실을 알게 되었다. 이런 여러 가지 실험을 통해 사람들은 대수롭지 않게 여기는 현재의 경험도 미래에 다시 확인하면 훨씬 더 흥미롭고 의미 있는 경험으로 느낀다는 사실이 밝혀진 것이다.

"현재의 평범한 순간도 기록을 하면, 그 현재를 미래를 위한 '현재'로 만들 수 있다." 연구진들은 그렇게 썼다.

두 번째는 두려움의 영향을 조사한 연구다. 두려움은 보다 높은 영역의 즐거움과 공포의 영역에 존재한다. 그것은 조금 부자연스러운 감정으로, 종교와 정치와 자연과 예술을 경험할 때의 핵심 개념이다. 두려움은 두 가지 속성이 있다. 거대함과 적응이다. 거대함은 우리보다 큰 어떤 것에 대한 경험이고, 적응은 그 거대함이 우리의 정신적 구조를 조절하도록 강요하는 개념이다.

멜라니 러드와 두 명의 학자들은 그랜드캐니언에 서거나 아이가 태어나는 장면을 보거나 폭풍우 같은 두려움을 경험하게 되면 시간에 대한 인식이 바뀐다는 사실을 알아냈다. 두려움을 경험할 때는 시간이 느리게 간다. 시간이 팽창되고 시간이 많다고 느끼게 된다. 그러면 기분이 좋아진다. 두려움은 우리를 현재의 순간으로 데려간다. 현재의 순간을 실감하는 것이야말로 두려움의 기반이 되는 것으로, 그런 두려움은 시간에 대한 인식을 조정하고 결정에 영향을 주고 인생을 더 만족스럽게 느끼도록 만든다.

이 모든 자료들을 종합해볼 때 의미심장한 삶으로 가는 경로는 그 많은 현자들의 조언처럼 현재를 사는 것이 아니다. 그것은 시간을 하나의 일관성 있는 전체, 즉 우리가 누구이고 왜 여기에 있는지 이해할 수 있도록 해주는 통합체로 바라보는 것이다.

1930년에 제작된 영화 〈파티 대소동 Animal Crackers〉에서 그루초 막스는 과거시제were로 말했어야 할 때 현재 시제are를 썼던 이유를 설명한다. "그때 제가 과거시제past tense 대신 가정법을 사용했었죠." 그런 다음 한 박자 쉬고 덧붙였다. "텐트는 진작 버렸습니다. 이제 우리는 방갈로에 살고 있는 것이죠(We're way past tents, we're living in bungalows now: 'past tense'와 'past tents'의 발음을 이용한 말장난 – 옮긴이)."

우리 역시 시제를 훌쩍 뛰어넘는다. 인간의 조건이 해결해야 할 난제는 과거와 현재와 미래를 하나로 화해시키는 것이다.

나는 타이밍이 중요하다는 것은 알았기 때문에 이 책을 쓰기 시작했지만 한편으로 그것은 쉽게 잡히지 않는 불가사의한 대상이란 것 또한 알고 있었다. 이 프로젝트를 시작할 때 나는 목적지를 염두에 두지 않았다. 나는 그저 진실과 가까운 어떤 곳에 도착하기만을 바랐다. 그러면 나를 포함한 많은 사람들이 좀 더 지혜롭게 일하고 더 나은 삶을 살 수 있을 것이라 생각했다.

글로 만든 산물인 이 책에는 질문보다 답이 더 많다. 그러나 글을 쓰는 과정은 그 반대다. 쓴다는 것은 생각하는 것과 믿는 것을 찾아내는 행위다. 과거에 나는 하루 단위의 파도 정도는 무시해도 된다고 믿었다. 이제 나는 그 파도를 타야한다고 믿는다.

과거에 나는 점심시간 뒤의 휴식이나 낮잠이나 산책이 좋다고 믿었다. 이제 나는 그런 것들이 꼭 필요하다고 믿는다. 과거에 나는 일터나 학교나 가정에서 잘못된 시작을 만회하는 가장 좋은 방법은 지난 일에 대한 생각을 털어버리고 계속 전진하는 것이라고 믿었다. 하지만 이제 나는 다시 시작하거나 함께 시작하는 것이 더 나은 결정이라고 믿는다.

과거에 나는 중간지점을 대수롭게 여길 필요가 없다고 믿었다. 바로 중간지점 자체를 미처 생각하지 못했기 때문이다. 이제 나는 중간지점이 사람들의 행동양식과 세상이 돌아가는 방식에 관해 어떤 근본적인 것을 설명해준다고 믿는다.

과거에 나는 해피엔딩의 가치를 믿었다. 이제 나는 결말의 힘이 수그러지지 않은 광채가 아니라 결말이 던지는 통렬한 감동과 그 의미에 달려 있다고 믿는다.

과거에 나는 다른 사람들과 호흡을 맞추는 것이 하나의 기계적인 과정일 뿐이라고 믿었다. 이제 나는 그것이 어떤 소속감을 요구하고 목적의식을 보상해주고 우리의 본성을 일부 드러낸다고 믿는다.

과거에 나는 타이밍이 부분적으로, 한정적으로 중요하다고 믿었다. 하지만 이제 나는 모든 것이 타이밍에 의해 좌우되며 인생은 타이밍에 의해 바뀔 것이라고 믿는다.

감사의 말

●
●
●

나이를 먹으면 사회관계망의 규모가 줄어든다는 로라 카스텐슨의 주장을 앞서 소개했었다. 이 감사의 말을 읽는다면(아마도 그렇겠지만) 그와 비슷한 현상을 눈치챌지도 모르겠다. 책을 쓰는 사람들은 초기 작품에서 감사할 대상을 언급할 때 보통 터무니없이 많은 사람들의 이름을 거론한다. "3학년 때 체육선생님 덕분에 나는 빙벽타기의 두려움을 극복할 수 있었다. 아마도 겨울에 배웠던 수업 중에 가장 기억에 남는 추억이 아닐까 싶다." 등으로 어릴적까지 거슬러 올라가서 말이다.

그러나 한 권 한 권 발간하는 책이 많아지면서 명단의 길이는 짧아진다. 이제 감사의 말은 아주 가까운 사람들에게 한정된다. 내가 감사하고 싶은 분들은 다음과 같다.

캐머런 프렌치는 저자들이 기대하는 것 이상으로 헌신적이고 생산적인 조사 전문가다. 그는 기가바이트 단위의 드롭박스Dropbox 폴더들을 연구보고서와 문헌 리뷰들로 채우고, 많은 툴과 팁을 연마하고, 모든 사실과 인용부분을 점검했다. 더욱이 그는 아주 대단한 지성과 성실함과 넘치는 의욕을 가지고 이런 일을 하기 때문에, 한때 나는 앞으로 오리건 주에서 자라고 스워스모어칼리지에 들어간 사람들하고만 일해야겠다는 생각을 했을 정도다. 지금 듀크대학교 푸쿠아 경영대학원의 박사과정에 있는 슈레야스 라가반은 이 책에 꼭 어울리는 사례들을 찾아냈을 뿐 아니라, 도발적인 반론을 반드시 끼워 넣었으며, 내 짧은 이해력으로 감당이 안 되는 통계기법과 정량분석에 대해 인내심을 가지고 설명해주었다.

내 저작권 에이전트이자 20년 지기인 레이프 새걸린은 이번에도 어김없이 그의 놀라운 능력을 발휘해주었다. 아이디어를 제시하고 원고를 작성하고 그 결과를 세상에 보여주는 과정의 매 단계마다 그는 없어서는 안 될 존재였다. 선견지명이 대단한 리버헤드북스의 제이크 모리시는 텍스트를 여러 번 읽어가며 구석구석까지 꼼꼼히 살펴주었다. "이게 텔레비전 대본은 아니잖아요," "이 단어가 맞게 쓰인 건가요?," "이 부분은 좀 더 깊게 다뤄야할 것 같은 데요" 같은 그의 코멘트는 몹시 성가셨지만 사실 백번 맞는 말이었다. 나는 또한 제이크의 출판계 올스타 동료인 케이티 프리먼과 리디아 허트, 제프 클로스키와 케이트 스타크 같은 분들이 내 편이라는 사실을 늘 다행스럽게 여긴다.

타냐 메이버로다는 핵심 개념을 보여주는 20개가 넘는 도표를 깔끔하게 정리해냈다. 엘리자베스 맥컬라우는 평소처럼 다른 사람들이 놓친 오탈자를 꼼꼼하게 찾아냈다. 뭄바이에 사는 라제슈 파드마 리는 멋진 파트너이자 교정자이고 번역가다. 대학 학창시절부터 친구였던 잔 오어바

크와 마크 테텔과 르네 주커브로트는 인터뷰 대상자들을 선별했다. 나는 또한 애덤 그랜트와 칩 히스와 밥 서튼과의 대화를 통해 많은 힌트를 얻었다. 이들은 모두 조사 자료에 관해 중요한 제안을 주었다. 특히 애덤은 초기에 내가 벌여놓았던 무모한 계획을 적극 말려주어 내가 헛된 일에 힘쓰지 않도록 도와주었다. 특히 내 작업을 깊이 이해해준 프랜시스코 치릴로와 이젠 고인이 된 아마르 보스에게 특별히 감사드린다.

내가 처음 책을 쓰기 시작했을 때, 우리 큰 아이는 매우 어렸고 둘은 태어나지도 않았었다. 요즘 이 세 아이들은 별로 대단할 것도 없는 아빠를 시도 때도 없이 도와주는 대단한 청년들로 자랐다. 소피아 핑크는 이 책의 편집을 해주었다. 사울 핑크는 전화조사를 통해 4장에 나오는 스포츠 일화를 다룰 때 매우 탁월한 시각을 제시해주었다. 내가 이 책을 끝낼 즈음 고등학교 졸업반을 다니고 있었던 엘리자 핑크는 근성과 헌신에서 나의 롤모델이 되어주었다.

그리고 이 아이들의 중심에는 언제나 아이 엄마가 있다. 제시카 러너는 이 책을 처음부터 끝까지 정독했다. 그뿐이 아니다. 그녀는 이 책을 전부 소리 내어 읽었다(그게 얼마나 대단한 일인지 잘 모른다면, 프롤로그를 다시 펼치고 소리 내어 읽어보기 바란다. 그리고 얼마나 계속할 수 있는지 한 번 해보시라. 더구나 끊임없이 누군가 방해하는 사람이 있는 상태에서 읽어보라). 그녀의 지력과 공감능력 덕분에 이 책은 한결 좋은 책이 되었다. 사반세기 동안 그녀의 그런 면 덕분에 내가 더 나은 사람이 되었던 것처럼 말이다. 매순간 모든 시제에서 그녀는 내 일생의 사랑이었고 지금도 내 사랑이고 앞으로도 내 사랑일 것이다.

《언제 할 것인가》
실천편

매일매일의 시간에 대해 보다 구체적인 감각을 키우기 위한
'언제 할 것인가' 실천편입니다.
일주일 동안 당신의 행동을 체계적으로 추적하십시오.
30분마다 알람이 울리도록 휴대 전화 알람을 설정하십시오.
경보가 들릴 때마다 이 세 가지 질문에 대답하십시오.
폭넓은 패턴과 개인적인 편차가 있을 수 있습니다.
독자 여러분의 응답을 기록해서 추적하고자 한다면 공란을 채우십시오.
일주일 혹은 한 달동안 실행해서 숫자를 체크한 뒤 그래프로 그려 보십시오.

	지금 내가 하고 있는 것	정신적 각성도	신체적 에너지	
7:00am		1 2 3 4 5 6 7 8 9 10	1 2 3 4 5 6 7 8 9 10	
8:30am		1 2 3 4 5 6 7 8 9 10	1 2 3 4 5 6 7 8 9 10	
10:00am		1 2 3 4 5 6 7 8 9 10	1 2 3 4 5 6 7 8 9 10	
11:30am		1 2 3 4 5 6 7 8 9 10	1 2 3 4 5 6 7 8 9 10	
1:00pm		1 2 3 4 5 6 7 8 9 10	1 2 3 4 5 6 7 8 9 10	
2:30pm		1 2 3 4 5 6 7 8 9 10	1 2 3 4 5 6 7 8 9 10	Monday
4:00pm		1 2 3 4 5 6 7 8 9 10	1 2 3 4 5 6 7 8 9 10	
5:30pm		1 2 3 4 5 6 7 8 9 10	1 2 3 4 5 6 7 8 9 10	
7:00pm		1 2 3 4 5 6 7 8 9 10	1 2 3 4 5 6 7 8 9 10	
8:30pm		1 2 3 4 5 6 7 8 9 10	1 2 3 4 5 6 7 8 9 10	
10:00pm		1 2 3 4 5 6 7 8 9 10	1 2 3 4 5 6 7 8 9 10	
11:00pm		1 2 3 4 5 6 7 8 9 10	1 2 3 4 5 6 7 8 9 10	

7:00am		1 2 3 4 5 6 7 8 9 10	1 2 3 4 5 6 7 8 9 10	
8:30am		1 2 3 4 5 6 7 8 9 10	1 2 3 4 5 6 7 8 9 10	
10:00am		1 2 3 4 5 6 7 8 9 10	1 2 3 4 5 6 7 8 9 10	
11:30am		1 2 3 4 5 6 7 8 9 10	1 2 3 4 5 6 7 8 9 10	
1:00pm		1 2 3 4 5 6 7 8 9 10	1 2 3 4 5 6 7 8 9 10	
2:30pm		1 2 3 4 5 6 7 8 9 10	1 2 3 4 5 6 7 8 9 10	Tuesday
4:00pm		1 2 3 4 5 6 7 8 9 10	1 2 3 4 5 6 7 8 9 10	
5:30pm		1 2 3 4 5 6 7 8 9 10	1 2 3 4 5 6 7 8 9 10	
7:00pm		1 2 3 4 5 6 7 8 9 10	1 2 3 4 5 6 7 8 9 10	
8:30pm		1 2 3 4 5 6 7 8 9 10	1 2 3 4 5 6 7 8 9 10	
10:00pm		1 2 3 4 5 6 7 8 9 10	1 2 3 4 5 6 7 8 9 10	
11:00pm		1 2 3 4 5 6 7 8 9 10	1 2 3 4 5 6 7 8 9 10	

	지금 내가 하고 있는 것	정신적 각성도	신체적 에너지
7:00am		1 2 3 4 5 6 7 8 9 10	1 2 3 4 5 6 7 8 9 10
8:30am		1 2 3 4 5 6 7 8 9 10	1 2 3 4 5 6 7 8 9 10
10:00am		1 2 3 4 5 6 7 8 9 10	1 2 3 4 5 6 7 8 9 10
11:30am		1 2 3 4 5 6 7 8 9 10	1 2 3 4 5 6 7 8 9 10
1:00pm		1 2 3 4 5 6 7 8 9 10	1 2 3 4 5 6 7 8 9 10
2:30pm		1 2 3 4 5 6 7 8 9 10	1 2 3 4 5 6 7 8 9 10
4:00pm		1 2 3 4 5 6 7 8 9 10	1 2 3 4 5 6 7 8 9 10
5:30pm		1 2 3 4 5 6 7 8 9 10	1 2 3 4 5 6 7 8 9 10
7:00pm		1 2 3 4 5 6 7 8 9 10	1 2 3 4 5 6 7 8 9 10
8:30pm		1 2 3 4 5 6 7 8 9 10	1 2 3 4 5 6 7 8 9 10
10:00pm		1 2 3 4 5 6 7 8 9 10	1 2 3 4 5 6 7 8 9 10
11:00pm		1 2 3 4 5 6 7 8 9 10	1 2 3 4 5 6 7 8 9 10

Wednesday

Thursday		정신적 각성도	신체적 에너지
7:00am		1 2 3 4 5 6 7 8 9 10	1 2 3 4 5 6 7 8 9 10
8:30am		1 2 3 4 5 6 7 8 9 10	1 2 3 4 5 6 7 8 9 10
10:00am		1 2 3 4 5 6 7 8 9 10	1 2 3 4 5 6 7 8 9 10
11:30am		1 2 3 4 5 6 7 8 9 10	1 2 3 4 5 6 7 8 9 10
1:00pm		1 2 3 4 5 6 7 8 9 10	1 2 3 4 5 6 7 8 9 10
2:30pm		1 2 3 4 5 6 7 8 9 10	1 2 3 4 5 6 7 8 9 10
4:00pm		1 2 3 4 5 6 7 8 9 10	1 2 3 4 5 6 7 8 9 10
5:30pm		1 2 3 4 5 6 7 8 9 10	1 2 3 4 5 6 7 8 9 10
7:00pm		1 2 3 4 5 6 7 8 9 10	1 2 3 4 5 6 7 8 9 10
8:30pm		1 2 3 4 5 6 7 8 9 10	1 2 3 4 5 6 7 8 9 10
10:00pm		1 2 3 4 5 6 7 8 9 10	1 2 3 4 5 6 7 8 9 10
11:00pm		1 2 3 4 5 6 7 8 9 10	1 2 3 4 5 6 7 8 9 10

Thursday

	지금 내가 하고 있는 것	정신적 각성도	신체적 에너지
7:00am		1 2 3 4 5 6 7 8 9 10	1 2 3 4 5 6 7 8 9 10
8:30am		1 2 3 4 5 6 7 8 9 10	1 2 3 4 5 6 7 8 9 10
10:00am		1 2 3 4 5 6 7 8 9 10	1 2 3 4 5 6 7 8 9 10
11:30am		1 2 3 4 5 6 7 8 9 10	1 2 3 4 5 6 7 8 9 10
1:00pm		1 2 3 4 5 6 7 8 9 10	1 2 3 4 5 6 7 8 9 10
2:30pm		1 2 3 4 5 6 7 8 9 10	1 2 3 4 5 6 7 8 9 10
4:00pm		1 2 3 4 5 6 7 8 9 10	1 2 3 4 5 6 7 8 9 10
5:30pm		1 2 3 4 5 6 7 8 9 10	1 2 3 4 5 6 7 8 9 10
7:00pm		1 2 3 4 5 6 7 8 9 10	1 2 3 4 5 6 7 8 9 10
8:30pm		1 2 3 4 5 6 7 8 9 10	1 2 3 4 5 6 7 8 9 10
10:00pm		1 2 3 4 5 6 7 8 9 10	1 2 3 4 5 6 7 8 9 10
11:00pm		1 2 3 4 5 6 7 8 9 10	1 2 3 4 5 6 7 8 9 10

Friday

	지금 내가 하고 있는 것	정신적 각성도	신체적 에너지
7:00am		1 2 3 4 5 6 7 8 9 10	1 2 3 4 5 6 7 8 9 10
8:30am		1 2 3 4 5 6 7 8 9 10	1 2 3 4 5 6 7 8 9 10
10:00am		1 2 3 4 5 6 7 8 9 10	1 2 3 4 5 6 7 8 9 10
11:30am		1 2 3 4 5 6 7 8 9 10	1 2 3 4 5 6 7 8 9 10
1:00pm		1 2 3 4 5 6 7 8 9 10	1 2 3 4 5 6 7 8 9 10
2:30pm		1 2 3 4 5 6 7 8 9 10	1 2 3 4 5 6 7 8 9 10
4:00pm		1 2 3 4 5 6 7 8 9 10	1 2 3 4 5 6 7 8 9 10
5:30pm		1 2 3 4 5 6 7 8 9 10	1 2 3 4 5 6 7 8 9 10
7:00pm		1 2 3 4 5 6 7 8 9 10	1 2 3 4 5 6 7 8 9 10
8:30pm		1 2 3 4 5 6 7 8 9 10	1 2 3 4 5 6 7 8 9 10
10:00pm		1 2 3 4 5 6 7 8 9 10	1 2 3 4 5 6 7 8 9 10
11:00pm		1 2 3 4 5 6 7 8 9 10	1 2 3 4 5 6 7 8 9 10

Saturday

	지금 내가 하고 있는 것	정신적 각성도	신체적 에너지
7:00am		1 2 3 4 5 6 7 8 9 10	1 2 3 4 5 6 7 8 9 10
8:30am		1 2 3 4 5 6 7 8 9 10	1 2 3 4 5 6 7 8 9 10
10:00am		1 2 3 4 5 6 7 8 9 10	1 2 3 4 5 6 7 8 9 10
11:30am		1 2 3 4 5 6 7 8 9 10	1 2 3 4 5 6 7 8 9 10
1:00pm		1 2 3 4 5 6 7 8 9 10	1 2 3 4 5 6 7 8 9 10
2:30pm		1 2 3 4 5 6 7 8 9 10	1 2 3 4 5 6 7 8 9 10
4:00pm		1 2 3 4 5 6 7 8 9 10	1 2 3 4 5 6 7 8 9 10
5:30pm		1 2 3 4 5 6 7 8 9 10	1 2 3 4 5 6 7 8 9 10
7:00pm		1 2 3 4 5 6 7 8 9 10	1 2 3 4 5 6 7 8 9 10
8:30pm		1 2 3 4 5 6 7 8 9 10	1 2 3 4 5 6 7 8 9 10
10:00pm		1 2 3 4 5 6 7 8 9 10	1 2 3 4 5 6 7 8 9 10
11:00pm		1 2 3 4 5 6 7 8 9 10	1 2 3 4 5 6 7 8 9 10

Sunday

	지금 내가 하고 있는 것	정신적 각성도	신체적 에너지	
7:00am		1 2 3 4 5 6 7 8 9 10	1 2 3 4 5 6 7 8 9 10	
8:30am		1 2 3 4 5 6 7 8 9 10	1 2 3 4 5 6 7 8 9 10	
10:00am		1 2 3 4 5 6 7 8 9 10	1 2 3 4 5 6 7 8 9 10	
11:30am		1 2 3 4 5 6 7 8 9 10	1 2 3 4 5 6 7 8 9 10	
1:00pm		1 2 3 4 5 6 7 8 9 10	1 2 3 4 5 6 7 8 9 10	
2:30pm		1 2 3 4 5 6 7 8 9 10	1 2 3 4 5 6 7 8 9 10	Monday
4:00pm		1 2 3 4 5 6 7 8 9 10	1 2 3 4 5 6 7 8 9 10	
5:30pm		1 2 3 4 5 6 7 8 9 10	1 2 3 4 5 6 7 8 9 10	
7:00pm		1 2 3 4 5 6 7 8 9 10	1 2 3 4 5 6 7 8 9 10	
8:30pm		1 2 3 4 5 6 7 8 9 10	1 2 3 4 5 6 7 8 9 10	
10:00pm		1 2 3 4 5 6 7 8 9 10	1 2 3 4 5 6 7 8 9 10	
11:00pm		1 2 3 4 5 6 7 8 9 10	1 2 3 4 5 6 7 8 9 10	

		정신적 각성도	신체적 에너지	
7:00am		1 2 3 4 5 6 7 8 9 10	1 2 3 4 5 6 7 8 9 10	
8:30am		1 2 3 4 5 6 7 8 9 10	1 2 3 4 5 6 7 8 9 10	
10:00am		1 2 3 4 5 6 7 8 9 10	1 2 3 4 5 6 7 8 9 10	
11:30am		1 2 3 4 5 6 7 8 9 10	1 2 3 4 5 6 7 8 9 10	
1:00pm		1 2 3 4 5 6 7 8 9 10	1 2 3 4 5 6 7 8 9 10	
2:30pm		1 2 3 4 5 6 7 8 9 10	1 2 3 4 5 6 7 8 9 10	Tuesday
4:00pm		1 2 3 4 5 6 7 8 9 10	1 2 3 4 5 6 7 8 9 10	
5:30pm		1 2 3 4 5 6 7 8 9 10	1 2 3 4 5 6 7 8 9 10	
7:00pm		1 2 3 4 5 6 7 8 9 10	1 2 3 4 5 6 7 8 9 10	
8:30pm		1 2 3 4 5 6 7 8 9 10	1 2 3 4 5 6 7 8 9 10	
10:00pm		1 2 3 4 5 6 7 8 9 10	1 2 3 4 5 6 7 8 9 10	
11:00pm		1 2 3 4 5 6 7 8 9 10	1 2 3 4 5 6 7 8 9 10	

	지금 내가 하고 있는 것	정신적 각성도	신체적 에너지
Wednesday 7:00am		1 2 3 4 5 6 7 8 9 10	1 2 3 4 5 6 7 8 9 10
8:30am		1 2 3 4 5 6 7 8 9 10	1 2 3 4 5 6 7 8 9 10
10:00am		1 2 3 4 5 6 7 8 9 10	1 2 3 4 5 6 7 8 9 10
11:30am		1 2 3 4 5 6 7 8 9 10	1 2 3 4 5 6 7 8 9 10
1:00pm		1 2 3 4 5 6 7 8 9 10	1 2 3 4 5 6 7 8 9 10
2:30pm		1 2 3 4 5 6 7 8 9 10	1 2 3 4 5 6 7 8 9 10
4:00pm		1 2 3 4 5 6 7 8 9 10	1 2 3 4 5 6 7 8 9 10
5:30pm		1 2 3 4 5 6 7 8 9 10	1 2 3 4 5 6 7 8 9 10
7:00pm		1 2 3 4 5 6 7 8 9 10	1 2 3 4 5 6 7 8 9 10
8:30pm		1 2 3 4 5 6 7 8 9 10	1 2 3 4 5 6 7 8 9 10
10:00pm		1 2 3 4 5 6 7 8 9 10	1 2 3 4 5 6 7 8 9 10
11:00pm		1 2 3 4 5 6 7 8 9 10	1 2 3 4 5 6 7 8 9 10

	지금 내가 하고 있는 것	정신적 각성도	신체적 에너지
Thursday 7:00am		1 2 3 4 5 6 7 8 9 10	1 2 3 4 5 6 7 8 9 10
8:30am		1 2 3 4 5 6 7 8 9 10	1 2 3 4 5 6 7 8 9 10
10:00am		1 2 3 4 5 6 7 8 9 10	1 2 3 4 5 6 7 8 9 10
11:30am		1 2 3 4 5 6 7 8 9 10	1 2 3 4 5 6 7 8 9 10
1:00pm		1 2 3 4 5 6 7 8 9 10	1 2 3 4 5 6 7 8 9 10
2:30pm		1 2 3 4 5 6 7 8 9 10	1 2 3 4 5 6 7 8 9 10
4:00pm		1 2 3 4 5 6 7 8 9 10	1 2 3 4 5 6 7 8 9 10
5:30pm		1 2 3 4 5 6 7 8 9 10	1 2 3 4 5 6 7 8 9 10
7:00pm		1 2 3 4 5 6 7 8 9 10	1 2 3 4 5 6 7 8 9 10
8:30pm		1 2 3 4 5 6 7 8 9 10	1 2 3 4 5 6 7 8 9 10
10:00pm		1 2 3 4 5 6 7 8 9 10	1 2 3 4 5 6 7 8 9 10
11:00pm		1 2 3 4 5 6 7 8 9 10	1 2 3 4 5 6 7 8 9 10

	지금 내가 하고 있는 것	정신적 각성도	신체적 에너지
7:00am		1 2 3 4 5 6 7 8 9 10	1 2 3 4 5 6 7 8 9 10
8:30am		1 2 3 4 5 6 7 8 9 10	1 2 3 4 5 6 7 8 9 10
10:00am		1 2 3 4 5 6 7 8 9 10	1 2 3 4 5 6 7 8 9 10
11:30am		1 2 3 4 5 6 7 8 9 10	1 2 3 4 5 6 7 8 9 10
1:00pm		1 2 3 4 5 6 7 8 9 10	1 2 3 4 5 6 7 8 9 10
2:30pm		1 2 3 4 5 6 7 8 9 10	1 2 3 4 5 6 7 8 9 10
4:00pm		1 2 3 4 5 6 7 8 9 10	1 2 3 4 5 6 7 8 9 10
5:30pm		1 2 3 4 5 6 7 8 9 10	1 2 3 4 5 6 7 8 9 10
7:00pm		1 2 3 4 5 6 7 8 9 10	1 2 3 4 5 6 7 8 9 10
8:30pm		1 2 3 4 5 6 7 8 9 10	1 2 3 4 5 6 7 8 9 10
10:00pm		1 2 3 4 5 6 7 8 9 10	1 2 3 4 5 6 7 8 9 10
11:00pm		1 2 3 4 5 6 7 8 9 10	1 2 3 4 5 6 7 8 9 10

Friday

7:00am		1 2 3 4 5 6 7 8 9 10	1 2 3 4 5 6 7 8 9 10
8:30am		1 2 3 4 5 6 7 8 9 10	1 2 3 4 5 6 7 8 9 10
10:00am		1 2 3 4 5 6 7 8 9 10	1 2 3 4 5 6 7 8 9 10
11:30am		1 2 3 4 5 6 7 8 9 10	1 2 3 4 5 6 7 8 9 10
1:00pm		1 2 3 4 5 6 7 8 9 10	1 2 3 4 5 6 7 8 9 10
2:30pm		1 2 3 4 5 6 7 8 9 10	1 2 3 4 5 6 7 8 9 10
4:00pm		1 2 3 4 5 6 7 8 9 10	1 2 3 4 5 6 7 8 9 10
5:30pm		1 2 3 4 5 6 7 8 9 10	1 2 3 4 5 6 7 8 9 10
7:00pm		1 2 3 4 5 6 7 8 9 10	1 2 3 4 5 6 7 8 9 10
8:30pm		1 2 3 4 5 6 7 8 9 10	1 2 3 4 5 6 7 8 9 10
10:00pm		1 2 3 4 5 6 7 8 9 10	1 2 3 4 5 6 7 8 9 10
11:00pm		1 2 3 4 5 6 7 8 9 10	1 2 3 4 5 6 7 8 9 10

Saturday

	지금 내가 하고 있는 것	정신적 각성도	신체적 에너지
7:00am		1 2 3 4 5 6 7 8 9 10	1 2 3 4 5 6 7 8 9 10
8:30am		1 2 3 4 5 6 7 8 9 10	1 2 3 4 5 6 7 8 9 10
10:00am		1 2 3 4 5 6 7 8 9 10	1 2 3 4 5 6 7 8 9 10
11:30am		1 2 3 4 5 6 7 8 9 10	1 2 3 4 5 6 7 8 9 10
1:00pm		1 2 3 4 5 6 7 8 9 10	1 2 3 4 5 6 7 8 9 10
2:30pm		1 2 3 4 5 6 7 8 9 10	1 2 3 4 5 6 7 8 9 10
4:00pm		1 2 3 4 5 6 7 8 9 10	1 2 3 4 5 6 7 8 9 10
5:30pm		1 2 3 4 5 6 7 8 9 10	1 2 3 4 5 6 7 8 9 10
7:00pm		1 2 3 4 5 6 7 8 9 10	1 2 3 4 5 6 7 8 9 10
8:30pm		1 2 3 4 5 6 7 8 9 10	1 2 3 4 5 6 7 8 9 10
10:00pm		1 2 3 4 5 6 7 8 9 10	1 2 3 4 5 6 7 8 9 10
11:00pm		1 2 3 4 5 6 7 8 9 10	1 2 3 4 5 6 7 8 9 10

Sunday

	지금 내가 하고 있는 것	정신적 각성도	신체적 에너지	
7:00am		1 2 3 4 5 6 7 8 9 10	1 2 3 4 5 6 7 8 9 10	
8:30am		1 2 3 4 5 6 7 8 9 10	1 2 3 4 5 6 7 8 9 10	
10:00am		1 2 3 4 5 6 7 8 9 10	1 2 3 4 5 6 7 8 9 10	
11:30am		1 2 3 4 5 6 7 8 9 10	1 2 3 4 5 6 7 8 9 10	
1:00pm		1 2 3 4 5 6 7 8 9 10	1 2 3 4 5 6 7 8 9 10	
2:30pm		1 2 3 4 5 6 7 8 9 10	1 2 3 4 5 6 7 8 9 10	Monday
4:00pm		1 2 3 4 5 6 7 8 9 10	1 2 3 4 5 6 7 8 9 10	
5:30pm		1 2 3 4 5 6 7 8 9 10	1 2 3 4 5 6 7 8 9 10	
7:00pm		1 2 3 4 5 6 7 8 9 10	1 2 3 4 5 6 7 8 9 10	
8:30pm		1 2 3 4 5 6 7 8 9 10	1 2 3 4 5 6 7 8 9 10	
10:00pm		1 2 3 4 5 6 7 8 9 10	1 2 3 4 5 6 7 8 9 10	
11:00pm		1 2 3 4 5 6 7 8 9 10	1 2 3 4 5 6 7 8 9 10	

		정신적 각성도	신체적 에너지	
7:00am		1 2 3 4 5 6 7 8 9 10	1 2 3 4 5 6 7 8 9 10	
8:30am		1 2 3 4 5 6 7 8 9 10	1 2 3 4 5 6 7 8 9 10	
10:00am		1 2 3 4 5 6 7 8 9 10	1 2 3 4 5 6 7 8 9 10	
11:30am		1 2 3 4 5 6 7 8 9 10	1 2 3 4 5 6 7 8 9 10	
1:00pm		1 2 3 4 5 6 7 8 9 10	1 2 3 4 5 6 7 8 9 10	
2:30pm		1 2 3 4 5 6 7 8 9 10	1 2 3 4 5 6 7 8 9 10	Tuesday
4:00pm		1 2 3 4 5 6 7 8 9 10	1 2 3 4 5 6 7 8 9 10	
5:30pm		1 2 3 4 5 6 7 8 9 10	1 2 3 4 5 6 7 8 9 10	
7:00pm		1 2 3 4 5 6 7 8 9 10	1 2 3 4 5 6 7 8 9 10	
8:30pm		1 2 3 4 5 6 7 8 9 10	1 2 3 4 5 6 7 8 9 10	
10:00pm		1 2 3 4 5 6 7 8 9 10	1 2 3 4 5 6 7 8 9 10	
11:00pm		1 2 3 4 5 6 7 8 9 10	1 2 3 4 5 6 7 8 9 10	

	지금 내가 하고 있는 것	정신적 각성도	신체적 에너지
7:00am		1 2 3 4 5 6 7 8 9 10	1 2 3 4 5 6 7 8 9 10
8:30am		1 2 3 4 5 6 7 8 9 10	1 2 3 4 5 6 7 8 9 10
10:00am		1 2 3 4 5 6 7 8 9 10	1 2 3 4 5 6 7 8 9 10
11:30am		1 2 3 4 5 6 7 8 9 10	1 2 3 4 5 6 7 8 9 10
1:00pm		1 2 3 4 5 6 7 8 9 10	1 2 3 4 5 6 7 8 9 10
2:30pm		1 2 3 4 5 6 7 8 9 10	1 2 3 4 5 6 7 8 9 10
4:00pm		1 2 3 4 5 6 7 8 9 10	1 2 3 4 5 6 7 8 9 10
5:30pm		1 2 3 4 5 6 7 8 9 10	1 2 3 4 5 6 7 8 9 10
7:00pm		1 2 3 4 5 6 7 8 9 10	1 2 3 4 5 6 7 8 9 10
8:30pm		1 2 3 4 5 6 7 8 9 10	1 2 3 4 5 6 7 8 9 10
10:00pm		1 2 3 4 5 6 7 8 9 10	1 2 3 4 5 6 7 8 9 10
11:00pm		1 2 3 4 5 6 7 8 9 10	1 2 3 4 5 6 7 8 9 10

Wednesday

		정신적 각성도	신체적 에너지
7:00am		1 2 3 4 5 6 7 8 9 10	1 2 3 4 5 6 7 8 9 10
8:30am		1 2 3 4 5 6 7 8 9 10	1 2 3 4 5 6 7 8 9 10
10:00am		1 2 3 4 5 6 7 8 9 10	1 2 3 4 5 6 7 8 9 10
11:30am		1 2 3 4 5 6 7 8 9 10	1 2 3 4 5 6 7 8 9 10
1:00pm		1 2 3 4 5 6 7 8 9 10	1 2 3 4 5 6 7 8 9 10
2:30pm		1 2 3 4 5 6 7 8 9 10	1 2 3 4 5 6 7 8 9 10
4:00pm		1 2 3 4 5 6 7 8 9 10	1 2 3 4 5 6 7 8 9 10
5:30pm		1 2 3 4 5 6 7 8 9 10	1 2 3 4 5 6 7 8 9 10
7:00pm		1 2 3 4 5 6 7 8 9 10	1 2 3 4 5 6 7 8 9 10
8:30pm		1 2 3 4 5 6 7 8 9 10	1 2 3 4 5 6 7 8 9 10
10:00pm		1 2 3 4 5 6 7 8 9 10	1 2 3 4 5 6 7 8 9 10
11:00pm		1 2 3 4 5 6 7 8 9 10	1 2 3 4 5 6 7 8 9 10

Thursday

	지금 내가 하고 있는 것	정신적 각성도	신체적 에너지	
7:00am		1 2 3 4 5 6 7 8 9 10	1 2 3 4 5 6 7 8 9 10	
8:30am		1 2 3 4 5 6 7 8 9 10	1 2 3 4 5 6 7 8 9 10	
10:00am		1 2 3 4 5 6 7 8 9 10	1 2 3 4 5 6 7 8 9 10	
11:30am		1 2 3 4 5 6 7 8 9 10	1 2 3 4 5 6 7 8 9 10	
1:00pm		1 2 3 4 5 6 7 8 9 10	1 2 3 4 5 6 7 8 9 10	
2:30pm		1 2 3 4 5 6 7 8 9 10	1 2 3 4 5 6 7 8 9 10	Friday
4:00pm		1 2 3 4 5 6 7 8 9 10	1 2 3 4 5 6 7 8 9 10	
5:30pm		1 2 3 4 5 6 7 8 9 10	1 2 3 4 5 6 7 8 9 10	
7:00pm		1 2 3 4 5 6 7 8 9 10	1 2 3 4 5 6 7 8 9 10	
8:30pm		1 2 3 4 5 6 7 8 9 10	1 2 3 4 5 6 7 8 9 10	
10:00pm		1 2 3 4 5 6 7 8 9 10	1 2 3 4 5 6 7 8 9 10	
11:00pm		1 2 3 4 5 6 7 8 9 10	1 2 3 4 5 6 7 8 9 10	

7:00am		1 2 3 4 5 6 7 8 9 10	1 2 3 4 5 6 7 8 9 10	
8:30am		1 2 3 4 5 6 7 8 9 10	1 2 3 4 5 6 7 8 9 10	
10:00am		1 2 3 4 5 6 7 8 9 10	1 2 3 4 5 6 7 8 9 10	
11:30am		1 2 3 4 5 6 7 8 9 10	1 2 3 4 5 6 7 8 9 10	
1:00pm		1 2 3 4 5 6 7 8 9 10	1 2 3 4 5 6 7 8 9 10	
2:30pm		1 2 3 4 5 6 7 8 9 10	1 2 3 4 5 6 7 8 9 10	Saturday
4:00pm		1 2 3 4 5 6 7 8 9 10	1 2 3 4 5 6 7 8 9 10	
5:30pm		1 2 3 4 5 6 7 8 9 10	1 2 3 4 5 6 7 8 9 10	
7:00pm		1 2 3 4 5 6 7 8 9 10	1 2 3 4 5 6 7 8 9 10	
8:30pm		1 2 3 4 5 6 7 8 9 10	1 2 3 4 5 6 7 8 9 10	
10:00pm		1 2 3 4 5 6 7 8 9 10	1 2 3 4 5 6 7 8 9 10	
11:00pm		1 2 3 4 5 6 7 8 9 10	1 2 3 4 5 6 7 8 9 10	

	지금 내가 하고 있는 것	정신적 각성도	신체적 에너지
7:00am		1 2 3 4 5 6 7 8 9 10	1 2 3 4 5 6 7 8 9 10
8:30am		1 2 3 4 5 6 7 8 9 10	1 2 3 4 5 6 7 8 9 10
10:00am		1 2 3 4 5 6 7 8 9 10	1 2 3 4 5 6 7 8 9 10
11:30am		1 2 3 4 5 6 7 8 9 10	1 2 3 4 5 6 7 8 9 10
1:00pm		1 2 3 4 5 6 7 8 9 10	1 2 3 4 5 6 7 8 9 10
2:30pm		1 2 3 4 5 6 7 8 9 10	1 2 3 4 5 6 7 8 9 10
4:00pm		1 2 3 4 5 6 7 8 9 10	1 2 3 4 5 6 7 8 9 10
5:30pm		1 2 3 4 5 6 7 8 9 10	1 2 3 4 5 6 7 8 9 10
7:00pm		1 2 3 4 5 6 7 8 9 10	1 2 3 4 5 6 7 8 9 10
8:30pm		1 2 3 4 5 6 7 8 9 10	1 2 3 4 5 6 7 8 9 10
10:00pm		1 2 3 4 5 6 7 8 9 10	1 2 3 4 5 6 7 8 9 10
11:00pm		1 2 3 4 5 6 7 8 9 10	1 2 3 4 5 6 7 8 9 10

Sunday

	지금 내가 하고 있는 것	정신적 각성도	신체적 에너지	
7:00am		1 2 3 4 5 6 7 8 9 10	1 2 3 4 5 6 7 8 9 10	
8:30am		1 2 3 4 5 6 7 8 9 10	1 2 3 4 5 6 7 8 9 10	
10:00am		1 2 3 4 5 6 7 8 9 10	1 2 3 4 5 6 7 8 9 10	
11:30am		1 2 3 4 5 6 7 8 9 10	1 2 3 4 5 6 7 8 9 10	
1:00pm		1 2 3 4 5 6 7 8 9 10	1 2 3 4 5 6 7 8 9 10	
2:30pm		1 2 3 4 5 6 7 8 9 10	1 2 3 4 5 6 7 8 9 10	**Monday**
4:00pm		1 2 3 4 5 6 7 8 9 10	1 2 3 4 5 6 7 8 9 10	
5:30pm		1 2 3 4 5 6 7 8 9 10	1 2 3 4 5 6 7 8 9 10	
7:00pm		1 2 3 4 5 6 7 8 9 10	1 2 3 4 5 6 7 8 9 10	
8:30pm		1 2 3 4 5 6 7 8 9 10	1 2 3 4 5 6 7 8 9 10	
10:00pm		1 2 3 4 5 6 7 8 9 10	1 2 3 4 5 6 7 8 9 10	
11:00pm		1 2 3 4 5 6 7 8 9 10	1 2 3 4 5 6 7 8 9 10	

7:00am		1 2 3 4 5 6 7 8 9 10	1 2 3 4 5 6 7 8 9 10	
8:30am		1 2 3 4 5 6 7 8 9 10	1 2 3 4 5 6 7 8 9 10	
10:00am		1 2 3 4 5 6 7 8 9 10	1 2 3 4 5 6 7 8 9 10	
11:30am		1 2 3 4 5 6 7 8 9 10	1 2 3 4 5 6 7 8 9 10	
1:00pm		1 2 3 4 5 6 7 8 9 10	1 2 3 4 5 6 7 8 9 10	
2:30pm		1 2 3 4 5 6 7 8 9 10	1 2 3 4 5 6 7 8 9 10	**Tuesday**
4:00pm		1 2 3 4 5 6 7 8 9 10	1 2 3 4 5 6 7 8 9 10	
5:30pm		1 2 3 4 5 6 7 8 9 10	1 2 3 4 5 6 7 8 9 10	
7:00pm		1 2 3 4 5 6 7 8 9 10	1 2 3 4 5 6 7 8 9 10	
8:30pm		1 2 3 4 5 6 7 8 9 10	1 2 3 4 5 6 7 8 9 10	
10:00pm		1 2 3 4 5 6 7 8 9 10	1 2 3 4 5 6 7 8 9 10	
11:00pm		1 2 3 4 5 6 7 8 9 10	1 2 3 4 5 6 7 8 9 10	

	지금 내가 하고 있는 것	정신적 각성도	신체적 에너지
7:00am		1 2 3 4 5 6 7 8 9 10	1 2 3 4 5 6 7 8 9 10
8:30am		1 2 3 4 5 6 7 8 9 10	1 2 3 4 5 6 7 8 9 10
10:00am		1 2 3 4 5 6 7 8 9 10	1 2 3 4 5 6 7 8 9 10
11:30am		1 2 3 4 5 6 7 8 9 10	1 2 3 4 5 6 7 8 9 10
1:00pm		1 2 3 4 5 6 7 8 9 10	1 2 3 4 5 6 7 8 9 10
2:30pm		1 2 3 4 5 6 7 8 9 10	1 2 3 4 5 6 7 8 9 10
4:00pm		1 2 3 4 5 6 7 8 9 10	1 2 3 4 5 6 7 8 9 10
5:30pm		1 2 3 4 5 6 7 8 9 10	1 2 3 4 5 6 7 8 9 10
7:00pm		1 2 3 4 5 6 7 8 9 10	1 2 3 4 5 6 7 8 9 10
8:30pm		1 2 3 4 5 6 7 8 9 10	1 2 3 4 5 6 7 8 9 10
10:00pm		1 2 3 4 5 6 7 8 9 10	1 2 3 4 5 6 7 8 9 10
11:00pm		1 2 3 4 5 6 7 8 9 10	1 2 3 4 5 6 7 8 9 10

Wednesday

		정신적 각성도	신체적 에너지
7:00am		1 2 3 4 5 6 7 8 9 10	1 2 3 4 5 6 7 8 9 10
8:30am		1 2 3 4 5 6 7 8 9 10	1 2 3 4 5 6 7 8 9 10
10:00am		1 2 3 4 5 6 7 8 9 10	1 2 3 4 5 6 7 8 9 10
11:30am		1 2 3 4 5 6 7 8 9 10	1 2 3 4 5 6 7 8 9 10
1:00pm		1 2 3 4 5 6 7 8 9 10	1 2 3 4 5 6 7 8 9 10
2:30pm		1 2 3 4 5 6 7 8 9 10	1 2 3 4 5 6 7 8 9 10
4:00pm		1 2 3 4 5 6 7 8 9 10	1 2 3 4 5 6 7 8 9 10
5:30pm		1 2 3 4 5 6 7 8 9 10	1 2 3 4 5 6 7 8 9 10
7:00pm		1 2 3 4 5 6 7 8 9 10	1 2 3 4 5 6 7 8 9 10
8:30pm		1 2 3 4 5 6 7 8 9 10	1 2 3 4 5 6 7 8 9 10
10:00pm		1 2 3 4 5 6 7 8 9 10	1 2 3 4 5 6 7 8 9 10
11:00pm		1 2 3 4 5 6 7 8 9 10	1 2 3 4 5 6 7 8 9 10

Thursday

	지금 내가 하고 있는 것	정신적 각성도	신체적 에너지
7:00am		1 2 3 4 5 6 7 8 9 10	1 2 3 4 5 6 7 8 9 10
8:30am		1 2 3 4 5 6 7 8 9 10	1 2 3 4 5 6 7 8 9 10
10:00am		1 2 3 4 5 6 7 8 9 10	1 2 3 4 5 6 7 8 9 10
11:30am		1 2 3 4 5 6 7 8 9 10	1 2 3 4 5 6 7 8 9 10
1:00pm		1 2 3 4 5 6 7 8 9 10	1 2 3 4 5 6 7 8 9 10
2:30pm		1 2 3 4 5 6 7 8 9 10	1 2 3 4 5 6 7 8 9 10
4:00pm		1 2 3 4 5 6 7 8 9 10	1 2 3 4 5 6 7 8 9 10
5:30pm		1 2 3 4 5 6 7 8 9 10	1 2 3 4 5 6 7 8 9 10
7:00pm		1 2 3 4 5 6 7 8 9 10	1 2 3 4 5 6 7 8 9 10
8:30pm		1 2 3 4 5 6 7 8 9 10	1 2 3 4 5 6 7 8 9 10
10:00pm		1 2 3 4 5 6 7 8 9 10	1 2 3 4 5 6 7 8 9 10
11:00pm		1 2 3 4 5 6 7 8 9 10	1 2 3 4 5 6 7 8 9 10

Friday

		정신적 각성도	신체적 에너지
7:00am		1 2 3 4 5 6 7 8 9 10	1 2 3 4 5 6 7 8 9 10
8:30am		1 2 3 4 5 6 7 8 9 10	1 2 3 4 5 6 7 8 9 10
10:00am		1 2 3 4 5 6 7 8 9 10	1 2 3 4 5 6 7 8 9 10
11:30am		1 2 3 4 5 6 7 8 9 10	1 2 3 4 5 6 7 8 9 10
1:00pm		1 2 3 4 5 6 7 8 9 10	1 2 3 4 5 6 7 8 9 10
2:30pm		1 2 3 4 5 6 7 8 9 10	1 2 3 4 5 6 7 8 9 10
4:00pm		1 2 3 4 5 6 7 8 9 10	1 2 3 4 5 6 7 8 9 10
5:30pm		1 2 3 4 5 6 7 8 9 10	1 2 3 4 5 6 7 8 9 10
7:00pm		1 2 3 4 5 6 7 8 9 10	1 2 3 4 5 6 7 8 9 10
8:30pm		1 2 3 4 5 6 7 8 9 10	1 2 3 4 5 6 7 8 9 10
10:00pm		1 2 3 4 5 6 7 8 9 10	1 2 3 4 5 6 7 8 9 10
11:00pm		1 2 3 4 5 6 7 8 9 10	1 2 3 4 5 6 7 8 9 10

Saturday

	지금 내가 하고 있는 것	정신적 각성도	신체적 에너지
7:00am		1 2 3 4 5 6 7 8 9 10	1 2 3 4 5 6 7 8 9 10
8:30am		1 2 3 4 5 6 7 8 9 10	1 2 3 4 5 6 7 8 9 10
10:00am		1 2 3 4 5 6 7 8 9 10	1 2 3 4 5 6 7 8 9 10
11:30am		1 2 3 4 5 6 7 8 9 10	1 2 3 4 5 6 7 8 9 10
1:00pm		1 2 3 4 5 6 7 8 9 10	1 2 3 4 5 6 7 8 9 10
2:30pm		1 2 3 4 5 6 7 8 9 10	1 2 3 4 5 6 7 8 9 10
4:00pm		1 2 3 4 5 6 7 8 9 10	1 2 3 4 5 6 7 8 9 10
5:30pm		1 2 3 4 5 6 7 8 9 10	1 2 3 4 5 6 7 8 9 10
7:00pm		1 2 3 4 5 6 7 8 9 10	1 2 3 4 5 6 7 8 9 10
8:30pm		1 2 3 4 5 6 7 8 9 10	1 2 3 4 5 6 7 8 9 10
10:00pm		1 2 3 4 5 6 7 8 9 10	1 2 3 4 5 6 7 8 9 10
11:00pm		1 2 3 4 5 6 7 8 9 10	1 2 3 4 5 6 7 8 9 10

Sunday

이제 당신의 기록을 바탕으로
그래프를 그려보시기 바랍니다.
당신에게는 최적의 시간대가 언제입니까?

옮긴이 **이경남**

숭실대학교 철학과와 동대학원을 수료하고 뉴욕 〈한국일보〉 취재부 차장과 위원을 역임했다. 현재 전문 번역가로 활동하며 논픽션 분야의 다양한 양서들을 우리말로 옮기고 있다. 옮긴 책으로는 《매칭》, 《새로운 부의 시대》, 《부의 독점은 어떻게 무너지는가》, 《공감의 시대》, 《2030 에너지전쟁》, 《권력의 기술》 외 다수가 있다.

언제 할 것인가

초판 1쇄 발행일 2018년 4월 25일
초판 7쇄 발행일 2022년 6월 13일

지은이 다니엘 핑크
옮긴이 이경남

발행인 윤호권
사업총괄 정유한

편집 이영인 **디자인** 박지은 **마케팅** 명인수
발행처 ㈜시공사 **주소** 서울시 성동구 상원1길 22, 6-8층 (우편번호 04779)
대표전화 02-3486-6877 **팩스(주문)** 02-585-1755
홈페이지 www.sigongsa.com / www.sigongjunior.com

글 ⓒ 다니엘 핑크, 2018

ISBN 978-89-527-9051-4 03320

*시공사는 시공간을 넘는 무한한 콘텐츠 세상을 만듭니다.
*시공사는 더 나은 내일을 함께 만들 여러분의 소중한 의견을 기다립니다.
*알키는 ㈜시공사의 브랜드입니다.
*잘못 만들어진 책은 구입하신 곳에서 바꾸어 드립니다.